Informe Final
de la Trigésima Sexta
Reunión Consultiva
del Tratado Antártico

REUNIÓN CONSULTIVA
DEL TRATADO ANTÁRTICO

Informe Final
de la Trigésima Sexta
Reunión Consultiva
del Tratado Antártico

Bruselas, Bélgica
del 20 al 29 de mayo de 2013

Volumen I

Secretaría del Tratado Antártico
Buenos Aires
2013

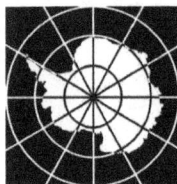

Publicado por:

Secretariat of the Antarctic Treaty
Secrétariat du Traité sur l'Antarctique
Секретариат Договора об Антарктике
Secretaría del Tratado Antártico

Maipú 757, Piso 4
C1006ACI Ciudad Autónoma
Buenos Aires - Argentina
Tel: +54 11 4320 4260
Fax: +54 11 4320 4253

Este libro también está disponible en: *www.ats.aq* (versión digital)
y para compras en línea.

ISSN 2346-9889   ISBN 978-987-1515-57-8

Índice

VOLUMEN I

VOLUMEN II

SEGUNDA PARTE. MEDIDAS, DECISIONES Y RESOLUCIONES (cont.)

TERCERA PARTE. INFORMES Y DISCURSOS DE APERTURA Y CIERRE

1. Informes de los Depositarios y Observadores

Informe de Estados Unidos como Gobierno Depositario del Tratado Antártico y de su Protocolo

Informe de Australia como Gobierno Depositario del CCRVMA

Informe del Reino Unido como Gobierno Depositario del CCFA

Informe de Australia como Gobierno Depositario del ACAP

Informe del Observador de CCRVMA

Informe del SCAR

Informe del COMNAP

2. Informes de expertos

Informe de ASOC

Informe de HCA

Informe de IAATO

CUARTA PARTE. DOCUMENTOS ADICIONALES DE LA XXXVI RCTA

1. Documentos adicionales

Resumen de la conferencia del SCAR

2. Lista de documentos

Documentos de trabajo

Documentos de información

Documentos de la Secretaría

Documentos de antecedentes

3. Lista de participantes

Partes Consultivas

Partes no Consultivas

Observadores, Expertos e Invitados

Secretaría del País Anfitrión

Secretaría del Tratado Antártico

Acrónimos y siglas

ACAP	Acuerdo sobre la Conservación de Albatros y Petreles
API	Año Polar Internacional
ASOC	Coalición Antártica y del Océano Austral
CAML	Censo de Vida Marina Antártica
CC–CCRVMA	Comité Científico de la CCRVMA
CCFA	Convención para la Conservación de las Focas Antárticas
CCRVMA	Convención para la Conservación de los Recursos Vivos Marinos Antárticos
CEE	Evaluación Medioambiental Global
CIUC	Consejo Internacional de Uniones Científicas
CMNUCC	Convención Marco de las Naciones Unidas sobre el Cambio Climático
COI	Comisión Oceanográfica Intergubernamental
COMNAP	Consejo de Administradores de Programas Nacionales Antárticos
CPA	Comité para la Protección del Medio Ambiente
EIA	Evaluación del Impacto Ambiental
GCI	Grupo de Contacto Intersesional
GIECC	Grupo Intergubernamental de Expertos sobre el Cambio Climático
GT	Grupo de Trabajo
HCA	Comité Hidrográfico sobre la Antártida
IAATO	Asociación Internacional de Operadores Turísticos en la Antártida
IEE	Evaluación Medioambiental Inicial
IP	Documento de información
IUCN	Unión Internacional para la Conservación de la Naturaleza y los Recursos Naturales
OHI	Organización Hidrográfica Internacional
OMI	Organización Marítima Internacional
OMM	Organización Meteorológica Mundial
OMT	Organización Mundial del Turismo
OPI-API	Oficina del Programa del Año Polar Internacional
ORGP	Organización Regional de Gestión de la Pesca

PCTA	Parte Consultiva del Tratado Antártico
PNUMA	Programa de las Naciones Unidas para el Medio Ambiente
RCETA	Reunión Consultiva Especial del Tratado Antártico
RCTA	Reunión Consultiva del Tratado Antártico
SCALOP	Comité Permanente de Logística y Operaciones Antárticas
SCAR	Comité Científico de Investigación Antártica
SMH	Sitio y Monumento Histórico
SP	Documento de la Secretaría
STA	Sistema del Tratado Antártico o Secretaría del Tratado Antártico
WP	Documento de Trabajo
ZAEA	Zona Antártica Especialmente Administrada
ZAEP	Zona Antártica Especialmente Protegida
ZEP	Zona Especialmente Protegida

PRIMERA PARTE
Informe Final

1. Informe Final

Informe Final de la Trigésima Sexta
Reunión Consultiva del Tratado Antártico

Bruselas, 20–29 de mayo de 2013

(1) Conforme al Artículo IX del Tratado Antártico, los Representantes de las Partes Consultivas (Alemania, Argentina, Australia, Bélgica, Brasil, Bulgaria, Chile, China, Ecuador, España, Estados Unidos de América, Federación de Rusia, Finlandia, Francia, India, Italia, Japón, Nueva Zelandia, Noruega, Países Bajos, Perú, Polonia, Reino Unido, República de Corea, Sudáfrica, Suecia, Ucrania y Uruguay) se reunieron en Bruselas del 20 al 29 de mayo de 2013 con el propósito de intercambiar información, realizar consultas y analizar y recomendar a sus respectivos gobiernos medidas para promover los principios y objetivos del Tratado.

(2) Asistieron también a la Reunión delegaciones de las siguientes Partes Contratantes del Tratado Antártico, que no son Partes Consultivas: Austria, Belarús, Canadá, Colombia, Cuba, Grecia, Hungría, Malasia, Mónaco, Portugal, República Checa, República Eslovaca, Rumania, Suiza, Turquía y Venezuela.

(3) De acuerdo con las Reglas 2 y 31 de las Reglas de Procedimiento, asistieron a la Reunión los Observadores de la Comisión para la Conservación de los Recursos Vivos Marinos Antárticos (CCRVMA), el Consejo de Administradores de los Programas Nacionales Antárticos (COMNAP) y el Comité Científico de Investigación Antártica (SCAR).

(4) De acuerdo con la Regla 39 de las Reglas de Procedimiento, asistieron a la Reunión expertos de las siguientes organizaciones internacionales y organizaciones no gubernamentales: la Coalición Antártica y del Océano Austral (ASOC), la Asociación Internacional de Operadores Turísticos en la Antártida (IAATO), la Organización Hidrográfica Internacional (OHI), la Unión Internacional para la Conservación de la Naturaleza (UICN) y la Organización Meteorológica Mundial (OMM).

(5) Bélgica, el país anfitrión, cumplió sus requisitos de información para con las Partes Contratantes, los observadores y expertos mediante circulares de la Secretaría, cartas y una página web dedicada a la XXXVI Reunión.

Tema 1. Apertura de la Reunión

(6) La Reunión fue oficialmente inaugurada el 22 de mayo de 2013. En representación del gobierno anfitrión, de acuerdo con las Reglas 5 y 6 de las Reglas de Procedimiento, el jefe de la Secretaría del país anfitrión, Sr. Luc Marsia, declaró inaugurada la Reunión y propuso la candidatura del distinguido diplomático y Embajador Mark Otte como Presidente de la XXXVI RCTA, la cual fue aceptada.

(7) El Presidente les dio una calurosa bienvenida a Bruselas a todas las Partes, a los observadores y a los expertos. Los delegados guardaron un minuto de silencio en memoria del Embajador José Manuel Ovalle Bravo, quien había encabezado la delegación de Chile durante la Reunión Consultiva Especial del Tratado Antártico realizada en La Haya (Países Bajos) en septiembre de 2000, y en memoria de las víctimas del trágico accidente que ocurrió durante la construcción de la estación Jang Bogo, como así también por la de tres miembros de la tripulación canadiense cuya aeronave se estrelló en la ruta desde la estación Amundsen-Scott del Polo Sur a la estación Mario Zucchelli en la bahía Terra Nova el 26 de enero de 2013.

(8) Su Alteza Serenísima, el Príncipe Alberto II de Mónaco, se dirigió a la Reunión elogiando el historial de cooperación entre las Partes Consultivas del Tratado Antártico y alentando a las mismas a seguir el ejemplo de 2 de las 80 estaciones antárticas de investigación que varios países gestionan conjuntamente. Reforzando la importancia de la cooperación científica internacional, que se considera necesaria para el abordaje de asuntos como el cambio climático y la pesca sostenible en la Antártida, animó a las Partes a extender por las zonas marítimas adyacentes los principios logrados con la adopción del Tratado Antártico y su Protocolo sobre la Protección del Medio Ambiente.

(9) El Honorable Didier Reynders, Vice Primer Ministro y Ministro de asuntos exteriores de Bélgica, dio la bienvenida a las Partes a Bélgica por tercera vez en la historia de la RCTA, y recordó la larga historia de Bélgica en la exploración antártica. Destacó asuntos que requieren especial atención de las Partes y su acción rápida, citando, entre otras cosas, el impacto acumulativo

del cambio climático, la bioprospección, el turismo y las Zonas Marinas Protegidas (ZMP); también expresó el apoyo de Bélgica a la elaboración de un plan de trabajo estratégico plurianual. Por último, recordó a las Partes su responsabilidad para garantizar que la ciencia tuviera influencia en las políticas, las cuales a su vez tendrían repercusiones en la comunidad global.

(10) El Honorable Melchior Wathelet, Secretario de Estado belga para el medio ambiente, energía y movilidad, recordó a los delegados que Bélgica fue uno de los signatarios originales del Tratado Antártico y una de las primeras Partes en apoyar el desarrollo del Protocolo al Tratado Antártico sobre la Protección del Medio Ambiente. Animó a las Partes a mantenerse leales al espíritu de estos instrumentos, tratando con celeridad los asuntos relativos al cambio climático, la bioprospección y al turismo en la Antártida.

(11) El Honorable Philippe Courard, Secretario de Estado para la política científica en Bélgica, declaró que el compromiso antártico de Bélgica, que comenzó con la expedición belga a la Antártida en 1897 liderada por Adrien de Gerlache, prosigue hoy a través del trabajo que 10 a 15 científicos llevan a cabo cada año en la estación belga Princesa Isabel. También señaló algunas áreas clave de investigación incluida la climatología, y destacó que científicos belgas y japoneses habían descubierto recientemente un meteorito de 18 kilogramos que actualmente estaba alojado en el Museo de Historia Natural de Bruselas.

(12) El Honorable Michel Rocard, ex primer ministro de Francia y Embajador de los Polos, llamó a las Partes a aumentar su nivel de cooperación científica internacional. El Embajador Rocard anunció con el ex primer ministro australiano, el Honorable Robert Hawke y S.A.S el Príncipe Alberto II de Mónaco, su iniciativa conjunta cuyo objetivo es facilitar un nivel mejorado de cooperación entre los programas nacionales antárticos, incluyendo el uso compartido de los medios de transporte y de la logística de las estaciones. Además comentó la importancia de encontrar un equilibrio entre los intereses nacionales y los recursos que existen a su disposición, y expresó la opinión de que los esfuerzos multinacionales favorecerían y armonizarían la ciencia internacional.

(13) El Presidente agradeció a Su Alteza Serenísima y a los Ministros por sus sugerencias y consejos que serían útiles en los próximos debates de la Reunión.

Tema 2. Elección de autoridades y creación de Grupos de Trabajo

(14)   El ministro Fábio Vaz Pitaluga, Representante de Brasil (país anfitrión para la XXXVII RCTA), fue elegido vicepresidente. De acuerdo con la Regla 7 de las Reglas de Procedimiento, el Dr. Manfred Reinke, Secretario Ejecutivo de la Secretaría del Tratado Antártico, actuó como Secretario de la Reunión. El Sr. Luc Marsia, jefe de la Secretaría del país anfitrión, actuó como vicesecretario. El Dr. Yves Frenot (Francia) siguió desempeñando las funciones de Presidente del Comité para la Protección del Medio Ambiente.

(15)   Se establecieron cuatro Grupos de Trabajo:

- el Grupo de Trabajo sobre Asuntos Jurídicos e Institucionales;
- el Grupo de Trabajo sobre Actividades Turísticas y No Gubernamentales;
- el Grupo de Trabajo sobre Asuntos Operacionales; y
- el Grupo de Trabajo especial sobre búsqueda y salvamento.

(16)   Se eligieron los siguientes presidentes para los Grupos de Trabajo:

- Asuntos Jurídicos e Institucionales: el Profesor René Lefeber (Países Bajos);
- Actividades Turísticas y No Gubernamentales: el Embajador Donald Mackay (Nueva Zelandia);
- Asuntos operacionales: el Dr. José Retamales (Chile);
- Grupo de Trabajo especial sobre búsqueda y salvamento: el Embajador David Balton (Estados Unidos de América).

Tema 3. Aprobación del programa y asignación de temas

(17)   Se aprobó el siguiente programa:

1. Apertura de la reunión
2. Elección de autoridades y creación de Grupos de Trabajo
3. Aprobación del programa y asignación de temas
4. Funcionamiento del Sistema del Tratado Antártico: Informes de las Partes, observadores y expertos
5. Funcionamiento del Sistema del Tratado Antártico:

(a) Asuntos generales

(b) Petición de la República Checa de convertirse en una Parte Consultiva

6. Funcionamiento del Sistema del Tratado Antártico: Revisión de la situación de la Secretaría

7. Formulación de un plan de trabajo estratégico plurianual

8. Informe del Comité para la Protección del Medio Ambiente

9. Responsabilidad: Implementación de la Decisión 4 (2010).

10. Seguridad y operaciones en la Antártida, incluye búsqueda y salvamento

11. Actividades turísticas y no gubernamentales en la Zona del Tratado Antártico

12. Inspecciones en virtud del Tratado Antártico y el Protocolo sobre la Protección del Medio Ambiente

13. Asuntos científicos, cooperación y facilitación científica

14. Implicaciones del cambio climático para gestión de la zona del Tratado Antártico.

15. Temas educacionales

16. Intercambio de información

17. La prospección Biológica en la Antártida

18. Preparación de la XXXVII Reunión

19. Otros asuntos

20. Aprobación del Informe Final

(18) La Reunión aprobó la siguiente asignación de los temas del programa:

- Sesión plenaria: Temas 1, 2, 3, 4, 5b, 8, 18, 19, 20, 21
- Grupo de Trabajo sobre Asuntos Jurídicos e Institucionales: Temas 5a, 6, 7, 9, 17
- Grupo de Trabajo sobre Actividades Turísticas y No Gubernamentales: Tema 11
- Grupo de Trabajo sobre Asuntos operacionales: Temas 10, 12, 13, 14, 15, 16
- Grupo de Trabajo especial sobre búsqueda y salvamento: Tema 10.

(19) La Reunión acordó que el tema 5b debe ser dirigido únicamente por las Partes Consultivas.

(20) La Reunión decidió asignar los proyectos de instrumentos que surjan del trabajo del Comité para la Protección del Medio Ambiente y de los Grupos de Trabajo, a un grupo de redacción legal, para que examinase sus aspectos jurídicos e institucionales.

Tema 4. Funcionamiento del Sistema del Tratado Antártico: Informes de las Partes, observadores y expertos

(21) En conformidad con la Recomendación XIII-2, la Reunión recibió informes de los gobiernos depositarios y de las secretarías.

(22) En su calidad de gobierno depositario del Tratado Antártico y su Protocolo sobre la Protección del Medio Ambiente, Estados Unidos de América informó sobre su estado (IP 72). El año pasado no se registraron nuevas adhesiones al Tratado o al Protocolo. Existen 50 Partes en el Tratado y 35 Partes en el Protocolo. Después de la presentación del IP 72, Estados Unidos de América confirmó que había recibido la confirmación del Reino Unido de que había ratificado las Medidas 1 (2005), 15 (2009) y 16 (2009). Se recibió una solicitud de acceso a la condición de Parte Consultiva, remitida por la República Checa, y que circuló entre las Partes Consultivas por canales diplomáticos y mediante la Secretaría. Estados Unidos de América, apoyado por otros países, instó a las Partes Consultivas a que obrasen activamente para la aprobación de las Medidas pendientes.

(23) En su calidad de gobierno depositario de la Convención para la Conservación de los Recursos Vivos Marinos Antárticos (CCRVMA), Australia informó que se registró una nueva adhesión a la Convención desde la XXXV RCTA: Panamá se adhirió a la Convención el 20 de marzo de 2013 y la Convención entró en vigor en Panamá el 19 de abril de 2013 (IP 41). Hay 36 Partes en la Convención.

(24) En su calidad de gobierno depositario de la Convención para la Conservación de las Focas Antárticas (CCFA), el Reino Unido informó que se registró una nueva adhesión a la Convención desde la XXXV RCTA: Pakistán se adhirió a la Convención el 24 de abril de 2013. El Reino Unido también informó que a raíz de una solicitud presentada por España, todas las Partes de la CCFA habían confirmado que este país podía adherirse a la Convención y que España estaba actualmente considerando la adhesión.

(25) En su calidad de gobierno depositario del Acuerdo sobre la Conservación de Albatros y Petreles (ACAP), Australia informó que no se registraron nuevas adhesiones a la Convención desde la XXXV RCTA, y que había 13 Partes en el Acuerdo (IP 40).

(26) El Secretario Ejecutivo de la CCRVMA informó sobre los resultados de la XXXI CCRVMA, que se realizó en Hobart, Australia, en octubre de 2012 (IP 1). Informó que la Comisión había aprobado una lista de buques de Partes no contratantes que se habían dedicado a la pesca ilegal, no declarada y no

reglamentada, señalando que se consideraba que al menos siete buques habían realizado actividades de pesca ilegal, no declarada y no reglamentada en la zona de la Convención en 2011/12. Varios buques se habían dedicado en repetidas ocasiones a tales actividades de pesca en la zona de la CCRVMA. El orador señaló que en 2011/12, cinco miembros capturaron 161.143 toneladas de krill en comparación con una captura total 180.992 toneladas en 2010/11. Se señaló que en 2011/12 fueron pescadas 11.329 toneladas de merluza por 11 miembros mientras que en 2010/2011 la captura global fue de 14.669 toneladas. Se señaló una captura total de 1012 toneladas de dracos rayados, realizada por dos miembros. La Comisión observó posibles signos de recuperación para las poblaciones de draco rayado y de bacalao cerca de las Islas Shetland del Sur, pero acordó que esa pesquería permanecería cerrada. Un número creciente de buques expresó su deseo de dedicarse a la pesca exploratoria y la Comisión solicitó que se diese más consideración a limitar las capacidades para la pesca exploratoria. Por lo que respecta a las aves marinas, se estimaban en 225 la cantidad de mortalidades extrapoladas en la zona de la Convención. Doce ecosistemas marinos vulnerables fueron registrados en 2012; la Comisión aprobó el asesoramiento sobre la implementación de medidas para evitar y mitigar los impactos negativos en estos ecosistemas. La Comisión también aplaudió los progresos del comité científico en el establecimiento de un sistema representativo de zonas marinas protegidas (ZMP), tras celebrarse tres talleres técnicos en 2012. La Comisión también programó reuniones especiales en Bremerhaven (Alemania) en julio de 2013 para examinar más detenidamente las propuestas para el establecimiento de ZMP en la región del Mar Ross y de la Antártida Oriental. La Comisión aprobó el asesoramiento del comité científico relativo a los planes de gestión de la RCTA para las Zonas Antárticas Especialmente Protegidas (ZAEP) y la Zonas Antárticas Especialmente Administradas (ZAEA). La Comisión acordó una nueva medida de conservación (91-02) que destaca los valores de las ZAEP y las ZAEA y que insta a los miembros a que garanticen que sus buques puedan localizar las ZAEA y las ZAEP cuyos planes de gestión incluyen zonas marinas. Ésta fue la respuesta a la preocupación sobre la pesca de krill que se había producido en 2010 en la ZAEA 1 y la ZAEP 153 y una vez más en 2012 en la ZAEP 153.

(27) El Presidente del Comité Científico de Investigación Antártica (SCAR) presentó el informe anual de su institución (IP 4) y se refirió al documento BP 20 que destacaba una selección de recientes documentos científicos clave publicados a partir de la XXXV RCTA. En julio de 2012, SCAR aprobó cinco nuevos programas de investigación científica sobre: i) Estado del ecosistema

antártico; ii) Umbrales antárticos: resiliencia y adaptación del ecosistema; iii) Cambio climático en la Antártida en el siglo XXI; iv) Dinámica de la capa de hielo de la Antártida en el pasado; y (v) el programa científico *Solid Earth Response and Cryosphere Evolution*. El SCAR mantuvo su compromiso de apoyar a las Partes del Tratado promoviendo el conocimiento científico sobre la Antártida. Por lo que se refiere al cambio climático, el SCAR publicó una actualización mayor de los puntos clave del informe sobre el cambio climático en la Antártida y el medio ambiente (ACCE) para dar cuenta del impacto en la biota marina y terrestre de la Antártida y del Océano Austral. Para mejorar la calidad de los datos disponibles para entender el papel clave del Océano Austral en el funcionamiento del clima y del ecosistema del planeta, se ha establecido un nuevo portal del Sistema de observación del Océano Austral. Además, se realizó la primera edición del proyecto "Tendencias de los trabajos científicos en la Antártida y el Océano Austral (Antarctic and Southern Ocean Science Horizon Scan). Tiene por objetivo reunir a expertos para identificar las cuestiones científicas más importantes para investigación durante las dos próximas décadas. El SCAR invitó a los expertos de todas las Partes a contribuir a través del sitio web *www.scar.org.*

(28)	La Secretaria Ejecutiva del Consejo de Administradores de los Programas Nacionales Antárticos presentó el informe anual del COMNAP (IP 3). Señaló que el COMNAP celebraría su 25° aniversario este año. Para esta reunión, el COMNAP señaló que había colaborado con otros para preparar dos documentos de trabajo, incluida una revisión de las recomendaciones de la RCTA relativas a las operaciones (WP 1) y una actualización de las acciones originadas en los talleres del COMNAP sobre la coordinación y respuesta de búsqueda y salvamento (WP 17). COMNAP y SCAR estaban planificando dos talleres conjuntos para este año, sobre el sistema de observación del Océano Austral y sobre los desafíos de conservación de la Antártida.

(29)	Colombia presentó el IP 104, *Colombia en la Antártida*, y anunció su intención de establecer un programa nacional de investigación con una expedición a la Antártida en 2014/15, y de ratificar el Protocolo sobre la Protección del Medio Ambiente y la CCRVMA. Colombia acogió con satisfacción la perspectiva de colaborar con otras Partes para proteger la Antártida. En respuesta a una petición del Reino Unido, Colombia aclaró que su intención era ratificar el Protocolo sobre la Protección del Medio Ambiente y la CCRVMA antes de que se realizase la expedición.

(30)	El representante de la Coalición Antártica y del Océano Austral (ASOC) presentó el IP 106 *Informe de la Coalición Antártica y del Océano Austral,* que da cuenta de las actividades recientes de la ASOC así como de las mayores preocupaciones. En la Reunión, ASOC presentó 12 documentos sobre las principales cuestiones medioambientales para ayudar a la RCTA y al CPA a asegurar una protección y conservación más efectiva del medioambiente en la Antártida. ASOC felicitó a Noruega y al Reino Unido por la ratificación del Anexo VI (Responsabilidad) del Protocolo sobre la Protección del Medio Ambiente, y animó a otras Partes a hacer lo mismo. A la luz de las muchas amenazas que afectaban la Antártida, inducidas por el cambio climático y las actividades humanas, ASOC aguardaba con impaciencia la adopción de medidas concretas por la XXXVI RCTA.

(31)   El representante de la Organización Meteorológica Mundial (OMM) informó de sus recientes actividades. La OMM contribuyó al WP 1 y a los debates intersesionales relativos al intercambio de información sobre el turismo en la Antártida, la creciente cooperación y las actividades de búsqueda y salvamento. A través de su Consejo Ejecutivo (Panel de Expertos) sobre Observaciones Polares, Investigación y Servicios (EC-PORS), la OMM estuvo activa en cuatro áreas principales: la observación, la investigación, los servicios y el compromiso. Bajo las observaciones, EC-PORS exploraba las oportunidades de expansión de su Red de observación de la Antártida (AntON) y de implementación del componente de observación (CRYONET) de la Vigilancia global de la criósfera (Global Cryosphere Watch). En materia de investigación, EC-PORS abogó por el Sistema global integrado de predicción polar (GIPPS) para cubrir las previsiones, predicciones y proyecciones sobre escalas de tiempo en hora/estación/década para poder responder a las crecientes necesidades de previsiones meteorológicas y proyecciones más precisas en las regiones polares; EC-PORS buscaba el apoyo para su oficina internacional de coordinación en Bremerhaven (Alemania). El equipo de tareas EC-PORS sobre Servicios continuó identificando los requisitos del servicio cartográfico para regiones clave, y proponiendo proyectos pilotos, mientras también exploraba el potencial para un centro climático regional polar y foros de previsión. El grupo de conducción entre las agencias sobre la Iniciativa de cooperación polar a largo plazo está desarrollando un documento conceptual para una posible Iniciativa internacional polar (IPI). Dicha IPI representa un nuevo intento para responder de forma eficiente a los desafíos existentes de las observaciones polares, investigación y servicios medioambientales y podría ayudar a desarrollar sistemas de observación y sistemas de información medioambiental más sostenibles para las regiones polares. Se animó a las Partes a visitar la página web de la OMM bajo el enlace "Actividades polares".

(32) El observador representante de la Organización Hidrográfica Internacional (OHI) presentó el documento IP 2 *Informe de la Organización Hidrográfica Internacional*, que describía el estado de los estudios hidrográficos y de la cartografía náutica de la Antártida. Más del 90 % de las aguas de la Antártida no han sido cartografiadas, lo que suponía graves riesgos de incidentes marítimos e impedía la realización de actividades marítimas. Al constatar el alto aumento de la actividad humana, la OHI estaba preocupada por la reducción de los recursos asignados a las actividades de cartografía y topografía. Para evitar desastres, la OHI recomendó que la RCTA: considere los graves déficits hidrográficos y cartográficos en la Antártida y su impacto en las actividades; considere animar a las Partes a aumentar su apoyo a las actividades hidrográficas y cartográficas, anime a los Estados a asignar recursos apropiados para acelerar la producción de cartas de papel y las cartas de navegación electrónicas de la Antártida; y adopte la propuesta de Recomendación sobre hidrografía y cartografía náutica que fue desarrollada por el Comité Hidrográfico sobre la Antártida (HCA).

(33) La representante de la Asociación Internacional de Operadores Turísticos en la Antártida (IAATO) presentó el IP 99 *Informe de la Asociación Internacional de Operadores Turísticos Antárticos 2012-13*. La IAATO explicó que el año pasado, por primera vez en cinco años, el número de visitantes había aumentado hasta superar los 34.000, a pesar de que era poco probable que este nivel se mantuviese la próxima temporada. La IAATO ha adoptado un plan estratégico de cinco años que destacó la visión y los valores de la organización. De conformidad con su política de "difusión y debate", la IAATO destacó algunos incidentes de turismo que se produjeron en 2012/13. La IAATO destacó también que sus operadores y sus pasajeros habían contribuido con más de 440.000 US$ a las organizaciones científicas y de conservación activas en las regiones antárticas y subantárticas. La IAATO también expresó su agradecimiento por la cooperación recibida de las Partes, del COMNAP, SCAR, CCRVMA, OHI/HCA, ASOC y otros en favor de la protección a largo plazo de la Antártida.

Tema 5a. Funcionamiento del Sistema del Tratado Antártico: Asuntos generales

(34) El COMNAP presentó el WP 1 *Revisión de las recomendaciones de la RCTA sobre asuntos operacionales*, entregado conjuntamente por la IAATO, la OHI, el SCAR y la OMM. Este documento propone revisiones a veintiocho

recomendaciones en cuatro categorías relativas a asuntos operativos. La intención de este documento era proporcionar más recomendaciones de expertos y proponía sugerencias de mejora, añadidas en tres anexos a este documento. El Anexo A contiene las sugerencias relativas a las doce recomendaciones que requieren actualización; el Anexo B contiene las sugerencias para las dos recomendaciones que requieren más consejo del COMNAP y el SCAR; y el Anexo C contiene las sugerencias de ocho recomendaciones de la OMM relativas a meteorología.

(35) La reunión agradeció al COMNAP y a otros cuerpos expertos por sus excelentes contribuciones sobre la revisión de las recomendaciones de asuntos operativos que requieren reconsideración, ejemplificando la revisión progresiva por la RCTA de la adecuación de las medidas.

(36) Varias Partes respaldaron las recomendaciones proporcionadas y sugirieron que las Partes realizaran más debates intersesionales sobre este cuerpo de trabajo amplio y complejo.

(37) Se señaló que la Recomendación XV-20 (1989) sobre la seguridad aérea en la Antártida debería ser actualizada tan pronto como sea posible, preferiblemente en esta Reunión.

(38) La Reunión adoptó la Resolución 1 (2013) sobre la seguridad aérea en la Antártida.

(39) La Reunión acordó establecer un grupo de contacto intersesional (GCI) para la revisión de las Recomendaciones de la RCTA sobre los asuntos operacionales que permitiría la participación de abogados y expertos con el objetivo de:

- Actualizar las Recomendaciones y las Medidas de la RCTA relevantes anexas al documento WP 1, con excepción de la Recomendación XV-20 (1989) sobre la seguridad aérea en la Antártida

(40) Se acordó también que:

- Los observadores y expertos que participan en la RCTA fuesen invitados para proporcionar aportaciones.
- El Secretario Ejecutivo abriría el foro de la RCTA en el GCI y le proporcionaría apoyo.
- Estados Unidos de América actuaría como coordinador e informaría en la siguiente RCTA sobre el progreso del GCI.

(41) Francia presentó el WP 44 *El Ejercicio de la jurisdicción en el área del Tratado Antártico*, que informaba sobre el trabajo del Grupo de Contacto Intersesional (GCI) coordinado por Francia. Los intercambios se enfocaron en los asuntos que podían plantear dificultades en la aplicación de las legislaciones domésticas en la zona del Tratado Antártico y que Francia había presentado en la XXXV RCTA (WP 28). Se basaron en casos ficticios de daños causados al medio ambiente y de una agresión contra una persona.

(42) La Reunión acordó que el asunto del ejercicio de jurisdicción era muy importante y agradeció a Francia por el trabajo de coordinación que proporcionó información valiosa a la RCTA.

(43) Numerosas Partes trajeron a colación sus preocupaciones relativas a la creación de una base de datos, especialmente si ésta debe contener información sobre sus ciudadanos, o la inclusión de casos de estudio ficticios. Algunas de estas Partes prefirieron continuar con el intercambio de información, que sería útil para tomar mejores decisiones sobre el asunto sin llegar hasta la creación de una base de datos. Otras Partes apoyaban la continuación de los debates sobre la creación de una base de datos pero sin incluir los casos ficticios. Australia señaló el amplio número de propuestas enviadas a la XXXVI RCTA relativas al intercambio de información y expresó su apoyo a una revisión sistemática y exhaustiva de la información intercambiada entre las Partes.

(44) La Reunión notó que podría resultar confuso incorporar casos ficticios en la base de datos junto a casos reales destinados a servir como referencias futuras. Francia acordó que los casos ficticios no se deberían incluir en el intercambio de información y que ello podría incluirse en los Términos de referencia para los próximos debates intersesionales.

(45) Francia reaseguró en la Reunión que no tenía intención de incorporar información privada/personal en el intercambio de información y que dicho intercambio se limitaría a la información actualmente disponible en el dominio público sobre los casos y la legislación que fuese relevantes para la Antártida, incluida la forma en que las atribuciones otorgadas a los comandantes de las estaciones, capitanes de buques y naves difieren de un estado a otro, preguntándose si estas personas tienen alguna atribución en relación con las infracciones cometidas en la zona del Tratado Antártico.

(46) Francia dejó saber que se habían propuesto dos casos reales y dos casos ficticios en el GCI pero que los dos casos reales se habían retirado después de que algunas Partes expresaron su preocupación. Se usaron dos casos ficticios en los debates de GCI sin que surgiese ninguna preocupación.

(47) La Reunión acordó seguir considerando el ejercicio de la jurisdicción en la zona del Tratado Antártico y prorrogar *mutatis mutandis* el mandato del GCI establecido en la XXXV RCTA (Informe final de la XXXV RCTA, párrafos 47-49).

(48) Chile presentó el WP 66 *Informe del Grupo de Contacto Intersesional sobre Cooperación en la Antártica*, que informaba de los resultados de los debates de cooperación desde la última Reunión y contenía un resumen de las contribuciones de los participantes. El documento presentaba las áreas principales de debate: el intercambio de información, la cooperación en temas educacionales, la cooperación en asuntos logísticos y la investigación conjunta. El documento recomendaba que: el Sistema Electrónico de Intercambio de Información (SEII) fuese perfeccionado; la cooperación en educación y difusión fuese mejorada; se impulsase más formación para los científicos en ciencia antártica; se fortaleciese la cooperación en temas logísticos y operacionales; se facilitase mejor comunicación entre programas nacionales antárticos; y se promocionase el uso conjunto de bases existentes. Chile sugirió que el foro apoyase el trabajo realizado en el GCI sobre jurisdicción e insta una colaboración más estrecha en el área de búsqueda y salvamento (SAR). Para aplicar estas recomendaciones, Chile sugirió renovar el mandato del GCI.

(49) Muchas Partes felicitaron a Chile y al GCI por su trabajo en las cuestiones de cooperación y expresaron su apoyo a las recomendaciones, señalando que varias de ellas se mencionaban como prioridades en el plan de trabajo estratégico plurianual. Por lo que se refiere a la cooperación sobre los temas educacionales, el COMNAP indicó que ya disponía de una base de datos en la que se compilaban los cursos de formación de los Programas nacionales antárticos.

(50) La Reunión acordó seguir considerando la mejora de la cooperación en la Antártida y prorrogar *mutatis mutandis* el mandato del GCI establecido en la XXXV RCTA (Informe final de la XXXV RCTA, párrafos 51-54).

(51) La Federación de Rusia presentó el documento IP 43 *Implementation of the new Russian legislature "On regulation of activity of the Russian citizens and the Russian legal entities in the Antarctic"*, indicando que una nueva ley rusa había creado una base legal que permitía al gobierno ruso ratificar la Medida 4 (2004) sobre seguros y planes de contingencia, la Medida 1 (2005) del Anexo VI sobre responsabilidades y la Medida 15 (2009) sobre el desembarco de personas desde buques de pasajeros. Estas medidas fueron aprobadas por el gobierno en marzo de 2013. En julio de 2012, el

gobierno de la Federación de Rusia aprobó un plan para desarrollar más legislación relacionada. El gobierno de la Federación de Rusia también adoptó provisiones en noviembre de 2012 para: designar la Agencia Federal de Rusia de Hidrometeorología (Roshydromet) como organismo autorizado para nombrar observadores, controlar la conformidad y organizar actividades de inspección e investigación; y para encargar al Instituto ruso de investigación ártica y antártica de garantizar que la investigación en la Antártida cumple las normas y obligaciones internacionales. La Federación de Rusia pretendía adoptar nuevas leyes necesarias para completar su marco legal a principios de 2014.

(52) Francia presentó el IP 79 *Strengthening Support for the Protocol on Environmental Protection to the Antarctic Treaty*, preparado de forma conjunta con Australia y España. Este documento contenía un informe sobre las acciones realizadas de acuerdo con la Resolución 1 (2012) para animar a los quince Estados que son Partes del Tratado Antártico pero que aún no han ratificado el Protocolo sobre la Protección del Medio Ambiente, a hacerlo. Francia informó que Dinamarca, Portugal, Austria y Malasia habían empezado el proceso necesario y esperaban ratificarlo a finales de 2013. Otras ocho Partes optaron por un acercamiento a largo plazo, por razones de dificultades internas e implicaciones financieras. Francia proporcionó información a varias Partes para apoyarlas en sus esfuerzos de ratificación.

(53) Australia agradeció a Francia por la introducción del IP 79 y a otras Partes Consultivas por su participación en las acciones organizadas por Australia, Francia y España. Australia confirmó que la respuesta a las acciones era positiva en su conjunto y reconoció claramente la importancia del Protocolo sobre la Protección del Medio Ambiente. España acordó que el Protocolo era la herramienta más importante de la RCTA para proteger el medio ambiente antártico. Australia y España apoyaron la continuación de las acciones en el periodo intersesional.

(54) La Reunión felicitó a las Partes que habían participado en las acciones por su trabajo en este asunto y confirmó que el asunto era importante para todas las Partes. Al señalar que habían surgido algunas cuestiones específicas, particularmente en lo relativo a las implicaciones financieras y administrativas de la ratificación del Protocolo, la Reunión acordó que el trabajo intersesional debería continuar y agradeció la oferta de Australia, Francia y España para seguir coordinando este trabajo intersesional y para dar cuenta a la XXXVII RCTA de los resultados de las acciones que se habrían tomado en el periodo intersesional de 2013/2014.

(55) Las Partes consideraron y acordaron una plantilla indicativa para los GCI (véase más abajo), de acuerdo con el párrafo 62 del Informe final de la XXXV RCTA.

La Reunión acordó establecer un grupo de contacto intersesional (GCI) sobre [tema] que encarga de:

- *[objetivo principal];*
- *[otros objetivos];*

Se acordó también que:

- *Los observadores y expertos que participan en la RCTA fuesen invitados para proporcionar aportaciones.*
- *El Secretario Ejecutivo abriría el foro de la RCTA en el GCI y le proporcionaría apoyo.*
- *las [Partes] actuarían como coordinadores e informarían en la siguiente RCTA sobre los progresos realizados por el GCI.*

Tema 5b. Funcionamiento del Sistema del Tratado Antártico: Petición de la República Checa de convertirse en una Parte Consultiva

(56) El Honorable Vladimír Galuška, Viceministro de Asuntos Exteriores de la República Checa, informó a la Reunión de que la República Checa había presentado, ante el gobierno depositario, una petición oficial para obtener el estado de Parte Consultiva el 18 de abril de 2013. La República Checa era una Parte no Consultiva desde 1962 y realizaba activamente investigación científica sustancial en la Antártida desde 1994. Dirige su propia estación antártica, Johann Gregor Mendel, desde 2006, que acoge a 25 científicos y brinda apoyo a una diversa variedad de actividades científicas en geociencias, climatología, biología y la producción de un mapa topográfico y geológico para la parte norte de la isla James Ross. La República Checa acogió con beneplácito la colaboración de otras Partes a nivel de su estación.

(57) La República Checa señaló además que había aprobado todos los Anexos del Protocolo sobre la Protección del Medio Ambiente que estaban en vigor y, de conformidad con la Decisión 4 (2005), declaró su intención de aprobar todas las Recomendaciones y Medidas aprobadas posteriormente por todas las Partes Consultivas. La República Checa también comunicó su intención de aprobar otras Recomendaciones y Medidas, señalando que su Ley de 2003 sobre la Antártida había implementado las obligaciones internacionales en

la legislación doméstica y advirtiendo de que estableció la Comisión para la Antártida, todo ello sirvió de apoyo a su solicitud de estado de Parte Consultiva.

(58) Las Partes Consultivas agradecieron a la República Checa por su presentación y su compromiso para aprobar las Recomendaciones y Medidas. Un grupo de Partes destacaron los esfuerzos de la República Checa para cumplir los requisitos necesarios, incluido su programa activo de investigación científica. Bélgica y Argentina compartieron sus experiencias positivas de colaboración con la República Checa en la Península Antártica.

(59) Las Partes Consultivas acordaron que la República Checa había completado adecuadamente los requisitos necesarios y que por lo tanto, era aceptada como Parte Consultiva por consenso. Las Partes Consultivas invitaron a la República Checa a informar en la XXXVII RCTA, en 2014, sobre sus progresos en la implementación de los instrumentos de la RCTA .

(60) La Reunión adoptó la Decisión 1 (2013) sobre el reconocimiento de la República Checa como Parte Consultiva.

Tema 6. Funcionamiento del Sistema del Tratado Antártico: Revisión de la situación de la Secretaría

(61) La Reunión examinó los documentos SP 2 *Informe de la Secretaría 2012/13; SP 3 rev. 1 Programa de la Secretaría 2013/14; SP 4 Perfil del Presupuesto Quinquenal 2013-2017.*

(62) Tras debates informales sobre el presupuesto, el Secretario Ejecutivo presentó un programa de trabajo revisado y un presupuesto en el SP 3 rev. 1. La versión revisada fue acordada por la Reunión, que adoptó entonces la Decisión 4 (2013) - *Informe de la Secretaría, programa y presupuesto*, la Decisión 2 (2013) - *Nuevo nombramiento del Secretario Ejecutivo*, y la Decisión 3 (2013) - *Renovación del Contrato del Auditor Externo de la Secretaría.*

(63) Al informar sobre las actividades de la Secretaría, el Secretario Ejecutivo destacó su apoyo a tres tipos de actividades, que son: Reuniones de la RCTA y del CPA, actividades intersesionales e intercambio de información.

(64) En relación a a las actividades intersesionales, el Secretario Ejecutivo destacó la mejora significativa de la página web del STA que ofrece diversas nuevas funcionalidades destinadas, gracias a las tecnologías modernas, a asegurar

una accesibilidad más amplia. También hizo referencia, entre otros asuntos, a la mejora del Sistema Electrónico de Intercambio de Información (SEII) y la actualización de las tres bases de datos principales (Base de datos de evaluación del impacto ambiental (EIA); Base de datos de las zonas protegidas que ahora incluye un conjunto de trazados de alta resolución útil para el Sistema de Información Geográfica (GIS); y la Base de datos del Tratado Antártico). La Secretaría informó de la cooperación con el Scott Polar Research Institute (SPRI, Cambridge) que recoge una amplia colección de documentos de reuniones para complementar su base de datos del archivo.

(65) El Secretario Ejecutivo también puso de manifiesto varias cuestiones relacionadas con el personal. Concretamente, recordó a las Partes que, de acuerdo con la cláusula 6.2 del Reglamento del Personal, el Secretario Ejecutivo nombra al Secretario Ejecutivo Auxiliar, cuyo contrato actual expira el 31 de diciembre de 2014 y que consultará a las Partes del Tratado sobre este nombramiento.

(66) La Reunión solicitó que el Secretario Ejecutivo hiciese una presentación en la XXXVII RCTA sobre el proceso de selección del Secretario Ejecutivo Auxiliar, de acuerdo con la sección 5 del Anexo 3 de la Decisión 4 (2013).

(67) Con respecto al taller sobre el Plan de trabajo estratégico plurianual, la Reunión expresó su agradecimiento a Noruega, Estados Unidos de América, Australia y los Países Bajos por sus contribuciones al fondo especial, que cubrieron totalmente los costes de interpretación del taller.

(68) El Secretario Ejecutivo presentó el informe financiero auditado para 2011/12. La conclusión del auditor fue que los informes financieros presentaban con imparcialidad, en todos los aspectos fundamentales, la posición financiera de la Secretaría hasta el 31 de marzo de 2012, y además confirmó que su desempeño financiero para dicho período cumplía con las Normas Internacionales de Contabilidad y las reglas acordadas por la RCTA. El Secretario Ejecutivo llamó la atención de las Partes sobre el hecho de que el contrato actual del auditor vence el 1 de octubre de 2013 y propuso renovarlo puesto que su trabajo se había considerado satisfactorio.

(69) Tras la presentación del informe financiero provisional para 2012/13, el Secretario Ejecutivo informó de un ahorro en el presupuesto previsto gracias a la reducción de los costes de traducción e interpretación. El Secretario Ejecutivo señaló que la sociedad maltesa de servicios lingüísticos, *International Translation Agency* (ITA), fue elegida en diciembre de 2012 como el nuevo contratista para traducción e interpretación.

(70) Al describir las actividades anticipadas de la Secretaría en 2013/14, el Secretario Ejecutivo destacó el apoyo que se le proporcionaría a Brasil como país anfitrión para la XXXVII RCTA y la XVII Reunión del CPA. Además, la Secretaría continuará desarrollando el SEII, y expandiendo las bases de datos, incluso para las zonas protegidas (SIG). La Secretaría también pretende continuar la cooperación con el Scott Polar Research Institute para identificar toda la documentación faltante de la RCTA e integrarla a la base de datos de la STA.

(71) El Secretario Ejecutivo anotó tres características específicas del presupuesto 2013/14. No se ha registrado solicitud de aumento de salarios este año. Debido a la legislación fiscal europea, no se aplicará el IVA belga (VAT) a los servicios lingüísticos ofrecidos por ITA durante la XXXVI RCTA.

(72) Por último, el Secretario Ejecutivo señaló el aumento de los gastos previstos en los próximos presupuestos. No obstante, no se espera ningún aumento en las contribuciones de los próximos cinco años gracias a los excedentes generados en los años pasados.

(73) Varias Partes expresaron su aprecio por el trabajo realizado por el Secretario Ejecutivo durante los últimos años, especialmente los esfuerzos para usar tecnología avanzada que permitió reducir gastos.

(74) La Reunión felicitó al Secretario Ejecutivo por su nuevo nombramiento y espera seguir trabajando con él.

(75) El Secretario Ejecutivo insistió en su apreciación del gobierno de Argentina por su excelente apoyo a las actividades de la Secretaría y agradeció a todas las Partes por su nuevo nombramiento para un periodo de cuatro años, que fue aprobado durante la reunión de los Jefes de Delegaciones.

(76) En respuesta a una invitación del Secretario Ejecutivo, varias Partes dejaron saber que su contribución al presupuesto 2012/13 estaba en proceso de pago.

(77) La Reunión acordó que el Grupo de Contacto Intersesional de composición abierta sobre cuestiones financieras, establecido en virtud de la Decisión 2 (2012), continuaría su misión y que sería coordinado por el país anfitrión de cada RCTA.

(78) Francia presentó el WP 40 *Glosario de expresiones y términos utilizados por la RCTA*, preparado conjuntamente con Bélgica y Uruguay. El documento proponía que la RCTA adoptase un glosario exhaustivo en las cuatro lenguas oficiales del Tratado Antártico. Tal documento facilitaría el trabajo de los traductores y permitiría evitar errores, inconsistencias y

traducciones múltiples de términos y expresiones idénticas. Francia propuso una primera contribución a este glosario, en francés y en inglés, para someter a la consideración de las Partes y sugirió que las Partes interesadas proporcionasen en forma voluntaria sus contribuciones en las cuatro lenguas de trabajo, en el marco de un GCI que Francia coordinaría.

(79) La Federación de Rusia expresó su disponibilidad para contribuir a la redacción de la versión rusa del glosario y llamó la atención de la Reunión sobre el IP 74 *On creating a four-language glossary of the main terms and definitions used in the Antarctic Treaty documentation*, que la Federación de Rusia había entregado en 1999 y en el que proponía un glosario similar. La Federación de Rusia ya está trabajando para proporcionar un glosario en ruso para las personas que trabajan en sus estaciones antárticas. Varias Partes de habla española expresaron su disponibilidad para contribuir a la elaboración de un glosario en español.

(80) La Reunión convino en que tal glosario podría resultar útil para facilitar el trabajo de los traductores e intérpretes así como las actividades informales de las Partes. Algunas Partes expresaron su preocupación en cuanto al uso específico y coste del glosario. Argentina declaró que la incorporación de los términos en el glosario y su traducción deberían realizarse sobre la base del consenso.

(81) Algunos delegados subrayaron el hecho de que la interpretación de términos presentes en instrumentos jurídicamente vinculantes podría exigir un proceso formal y largo, y añadieron que, a falta de liberación de responsabilidad, el glosario podría ser percibido, erróneamente, como una interpretación jurídicamente vinculante.

(82)   También se expresó alguna preocupación sobre el hecho de que el glosario pudiese aumentar los costes y la carga de trabajo de la Secretaría. Se estableció que no debería haber costes financieros significativos en el desarrollo y uso del glosario. El Secretario Ejecutivo tomó nota de la importancia de asegurar la precisión de los informes finales de la RCTA y del CPA y citó la disponibilidad, y el uso sin costes, de un diccionario tesauro elaborado por la Unión Europea. La Secretaría está dispuesta a organizar el uso de dicho banco terminológico para sus necesidades en traducción.

(83) La Reunión aceptó la propuesta de un GCI para elaborar un glosario y reiteró que no era necesario aprobar una resolución para seguir este trabajo y que la elaboración de tal glosario no debería resultar a precio de coste para la Secretaría ni exigir de ella más esfuerzos sino el de subir el glosario a la

página web de la Secretaría. El glosario propuesto incluiría lo siguiente: "el presente glosario tiene por objetivo facilitar el trabajo de los traductores e intérpretes y no constituye en modo alguno una interpretación jurídicamente vinculante del Tratado Antártico y sus instrumentos legales asociados".

(84)   La Reunión acordó establecer un GCI para la elaboración de un glosario con el objetivo de:

- ayudar a la traducción e interpretación; y
- evitar múltiples traducciones de expresiones y términos idénticos.

(85)   Se acordó también que:

- Los observadores y expertos que participan en la RCTA fuesen invitados para proporcionar aportaciones.
- El Secretario Ejecutivo abriría el foro de la RCTA en el GCI y le proporcionaría apoyo.
- Francia se desempeñaría como coordinadora, e informaría a la próxima RCTA sobre los avances realizados en el GCI.

(86)   Francia presentó el WP 45 *Temas presupuestarios: propuesta para que la Secretaría del Tratado Antártico cuente con la experiencia del "Régimen de la Coordinación"*, que siguió a los debates de la XXXV RCTA sobre los asuntos presupuestarios y propuso que la Secretaría se convirtiese en una "organización asociada" al régimen de "Coordinación" para que se beneficiase de los conocimientos especializados y las herramientas del Servicio Internacional de Remuneraciones y Pensiones (SIRP) para mejorar el método de ajuste salarial.

(87)   Varias Partes demostraron su interés en esta propuesta y fueron de la opinión de que podría resultar en un control administrativo y financiero más sencillo para las Partes, facilitando el trabajo de la RCTA. Dicha propuesta también podría ofrecer la posibilidad de realizar ahorros. Varias Partes declararon que la contribución que la Secretaría pagaría no debería superar los posibles ahorros. Varias Partes cuestionaron la aplicabilidad y adecuación del SIRP en el contexto de la Secretaría del Tratado Antártico y se expresaron dudas en cuanto a los beneficios potenciales dado el hecho de que el SIRP se halla en Europa.

(88)   La Reunión acordó encargar a la Secretaría comprometerse en el debate con el Régimen de Coordinación y otras entidades apropiadas para reunir información sobre:

- los métodos de ajuste de salario adaptados a la situación de la Secretaría, para mejorar el método actual basándolo en criterios más claros que las Partes podrían controlar de forma más efectiva; y

- la posible contribución que tendría que pagar la Secretaría.

(89) Asimismo, se ha acordado que la Secretaría informe a la XXXVII RCTA sobre los resultados de estas gestiones.

Tema 7. Formulación de un plan de trabajo estratégico plurianual

(90) Los copresidentes (Australia y Bélgica) presentaron el WP 67 *Informe de los copresidentes del taller sobre la formulación de un plan de trabajo estratégico de varios años para la RCTA, Bruselas, Bélgica, 20-21 mayo 2013*, que describía los antecedentes, la realización del taller, los resultados y los futuros pasos. La Reunión se centró en la cuestión de determinar si se deberían programar todas las prioridades y las acciones correspondientes para un periodo de cinco años o solo programar las prioridades que serán consideradas en la XXXVII RCTA. La mayoría de las Partes reconocieron la importancia de realizar todas las prioridades en un enfoque plurianual y acordaron un acercamiento gradual que se centraría inicialmente en las prioridades a considerar en la XXXVII RCTA y las acciones correspondientes.

(91) Se acordó que la XXXVII RCTA se enfocará principalmente en las siguientes prioridades:

Cooperación en:

- *dirigir una revisión exhaustiva de los requisitos que existen para el intercambio de información y el funcionamiento del sistema electrónico de intercambio de información, y la identificación de cualquier requisito adicional;*

- *reforzar la colaboración entre las Partes sobre las operaciones aéreas y marinas actuales y específicas de la Antártida, así como las prácticas de seguridad; identificar además cualquier asunto que pueda ser tratado en el futuro en la OMI y la OACI, cuando resulte apropiado;*

- *revisar y evaluar la necesidad de acciones adicionales relativas a la gestión de zonas y la infraestructura permanente para el turismo, así como los asuntos relacionados con el turismo de base terrestre y de aventura y examinar las recomendaciones del estudio sobre turismo del CPA.*

(92)   También se ha acordado que las Partes, los expertos y los observadores sean invitados a consultar entre ellos en el GCI sobre Cooperación Antártica para la elaboración de las prioridades del Plan.

(93)   La Reunión adoptó la Decisión 5 (2013) *Plan de Trabajo Estratégico Plurianual para la Reunión Consultiva del Tratado Antártico.*

(94)   La ASOC presentó el IP 61 *Human impacts in the Arctic and Antarctic: Key findings relevant to the ATCM and CEP,* que declaraba que las prácticas de gestión medioambiental y los sistemas de la gobernanza actuales eran insuficientes para cumplir las obligaciones del Protocolo de Madrid. El documento sugería acciones específicas y estratégicas disponibles para las Partes del Tratado Antártico, incluyendo un uso más amplio de las herramientas de gestión medioambiental existentes, el pleno cumplimiento del Protocolo sobre la Protección del Medio Ambiente y sus anexos, un compromiso proactivo sobre asuntos contenciosos y estratégicos, la necesidad de implantar miradas a largo plazo y estrategias colectivas en el núcleo de toma de decisiones, y mejoras en la coordinación y colaboración

Tema 8. Informe del Comité para la Protección del Medio Ambiente

(95)   El Dr. Yves Frenot, Presidente del Comité para la Protección del Medio Ambiente (CPA), presentó el informe de la XVI reunión del CPA. El CPA consideró 46 documentos de trabajo (WP), 57 documentos de información (IP), 5 documentos de la Secretaría (SP) y 7 documentos de antecedentes (BP).

Deliberaciones estratégicas sobre el futuro del CPA (Tema 3 del programa del CPA)

(96)   El Presidente del CPA anunció que el Comité había acogido con beneplácito los avances logrados para crear un Portal de medioambientes antárticos, y había alentado la continuación de esta iniciativa cuyo objetivo es facilitar el enlace entre la ciencia antártica y el CPA proporcionando acceso libre a una información libre y científica sobre asuntos prioritarios.

(97)   El Comité señaló que el Portal era un proyecto independiente y que no pretendía servir como herramienta política o de toma de decisión. Al acoger la iniciativa, el CPA observó que asuntos tales como la gobernanza, la toma de decisión, la composición del comité de redacción del Portal, la representación geográfica y lingüística, la garantía del carácter apolítico y de independencia de los datos, el estado de la información publicada en el

Portal y el financiamiento a largo plazo no deberían perderse de vista cuando se elaborase el Portal. Actualmente, es una iniciativa de algunas Partes individuales, incluida Nueva Zelandia, con apoyo de Australia, Bélgica, Noruega y el SCAR.

(98) La RCTA agradeció los avances logrados en la elaboración del Portal de medioambientes antárticos. Estados Unidos de América, Noruega y Australia agradecieron a Nueva Zelandia por la iniciativa, y por la provisión de recursos de apoyo al Portal. Estados Unidos de América también expresó su apreciación por la implicación del SCAR.

(99) El Presidente del CPA advirtió que el comité había debatido el impacto de las actividades humanas en el medio ambiente de la Antártida. La ASOC hizo una presentación sobre dos proyectos de colaboración internacional lanzados en la Conferencia de Oslo, en 2010, en el marco del Año Polar Internacional. Ambos proyectos exploraban el impacto humano y los escenarios futuros para el medio ambiente de la Antártida. La mayoría de los informes llegaron a la conclusión de que las prácticas de gestión medioambiental y el sistema de gobernanza vigentes en la actualidad son insuficientes hoy, y lo seguirán siendo en el futuro, para enfrentar los retos ambientales y cumplir las obligaciones del Protocolo sobre la Protección del Medio Ambiente. El Comité había señalado que estos elementos podían resultar útiles para informar futuros debates.

(100) El Presidente del CPA advirtió que el Comité había revisado y actualizado su Plan de trabajo quinquenal. El Comité ha decidido elevar a prioridad 2 el asunto de "Educación y difusión".

Cooperación con otras organizaciones (Tema 5 del programa del CPA)

(101) El Presidente del CPA informó que el Comité había recibido informes de otras organizaciones que comparten intereses con el CPA. El SCAR había presentado sus cinco nuevos proyectos de investigación científica: a) Estado del ecosistema antártico; b) Umbrales antárticos: resiliencia y adaptación de los ecosistemas; c) Cambio climático en la Antártida en el siglo XXI; d) Dinámica de la capa de hielo de la Antártida en el pasado; y e) el programa científico *"Solid Earth Response and Cryosphere Evolution"*. El observador del CC-CCRVMA identificó cinco temáticas de interés común con el CPA: a) El cambio climático y el medio ambiente marino antártico; b) la biodiversidad y las especies no autóctonas en el medio ambiente marino antártico; c) las especies antárticas que requieren protección especial; d) gestión espacial

marina y de áreas protegidas; y e) vigilancia de los ecosistemas y del medio ambiente.

(102) El Presidente del CPA advirtió de que el Comité había tomado buena nota del trabajo para el establecimiento, en el CCRVMA, de un sistema representativo de las zonas marinas protegidas (ZMP) y que el Comité había encomiado el trabajo actual de la CCRVMA sobre las ZMP.

(103) Estados Unidos de América expresó su preocupación acerca del informe del observador del Comité Científico de la CCRVMA, relativo a la pesca de krill recientemente observada en la ZAEP 153 y la ZAEA 1 en la bahía del Almirantazgo (bahía Lasserre). Estados Unidos de América se mostró satisfecho con la acción emprendida por la CCRVMA al adoptar la Medida de Conservación 91-02 (2012) que requiere que las Partes Contratantes se aseguren de que sus buques autorizados a pescar en la zona de la Convención estén al corriente de las localizaciones y los planes de gestión de todas las ZAEP y ZAEA designadas. Como la CCRVMA señaló al adoptar la Medida de Conservación 91-02, la captura de los recursos vivos marinos en las ZAEP y las ZAEA puede poner en riesgo el alto valor científico de los estudios del ecosistema a largo plazo, desarrollados en estas zonas, perjudicando los objetivos establecidos en los planes de gestión de estas áreas. Desde el punto de vista de Estados Unidos de América, las Partes Consultivas, especialmente aquellas que también son miembros de la CCRVMA, deben continuar prestando atención a este asunto, y si se producen más casos similares, emprender las acciones adecuadas para tratarlo.

(104) La ASOC lamentó que la solución propuesta para apoyar los esfuerzos de la CCRVMA sobre las ZMP no haya sido acordada, pero acogió con satisfacción el interés del CPA en el establecimiento de un sistema representativo de zonas marinas protegidas. En relación al informe de la Antarctic Oceans Alliance cuyo título es *Antarctic Ocean Legacy Update 1 – Securing Enduring Protection for the Ross Sea Region*, y cuyo resumen se encuentra en el BP 17, la ASOC espera que la CCRVMA adopte las dos propuestas de ZMP que están actualmente en debate.

Reparación y remediación del daño ambiental (Tema 6 del programa del CPA)

(105) El Presidente del CPA advirtió que el Comité había considerado la solicitud formulada por la XXXIII RCTA y contenida en la Decisión 4 (2010), en que se pide que proporcione consejos sobre los aspectos ambientales

relacionados con la posibilidad práctica de reparar o remediar el daño ambiental. Nueva Zelandia presentó una reseña sobre las actividades de un grupo de trabajo intersesional, establecido en 2012 en el contexto del CPA, y que enumeraba una serie de asuntos que sería necesario tener en cuenta en las actividades de reparación y remediación del daño ambiental.

(106) La RCTA acogió con satisfacción el consejo del CPA sobre los asuntos que sería necesario tener en cuenta en las actividades de reparación y remediación, y confirmó que el Grupo de Trabajo sobre Asuntos Jurídicos e Institucionales examinará el consejo en 2014. La RCTA también señaló que el CPA estaba listo para responder a cualquier otra solicitud.

(107) Algunas Partes subrayaron la necesidad de mejorar el diálogo entre la RCTA y el CPA y sugirieron que esto podría lograrse mediante el Plan de trabajo estratégico plurianual y una mayor atención de la RCTA a las recomendaciones resultantes del trabajo del CPA.

(108) El Presidente anunció que el Comité había aprobado el Manual de limpieza de la Antártida propuesto por Australia y el Reino Unido. El Comité también animó a los Miembros y a los observadores a desarrollar directrices prácticas y a dar apoyo a los recursos para su futura inclusión en el Manual.

(109) La RCTA aceptó el consejo del CPA y aprobó el Manual sobre limpieza de la Antártida adoptando la Resolución 2 (2013), Manual sobre limpieza de la Antártida. Nueva Zelandia animó a las Partes a usar el Manual y las invitó a contribuir a su mejora continua.

(110) El Presidente señaló que el Comité había debatido el desmantelamiento de las estaciones antárticas. Francia e Italia presentaron una estimación teórica de los costes de desmantelamiento de la Estación Concordia, y Brasil presentó los resultados de su plan para el desmantelamiento de la Estación Comandante Ferraz, que fue destruida por un incendio en 2012. El Comité debatió las posibilidades de compartir las estaciones y de reabrir las que están cerradas en vez de construir nuevas. El Comité sugirió que el potencial para desmantelar una estación debe ser seriamente considerado en la fase de diseño, y acordó examinar la cuestión del desmantelamiento en una futura revisión de los Lineamientos para la *Evaluación de Impacto Ambiental en la Antártida del CPA*.

(111) En respuesta a una sugerencia del Reino Unido que propone que la RCTA pida consejo al CPA para determinar si el requisito de una EIA - prevista en el Protocolo sobre la Protección del Medio Ambiente - estaba en conformidad con las mejores prácticas actuales, el Presidente del CPA indicó que la

actualización regular de las directrices era una prioridad en el plan de trabajo quinquenal del CPA.

Impacto del cambio climático en el medio ambiente (Tema 7 del programa del CPA)

(112) El Presidente informó que el Comité había recibido del SCAR una versión actualizada del Informe sobre cambio climático y medio ambiente antártico (ACCE). Este documento resume los avances en el conocimiento sobre la manera en que los climas de la Antártida y el Océano Austral han cambiado, cómo podrán evolucionar en el futuro y los impactos asociados en la biota marina y terrestre. Al aprobar las recomendaciones del SCAR, el Comité decidió:

- animar al SCAR y a las Partes del Tratado a colaborar con la Convención Marco de las Naciones Unidas sobre el Cambio Climático (CMNUCC) y el Grupo Intergubernamental sobre el Cambio Climático (IPCC) para garantizar que las cuestiones relacionadas con el cambio climático en la Antártida y en el Océano Austral sean examinadas detenidamente y que ambas organizaciones estén al corriente de los resultados del Informe ACCE y sus respectivas actualizaciones;
- centrar los esfuerzos en implementar las recomendaciones destacadas por la Reunión de Expertos del Tratado Antártico (RETA) sobre las implicaciones del cambio climático para la gestión y gobernanza de la Antártida (2010); y
- asegurar la máxima difusión de los puntos principales de la actualización del Informe ACCE para sensibilizar acerca del papel clave de la Antártida y el Océano Austral en el sistema climático y también acerca de la importancia de los impactos asociados en la región.

(113) En respuesta a esta importante actualización del Informe ACCE, el Comité estableció un GCI sobre los efectos del cambio climático que será coordinado de forma conjunta por el Reino Unido y Noruega, con el fin de avanzar en las recomendaciones de la RETA de 2010 sobre el cambio climático.

(114) El Presidente advirtió que en respuesta a las presentaciones de la ASOC sobre los últimos resultados de la investigación sobre el cambio climático y las acciones que podrían emprender las Partes para mitigar el impacto, sobre la función potencialmente importante del carbono negro y otros contaminantes de vida corta sobre el calentamiento del clima, sobre la

aceleración de la pérdida de masa de las capas de hielo de la Antártida, la retirada generalizada de los glaciares y los cambios observados a nivel de las capas de hielo de la Antártida occidental - los cuales son debidos a los cambios climáticos causados por la actividad antropogénica -, el Comité había tomado buena nota de la problemática de los contaminantes climáticos de vida corta sugiriendo que estas cuestiones pudieran ser consideradas por el GCI sobre el cambio climático.

(115) El Comité también recibió un informe de la IAATO que da cuenta de los avances de su Grupo de Trabajo sobre el cambio climático y de los esfuerzos para aumentar la sensibilización al cambio climático en la Antártida, así como un informe del COMNAP que incluye los resultados de su análisis de los costes/energía de la logística del transporte de los programas nacionales antárticos, y un estudio sobre las mejores prácticas en materia de gestión energética.

(116) La RCTA destacó la importancia del trabajo del CPA sobre los efectos del cambio climático y notó con satisfacción el establecimiento, por parte del Comité, de un grupo de trabajo intersesional. Luego, Australia agradeció al Reino Unido y a Noruega por haberse ofrecido para liderar este trabajo.

(117) Uruguay y Argentina enfatizaron la importancia de garantizar que estos debates se centrasen especialmente en los efectos del cambio climático en la Antártida.

Evaluación del impacto ambiental (Tema 8 del programa del CPA)

Proyectos de evaluaciones medioambientales globales

(118) El Presidente informó que la XVI reunión del CPA no había recibido proyectos de evaluaciones medioambientales globales (CEE).

Otros asuntos relacionados con las evaluaciones medioambientales globales

(119) El Presidente advirtió de que la Federación Rusa había presentado varios documentos relativos a las técnicas y desafíos al perforar en el lago subglacial por debajo de la estación Vostok, y el descubrimiento de un grupo de bacterias desconocidas en la primera pequeña muestra de agua del lago Vostok que fue analizada en laboratorio.

(120) China presentó su Evaluación Medioambiental Inicial para la construcción de un campamento de verano en la Tierra de la Princesa Isabel, que proporcionaba logística, soporte, protección de rescate de emergencia

y apoyo a la observación local. China declaró que la construcción del campamento tendría solo un impacto medioambiental menor o transitorio. En respuesta a preguntas de los Miembros sobre el impacto medioambiental, el tamaño y la duración de la actividad en el campo, China indicó su intención de intercambiar opiniones, y presentar más información sobre el progreso de la construcción del campo en el CPA XVII.

(121) La República de Corea presentó información sobre el progreso de la estación Jang Bogo durante la primera temporada de construcción 2012/13. El Comité tomó buena nota de la importancia que concede la República de Corea a los aspectos medioambientales de la construcción y sus esfuerzos para limpiar el derrame de petróleo que se había producido allí. El Comité también expresó sus sinceras condolencias relativas al accidente fatal producido durante la construcción de la estación.

(122) El Comité también recibió información relativa a: los requisitos legales y los permisos garantizados por la Federación de Rusia para las actividades declaradas; una actualización de los esfuerzos de Brasil para reconstruir su estación; una Evaluación Medioambiental Inicial para el establecimiento de una estación para los satélites de observación de la Tierra en la estación Bharati de la India en las Colinas de Larsemann.

Italia presentó información y una primera evaluación de los asuntos medioambientales relativos a la propuesta de construcción de una pista de grava cerca de la estación Mario Zucchelli.

(123) Los miembros de la ASOC trajeron a colación varios asuntos generales en respuesta a estos documentos, incluidos: la evaluación de impacto acumulativo; la falta de acuerdos comunes sobre los criterios para determinar si un IEE o un CEE son necesarios para una actividad concreta; el proyecto de operar conjuntamente en las instalaciones científicas; la necesidad de evaluar vacíos en el conocimiento; evaluar el impacto en la vida silvestre; y la posibilidad de que las instalaciones establecidas para la ciencia puedan ser usadas posteriormente para otras actividades, por ejemplo el turismo.

Planes de gestión y protección de zonas (Tema 9 del programa del CPA)

Planes de gestión para zonas protegidas y administradas

(124) El Presidente informó que el Comité había recibido planes de gestión revisados para 16 Zonas Antárticas Especialmente Protegidas (ZAEP) o Zonas Antárticas Especialmente Administradas (ZAEA), dos propuestas para designar nuevas

ZAEP y una propuesta para designar una nueva ZAEA. Tres de ellas habían sido sometidas a revisión por el Grupo Subsidiario sobre Planes de Gestión (GSPG) y las otras habían sido presentadas directamente al XVI CPA.

(125) Siguiendo la recomendación del CPA, la Reunión adoptó las siguientes medidas sobre las Zonas Protegidas:

- Medida 1 (2013) Zona Antártica Especialmente Protegida N.° 108 (isla Green, islas Berthelot, Península Antártica): Plan de gestión revisado.

- Medida 2 (2013) Zona Antártica Especialmente Protegida N.° 117 (isla Avian, bahía Margarita, Península Antártica): Plan de gestión revisado.

- Medida 3 (2013) Zona Antártica Especialmente Protegida N.° 123 (valles Barwick y Balham, sur de la Tierra Victoria): Plan de gestión revisado.

- Medida 4 (2013) Zona Antártica Especialmente Protegida N.° 132 (Península Potter, isla Rey Jorge (isla 25 de Mayo), islas Shetland del Sur): Plan de gestión revisado.

- Medida 5 (2013) Zona Antártica Especialmente Protegida N.° 134 (Punta Cierva e islas frente a la costa, Costa Danco, Península Antártica). Plan de gestión revisado.

- Medida 6 (2013) Zona Antártica Especialmente Protegida N.° 135 (noreste de la Península Bailey, Costa Budd, Tierra de Wilkes): Plan de gestión revisado.

- Medida 7 (2013) Zona Antártica Especialmente Protegida N.° 137 (isla White noroeste, Ensenada McMurdo): Plan de gestión revisado.

- Medida 8 (2013) Zona Antártica Especialmente Protegida N.° 138 (Terraza Linnaeus, Cordillera Asgard, Tierra Victoria): Plan de gestión revisado.

- Medida 9 (2013) Zona Antártica Especialmente Protegida N.° 143 (Llanura Marine, Península Mule, Colinas Vestfold, Tierra de la Princesa Isabel): Plan de gestión revisado.

- Medida 10 (2013) Zona Antártica Especialmente Protegida N.° 147 (Punta Ablación y Cumbres Ganymede, Isla Alexander): Plan de gestión revisado.

- Medida 11 (2013) Zona Antártica Especialmente Protegida N.° 151 (Lions Rump, Isla Rey Jorge (Isla 25 de Mayo), Islas Shetland del Sur): Plan de gestión revisado.

- Medida 12 (2013) Zona Antártica Especialmente Protegida N.° 154 (Bahía Botánica, Cabo Geology, Tierra Victoria): Plan de gestión revisado.

- Medida 13 (2013) Zona Antártica Especialmente Protegida N.° 156 (Bahía Lewis, Monte Erebus, Isla Ross): Plan de gestión revisado.

- Medida 14 (2013) Zona Antártica Especialmente Protegida N.° 160 (Islas Frazier, Islas Windmill, Tierra Wilkes, Antártida Oriental): Plan de gestión revisado.

- Medida 15 (2013) Zona Antártica Especialmente Protegida N.° 161 (Bahía Terra Nova, Mar de Ross): Plan de gestión revisado.

- Medida 16 (2013) Zona Antártica Especialmente Protegida N.° 170 (Nunataks Marion, Isla Charcot y Península Antártica): Plan de gestión revisado.

- Medida 17 (2013) Zona Antártica Especialmente Protegida N.° 173 (Cabo Washington y Bahía Silverfish, Bahía Terra Nova, Mar de Ross): Plan de gestión.

(126) Además, el Comité decidió remitir el siguiente plan de gestión revisado y una propuesta de una nueva ZAEP al SGMP para su revisión entre sesiones:

- ZAEA N.° 1 (Bahía del Almirantazgo (Bahía Lasserre), Isla Rey Jorge (Isla 25 de Mayo), Islas Shetland del Sur (Brasil, Ecuador, Perú, Polonia)).

- ZAEA N.° 141 (valle Yukidori, Langhovde, Bahía Lützow-Holm (Japón)).

  Nueva ZAEP propuesta en Stornes, Colinas Lasermann, Tierra de la Princesa Isabel (Australia, China, India, Federación de Rusa).

(127) China también presentó un borrador de plan de gestión para una nueva ZAEA en el Domo A, cuyo propósito era promover la protección de los valores científicos, medioambientales y logísticos del sitio. China declaró que su propuesta no estaba basada en la premisa de que más de una parte estaría utilizando necesariamente el sitio, sino en un acercamiento preventivo a la luz de los posibles intereses y actividades en la región, y en los valores que se han de proteger. A la vez que felicitaron a China por su exhaustivo informe, varios Miembros cuestionaron la justificación de designar una nueva ZAEA, y sugirieron que podría ser prematuro. El Comité aceptó la oferta de China para realizar más debates sobre la ZAEA propuesta durante el periodo intersesional.

Otros asuntos relativos a planes de gestión para Zonas Especialmente Protegidas y Administradas

(128) El Presidente informó que el Comité había señalado las líneas temporales para reconsiderar todo el proceso de designación de ZAEP y ZAEA, y que volvería a tratar este tema en el futuro.

(129) El Comité adoptó el plan de trabajo para las actividades del SGMP durante el periodo intersesional de 2013/14.

(130) El Comité también recibió informes de los grupos de gestión para la ZAEA 4 (Isla Decepción) y otro informe sobre actividades en la ZAEP 171, Punta Narebski.

Sitios y Monumentos Históricos

(131) El Presidente informó que el Comité había recibido propuestas para cuatro nuevos Sitios y monumentos históricos.

(132) Siguiendo la recomendación del CPA, la Reunión adoptó las siguientes medidas sobre los Sitios y monumentos históricos:

- Medida 18 (2013) Sitios y monumentos históricos de la Antártida: Localización de la primera estación antártica de investigación ocupada, la estación alemana "Georg Forster" en el oasis Schirmacher, Tierra de la Reina Maud.
- Medida 19 (2013) Sitios y monumentos históricos de la Antártida: Complejo de edificios de perforación Profesor Kudryashov, Estación Vostok.
- Medida 20 (2013) Sitios y monumentos históricos de la Antártida: "Campamento Summit" superior, Monte Erebus.
- Medida 21 (2013) Sitios y monumentos históricos de la Antártida: "Campamento E" bajo, Monte Erebus.

(133) El Presidente advirtió que el Comité había acordado considerar una revisión del procedimiento para la designación de Sitios y monumentos históricos en su plan de trabajo quinquenal. Esto abordaría la preocupación de que, puesto que muchas construcciones en la Antártida pueden considerarse con valor histórico, esto puede suponer la designación de numerosos sitios históricos, lo que sería contradictorio con la previsión del Protocolo sobre la Protección del Medio Ambiente relativa a la limpieza de actividades pasadas en la Antártida.

(134) Nueva Zelandia comentó la elevada calidad de los planes de gestión para zonas especialmente protegidas y administradas y señaló la urgencia de adopción de directrices apropiadas para garantizar que las Partes no usarán la designación de sitios y monumentos históricos para evitar la limpieza de los sitios en desuso. Igualmente, la ASOC señaló el esfuerzo considerable y los recursos necesarios de las Partes para mantener los sitios históricos, instó a las Partes a considerar cuidadosamente las alternativas a las designaciones de sitios históricos propuestas y señaló que muchas eran para elementos bastante recientes. Argentina respaldó la continuación de debates previos sobre sitios y monumentos históricos.

Directrices de sitios para visitantes

(135) El Reino Unido, conjuntamente con Australia, Argentina y Estados Unidos de América, informó sobre su revisión *in situ* de las Directrices de Sitios para visitantes realizada junto con la IAATO en enero de 2013. El equipo de revisión no había identificado ningún impacto significativo de los visitantes en los sitios, aparte de aquellos que habían sido objeto de discusión previa por el Comité. Las directrices parecieron tener éxito en dirigir la forma en que los grupos de visitantes más organizados usaban los sitios, para evitar cualquier impacto medioambiental adverso. A su vez, se observó que las Directrices para sitios son sólo una herramienta, de una gama de potenciales herramientas para la gestión de las visitas.

(136) El Comité respaldó varias recomendaciones presentadas por el equipo de revisión:

- Recomendación 1: Que las Partes sigan esforzándose para garantizar que todos los visitantes de los sitios cubiertos por las Directrices para sitios aprobadas por la RCTA conozcan e implementen las Directrices. Esto debe incluir las visitas recreativas del personal de los programas nacionales antárticos y de los visitantes que participen en actividades privadas o no comerciales.

- Recomendación 3: Que las Partes continúen desarrollando revisiones en el terreno de las Directrices para sitios, de acuerdo con lo establecido en los requisitos particulares de cada sitio.

- Recomendación 7: Que las Partes continúen buscando la participación de la IAATO y de otros operadores no gubernamentales, según corresponda, en la revisión o elaboración de nuevas Directrices para sitios.

- Recomendación 8: Que, cuando sea posible:

- se utilicen mapas ilustrados con fotos para facilitar la interpretación en el terreno de las disposiciones de las Directrices para sitios;
- se desarrolle un formato de mapas estándar para su uso en todas las Directrices para sitios;
- las Directrices para sitios incluyan información sobre su fecha de adopción y la de cualquier revisión posterior; y
- el CPA evalúe el beneficio de reunir todas las Directrices para sitios con un formato similar al de las Directrices generales, como parte del paquete de información práctica para visitantes a la Antártida.
- Recomendación 9: Que el CPA fomente en la IAATO y entre otros operadores no gubernamentales el desarrollo de capacitación sobre mejores prácticas y/o sistemas de acreditación para guías y líderes de expediciones a la Antártida, de acuerdo con los debates del CPA de 2005 y 2006.

(137) El Comité también consideró otras recomendaciones diversas, y señaló que algunas coinciden con las recomendaciones del estudio de turismo del CPA que la RCTA había pedido que dirigiese el CPA. Una tarea específica para responder a esta petición fue añadida al plan de trabajo quinquenal del CPA.

(138) El Comité había recibido propuestas para la revisión de 14 directrices de sitios y dos nuevas directrices. El Comité apoyó las directrices del sitio para el Puerto Yankee, la Isla Medialuna, Farallón Brown, Punta Hannah, Isla Cuverville, Isla Danco, Puerto Neko, Isla Pleneau, Isla Petermann, Punta Damoy, Punta Jougla, Cabo Baily (Isla Decepción), Isla Torgersen, Isla Barrientos, Puerto Orne (nuevo), e Islas Orne (nuevo).

(139) La Reunión consideró y aprobó 16 nuevas directrices de sitios mediante la adopción de la Resolución 3 (2013), *Directrices para sitios que reciben visitantes*.

(140) La RCTA expresó su aprecio por el trabajo del CPA en la revisión de las Directrices para sitios. El Reino Unido reiteró que la lista de directrices revisadas debería incluir tanto la fecha original de adopción y la fecha de cualquier revisión posterior. Nueva Zelandia agradeció el cronograma del CPA de acciones de seguimiento, especialmente en lo relativo a las recomendaciones sobre turismo.

(141) El Presidente informó que el Comité también había recibido un informe de la IAATO sobre los operadores de la IAATO de los sitios de desembarco de

la Península Antártica y las Directrices para sitios para visitantes de la RCTA en 2012/13. IAATO señaló que el turismo tradicional basado en buques representaba más del 95 por ciento de toda la actividad en tierra, que los 20 sitios más visitados representaban el 72 % del número total de desembarcos realizados y que todos, a excepción de uno de estos sitios más visitados –Punta Portal– estaban cubiertos por planes de gestión específicos.

Huella humana y los valores silvestres

(142) El Comité consideró un informe de Nueva Zelandia sobre el posible material de guía para ayudar a las Partes a tener en cuenta los valores de vida silvestre al realizar evaluaciones de impacto medioambiental (EIA). La ASOC también contribuyó con información sobre los mapas y modelos de los valores de vida silvestre en la Antártida, que resumían las recomendaciones del Instituto de Investigación Wildland. El Comité acordó considerar el asunto de la vida silvestre en una futura revisión de los *Lineamientos para Evaluación del Impacto Ambiental en la Antártida* del CPA.

Protección y gestión del espacio marino

(143) El Presidente informó que ningún documento (Excepto BP 17, *Antarctic Ocean Legacy Update 1 – Securing Enduring Protection for the Ross Sea Region*) había sido entregado en este ítem de la agenda.

Otros asuntos relacionados con el Anexo V

(144) En respuesta a una presentación realizada por el Reino Unido, relativa al impacto probable del cambio climático en el rango de distribución geográfica y el éxito reproductivo del pingüino emperador, el Comité apoyó la supervisión de las colonias del pingüino emperador utilizando técnicas de sensores remotos para identificar potenciales refugios para el cambio climático. El Comité también señaló que se debería usar otras técnicas para complementar la detección remota, y agradeció la oferta del Reino Unido de liderar los debates informales sobre este asunto durante el periodo intersesional.

(145) El Comité también agradeció a la Federación de Rusia por su trabajo para destacar el valor de los programas de monitorización, especialmente de la vida silvestre en la Antártida, en zonas con planes de gestión existentes o propuestos, para reunir las pruebas científicas que aportarían información para tomar decisiones sobre planes de gestión. El Comité reiteró la

importancia del monitoreo a largo plazo de los valores biológicos tanto para detectar los cambios a largo plazo como para confirmar que los valores que se deben proteger aún siguen siendo relevantes, pero no llegó a un consenso sobre la propuesta de la Federación de Rusia relativa al monitoreo medioambiental para las zonas protegidas. El Comité agradeció la oferta de la Federación de Rusia para liderar los debates informales intersesionales sobre este asunto.

(146) El Comité acordó que el trabajo realizado por la Federación de Rusia para crear clasificaciones de tipos de paisajes sobre la base de los parámetros medioambientales, aportaba datos útiles. El Comité también señaló que el trabajo era complementario a los Análisis de Dominios Ambientales adoptados en la Resolución 3 (2008), Regiones Biogeográficas de Conservación de la Antártida adoptado en la Resolución 6 (2012), y el trabajo previo realizado por Australia, Nueva Zelandia y el SCAR.

(147) Bélgica destacó las amenazas potenciales para la conservación de los ecosistemas microbianos terrestres en la Antártida, y para futuras investigaciones científicas sobre estos ecosistemas a través del material preparado conjuntamente con SCAR, Sudáfrica y el Reino Unido. Mientras algunos miembros señalaron la importancia del trabajo para proteger los hábitats microbianos, otros levantaron cuestiones, incluida: la dificultad de controlar el transporte de organismos microbianos; la definición de "áreas prístinas" aplicadas a microorganismos en la Antártida, la posibilidad de establecer áreas prohibidas y la falta actual de métodos de descontaminación.

(148) Bélgica recordó a la RCTA que tenía intención de liderar un debate informal electrónico sobre el impacto de la huella humana en la Antártida y la conservación a largo plazo y el estudio de los hábitats microbianos terrestres. Bélgica invitó a todas las Partes interesadas a participar en el debate.

(149) El Reino Unido y España presentaron información sobre las prácticas de intercambio de información entre las Partes, asociada con las visitas a las ZAEP, que revelan que las Partes han interpretado e implementado la legislación de las zonas protegidas de formas distintas. España y el Reino Unido concluyeron que los datos de visitas de las ZAEP probablemente serían de uso limitado para uniformar las prácticas de gestión medioambiental específicas de las ZAEP sin que las Partes procedan a su completa y consistente desagregación. Varios miembros expresaron su preocupación y recomendaron que se comparta información total y exhaustiva para permitir una gestión de actividades en las ZAEP más coordinada y efectiva.

(150) Ecuador y España informaron de la recuperación de las comunidades de musgo en los senderos de la isla Barrientos, y han indicado su intención de procurar un monitoreo adicional sobre los senderos centrales y costeros de la isla.

Conservación de la flora y fauna antártica (Tema 10 del programa CPA)

Cuarentena y especies no autóctonas

(151) El Presidente advirtió que el Comité había apoyado las recomendaciones presentadas por Alemania sobre el asunto de las medidas de bioseguridad para prevenir la transferencia y la introducción de organismos no autóctonos en los suelos. El Comité acordó avanzar con el trabajo bajo el liderazgo de Alemania, mediante un grupo de trabajo abierto e informal, y señaló que SCAR, IAATO y ASOC estaban preparados para contribuir a este trabajo.

Otros Asuntos del Anexo II

(152) El COMNAP presentó una revisión del impacto medioambiental potencial del cultivo hidropónico en los programas nacionales antárticos de Australia, Nueva Zelandia y Estados Unidos de América, y las medidas de gestión *in situ* basadas en el factor de riesgo.

Vigilancia ambiental e informes sobre el estado del medio ambiente (Tema 11 del programa del CPA)

(153) El Presidente informó que Bélgica y el SCAR habían presentado el portal de Biodiversidad Antártica, *www.biodiversity.aq*, siguiendo el legado de la Red SCAR de información sobre biodiversidad marina (SCAR-MarBIN) y la Instalación Antártica de información sobre biodiversidad. El SCAR demostró cómo el Portal había proporcionado acceso a datos de biodiversidad antártica tanto marinos como terrestres.

(154) Mientras el Comité señaló la iniciativa y reconoció la importancia de su valor, varios miembros levantaron cuestiones relativas a: la interacción con el Portal de Medio Ambiente de la Antártida, la financiación (tanto a largo plazo como privada), la cartografía, su relación con otras bases de datos, y la implicación del Comité con el portal.

(155) Nueva Zelandia felicitó a Bélgica y al SCAR por el desarrollo de la base de datos sobre biodiversidad. Nueva Zelandia citó el trabajo del Reino Unido sobre

los pingüinos emperador como ejemplo de la importancia de la base de datos, e indicó la intención de Nueva Zelandia de trabajar con Bélgica para garantizar su complementariedad con el Portal de Medio Ambiente de la Antártida.

(156) El SCAR también presentó su *"Antarctic and Southern Ocean Science Horizon Scan"* para identificar las problemáticas científicas más importantes en que la investigación científica debería interesarse desde y en la región polar austral durante las dos próximas décadas.

(157) La República de Corea y Alemania informaron de un taller sobre la supervisión medioambiental en la isla Rey Jorge (isla 25 de Mayo), que había tenido lugar en Seúl, República de Corea en abril de 2013.

(158) La ASOC presentó un análisis sobre las implicaciones de gestión del comportamiento del turismo, en el que se examinan aspectos del mismo en el contexto de las nuevas tendencias turísticas. La ASOC ha pedido a las Partes que realicen un acercamiento estratégico a la regulación del turismo y a la gestión en lugar de centrarse en la regulación del comportamiento específico de los turistas, principalmente a través de directrices específicas de los sitios.

Informes de inspecciones (Tema 12 del programa del CPA)

(159) El Presidente informó que el Comité había analizado tres informes de inspección:

- Una inspección conjunta (Alemania/Sudáfrica) de las estaciones Troll, Halley VI, Princesa Isabel y Maitri, que no registró infracciones a las disposiciones del Tratado Antártico o a las del Protocolo sobre la Protección del Medio Ambiente, a pesar de que las medidas de protección variaban de una estación a otra. Las recomendaciones del equipo de inspección se referían a: reemplazar los incineradores obsoletos y retirar los elementos y dispositivos no funcionales, mejorar las medidas de prevención e intervención en caso de derrame de hidrocarburos, supervisar y eliminar las aguas residuales tratadas, implementar medidas para prevenir la introducción de especies no autóctonas y verificar que los visitantes porten los permisos requeridos. El equipo de inspección también preconizó el uso de informes de inspecciones anteriores como punto de referencia para las futuras inspecciones.

- Una inspección conjunta (Reino Unido/los Países Bajos/España) de 12 estaciones permanentes, tres estaciones no ocupadas, tres Sitios Históricos, cuatro barcos de crucero, un yate y un sitio de naufragio, que no registró graves infracciones a las disposiciones del Tratado

Antártico o a las del Protocolo sobre la Protección del Medio Ambiente. El equipo de inspección proporcionó recomendaciones con respecto a la protección del medioambiente. Preconiza, entre otras cosas, la realización de una EIA antes de empezar los nuevos proyectos y las actividades, y la gestión conjunta por las estaciones de todas las infraestructuras y servicios comunes en la medida de lo posible. Tales infraestructuras y servicios incluyen, entre otras cosas, los dispositivos de almacenamiento de combustibles, los sistemas de producción de energía y agua, el alojamiento, y la gestión de residuos. Su puesta en común permitiría reducir el impacto acumulativo de sus actividades.

- Una inspección conjunta (Federación de Rusia/Estados Unidos de América) en las estaciones Maitri, Zhongshan, Bharati, Syowa, Princesa Isabel y Troll, consideró que las estaciones estaban bien organizadas y que generalmente cumplían con las disposiciones del Tratado Antártico y las del Protocolo sobre la Protección del Medio Ambiente. No obstante, se recomendaron mejoras, incluyendo que el personal de las estaciones entienda el Anexo 1 del Protocolo relativo a la EIA, y que los programas nacionales antárticos consideren el establecimiento de un sistema de vigilancia de los impactos potenciales de las actividades de las estaciones en el medio ambiente como parte de sus programas científicos.

(160) Uruguay y Argentina recomendaron que las Partes Consultivas informasen a la Secretaría, además de la notificación por vía diplomática, de toda asignación de observadores para realizar inspecciones. Además recomendaron que la Secretaría incluyera esta información en su base de datos para que estuviera a disposición de las Partes en los informes pre-temporada de las Partes, incluidos en el Sistema de Intercambio de Información.

(161) Italia y Francia también presentaron respuestas a la inspección que la Federación de Rusia y Estados Unidos de América habían emprendido conjuntamente en enero de 2012, en las estaciones Concordia y Mario Zucchelli.

(162) La RCTA destacó la importancia de las inspecciones en virtud del Tratado y de su Protocolo, especialmente dado el número de recomendaciones medioambientales que surgen de estas inspecciones. El Reino Unido sugirió que la RCTA revisase las recomendaciones actuales y pasadas de los informes de inspecciones para identificar los asuntos recurrentes y pensar en nuevas herramientas para tratarlos. También anunció que revisaría las recomendaciones a la luz de estas consideraciones, con las Partes interesadas, durante el próximo año, con el fin de trazar caminos para seguir adelante.

Asuntos generales (Tema 13 del programa del CPA)

(163) El Presidente informó que el SCAR había instado a todas las Partes a seguir aportando datos a la Carta Batimétrica Internacional del Océano Austral (IBSCO).

(164) Colombia dio cuenta de sus esfuerzos por establecer nuevas organizaciones para apoyar su trabajo en la Antártida y añadió que pronto podrá ratificar el Protocolo sobre la Protección del Medio Ambiente.

(165) Turquía explicó su creciente interés y sus actividades en la Antártida. Expresó su intención de establecer una estación allí en el momento oportuno.

(166) Portugal puso de manifiesto la importancia de la educación y de la divulgación como un posible asunto de debate en el marco del XVII CPA. Portugal recibió el apoyo de otros Miembros, y Brasil anunció su intención de realizar estas actividades en las próximas reuniones del CPA y de la RCTA en Brasilia y establecer una plataforma para los otros países en los próximos años. Así, el asunto de la educación y divulgación ha sido elevado a un nivel de prioridad superior en el plan de trabajo quinquenal del CPA.

Elección de autoridades (Tema 14 del programa del CPA)

(167) El Comité eligió a la Dra. Polly Penhale, de Estados Unidos de América, como Vicepresidenta del CPA y la felicitó por su elección.

(168) El Comité agradeció cálidamente a la Sra. Verónica Vallejos, de Chile, por desempeñarse como Vicepresidente durante su mandato.

Preparación para la XVII reunión del CPA (Tema 15 del programa del CPA)

(169) El Comité aprobó el programa provisional para la XVII reunión del CPA incluido en el Apéndice 1 del informe del CPA.

(170) La RCTA agradeció al Dr. Frenot por su excelente presidencia, y agradeció a la Vicepresidenta saliente, la Sra. Verónica Vallejos, por su desempeño durante su período de servicio. La RCTA también felicitó al Comité por su capacidad para brindar a la RCTA, de manera constante y dedicada, acertado asesoramiento de gestión. El Presidente del CPA hizo hincapié en el hecho de que era importante para el CPA disponer de cinco días de reunión a fin de llevar a cabo sus actividades.

Tema 9. Responsabilidad: Implementación de la Decisión 4 (2010)

(171) El Reino Unido presentó el IP 8 *Annex VI of the Protocol on Environmental Protection to the Antarctic Treaty: United Kingdom's Implementing Legislation*, que describe la recién promulgada ley británica que regula sus actividades en la Antártida (Antarctic Act 2013). El Reino Unido indicó que, por consiguiente, había aprobado todas las Recomendaciones y Medidas adoptadas en virtud del Artículo IX.

(172) Noruega presentó el IP 85 *Norway's Implementing Legislation: Annex VI of the Protocol on Environmental Protection to the Antarctic Treaty and Measure 4 (2004)*, que informa a las Partes de las medidas que Noruega había tomado para aplicar el Anexo VI del Protocolo sobre la Protección del Medio Ambiente y la Medida 4 (2004), que entró en vigor el 26 de abril de 2013, y de la existencia de una traducción no oficial de estos textos normativos.

(173) Las Partes proporcionaron información actualizada sobre el estado de ratificación, por su país, del Anexo VI del Protocolo sobre la Protección del Medio Ambiente. En mayo de 2013, nueve Partes Consultivas (España, Federación de Rusia, Finlandia, Italia, Nueva Zelandia, Perú, Polonia, el Reino Unido y Suecia) ratificaron el Anexo. Australia y los Países Bajos informaron de que el procedimiento legislativo necesario para ratificar el Anexo se promulgó a nivel de su Parlamento. Las Partes Consultivas reiteraron su compromiso de ratificar el Anexo VI y atribuyeron las demoras en la ratificación a las limitaciones de recursos y/o determinados desafíos para la implementación. La Reunión invitó a las Partes Consultivas que adoptaron medidas legislativas para ratificar el Anexo, a compartir dichas medidas con otras Partes mediante el Foro de la RCTA.

(174) En nombre del CPA, fue presentado el documento WP 27 *Reparación o Remediación del Daño Ambiental: Informe del grupo de contacto intersesional del CPA*. La Reunión agradeció al CPA por el asesoramiento sobre la reparación y remediación del daño medioambiental en la zona del Tratado Antártico, en respuesta a la petición formulada en la Decisión 4 (2010). La Reunión convino en considerar el asesoramiento proporcionado tal como aparece en el WP 27 rev. 1 en la próxima RCTA. La Reunión solicitó al Secretario Ejecutivo que presentase este documento de trabajo (WP) como documento de la Secretaría (SP) para su consideración en la próxima RCTA.

Tema 10. Seguridad y operaciones en la Antártida, incluye búsqueda y salvamento

El Grupo de Trabajo especial sobre búsqueda y salvamento

(175) De acuerdo con la Resolución 8 (2012), completada por los resultados de las consultas intersesionales lideradas por Estados Unidos de América, un grupo especial de trabajo acordó debatir los medios para mejorar la coordinación de búsqueda y salvamento (SAR) en la Antártida. La Reunión reconoció la existencia de acuerdos SAR en la región de la Antártida, que incluían Centros de Coordinación de Salvamento (RCC) gestionados por cinco Partes y el valor de los talleres del COMNAP de 2008 y 2009 sobre el asunto.

(176) Estados Unidos de América presentó el WP 25 *SAR-WG Programa propuesto para la reunión del Grupo de Trabajo Especial sobre Búsqueda y Salvamento (SAR)*, y agradeció a las Partes, a los observadores y a los expertos sus contribuciones durante el trabajo intersesional.

(177) El grupo especial de trabajo adoptó la agenda sugerida por Estados Unidos de América, corregida por Chile, para que el ítem III.2 de la agenda quedase de la siguiente forma: "Mas cooperación entre las RCTA y con los RCC de la Antártida". Siguiendo los debates sobre el estado y los requisitos de notificación del grupo especial de trabajo, el presidente concluyó que el informe sería adoptado por el Grupo especial de trabajo y compartido con el Grupo de Trabajo sobre Asuntos Operacionales.

Asuntos actuales

(178) El COMNAP presentó el WP 17, *SAR-WG: Actualización sobre las acciones resultantes de los dos talleres de Búsqueda y Salvamento del COMNAP: "Hacia una mejora de la coordinación y la respuesta de las operaciones de búsqueda y salvamento en la Antártida"*. El documento, de acuerdo con la Resolución 8 (2012), proporcionaba información general de las actualizaciones desde que el COMNAP celebró sus dos talleres operacionales SAR en agosto de 2008 en Valparaíso/Viña del Mar y en noviembre de 2009 en Buenos Aires.

(179) COMNAP señaló que el asunto de la seguridad estaba en debate desde la I RCTA. En 2006 el COMNAP inició debates con las autoridades SAR que confirmaron las oportunidades para una mayor colaboración. Esto llevó a dos talleres de SAR del COMNAP en 2008 en Viña del Mar, Chile y en 2009 en Buenos Aires, Argentina. Las actualizaciones en el WP 17 confirman

que ha habido excelentes progresos en la coordinación entre los programas nacionales, entre los programas nacionales y los RCC y entre los propios RCC. El documento también señaló las herramientas del COMNAP que incluían: ATOM, AFIM, SPRS y AINMRS.

(180) El documento proponía que el Grupo especial de trabajo recomendara al COMNAP que realizara talleres SAR de forma regular.

(181) Nueva Zelandia señaló que los talleres COMNAP ayudaban a consolidar las relaciones de los programas nacionales con los RCC y fomentaban las mejoras en los procedimientos operacionales. Nueva Zelandia señaló que las experiencias compartidas y la información mejorada sobre telecomunicaciones e informes de barcos habían sido especialmente útiles en la zona del Mar de Ross. Las Partes destacaron el valor de los talleres previos y agradecieron la intención del COMNAP de realizar talleres de SAR cada tres años. Siguiendo una recomendación de Chile, el COMNAP indicó que el CCRVMA podría ser invitado a futuros talleres.

(182) Argentina y Chile declararon que el uso del término "solapamiento" en el WP 17 no era apropiado y solicitaron que la zona en cuestión fuese mencionada como área de colaboración. COMNAP se mostró de acuerdo.

(183) Noruega enfatizó la importancia de los cuatro productos de COMNAP señalados en el WP 17, ambos para su uso hoy y su futuro desarrollo. Noruega señaló también el valor de los ejercicios de simulación del SAR. Francia destacó la importancia de los enlaces entre todos los buques y el correspondiente RCC, señalando que el sistema de identificación y de rastreo de largo alcance de OMI (LRIT) es otra herramienta crítica de SAR. La IAATO añadió que los informes de Accidentes, incidentes y casi incidentes del COMNAP eran especialmente importantes.

(184) El COMNAP señaló la contribución de las Partes y de los expertos para el éxito de estos talleres. El COMNAP añadió que el taller de 2009 incluía ejercicios de simulación, como lo harían los futuros talleres, siguiendo las recomendaciones de Noruega. El COMNAP también señaló el valor de la participación en el ejercicio de simulación del SAR realizado en la Reunión anual de la IAATO.

(185) Nueva Zelandia presentó el IP 14 *SAR-WG: Incidentes de búsqueda y salvamento en la región del Mar Ross: 2004 - 2013*, que destacó 18 incidentes SAR en la región de SAR de Nueva Zelandia. Estos eventos han contribuido al desarrollo de los procedimientos de respuesta de Nueva Zelandia y a la fuerte relación entre el Centro de Coordinación de

Salvamento de Nueva Zelandia (RCCNZ), Antártida Nueva Zelandia y el Programa Antártico de Estados Unidos de América (USAP).

(186) Estados Unidos presentó el IP 23 *Summary of International SAR Activities Associated with an Aircraft Incident in the Queen Alexandra Range, Antarctica*, que destacó la activación del equipo antártico conjunto de búsqueda y salvamento dirigido por Estados Unidos de América y Nueva Zelandia en respuesta al trágico accidente de enero de 2013 en el que se estrelló una avioneta. La coordinación efectiva de Estados Unidos de América, Nueva Zelandia e Italia se la atribuye en gran medida a los contactos personales y a los intercambios cooperativos facilitados por la interacción anual en el COMNAP. Italia insistió en la importancia de comunicación directa y de las directrices comunes en los incidentes SAR.

(187) Australia presentó el IP 50 *Cooperation between Australia's search and rescue and Antarctic agencies on SAR coordination*, que describía el memorando de entendimiento de la coordinación de la búsqueda y salvamento de Australia y diseñaba las responsabilidades de la Región de Búsqueda y salvamento de Australia entre la Autoridad australiana de seguridad marítima y la División Antártica Australiana y proporciona procedimientos operacionales para facilitar la coordinación efectiva de la búsqueda y salvamento. Estas responsabilidades son distribuidas por el Centro de Coordinación de Salvamento de Australia (RCC Australia).

(188) Chile presentó el IP 89 *SAR-WG:Apoyos efectuados por la Estación Marítima Bahía Fildes ante situaciones de emergencia en la Península Antártica Año 2012*, que destacaba la respuesta de la estación a cuatro incidentes con buques en la zona de la Península Antártica. Chile presentó el IP 90 *SAR-WG: Incendio y hundimiento del pesquero "Kai Xin"*, relativo al rescate en abril de 2013 de 97 miembros de la tripulación de un buque pesquero de bandera china, que se hundió a pesar de los esfuerzos de salvamento. Mientras China realizó acciones para evitar la dispersión de algunas cantidades de combustible y para recuperar algunos residuos flotantes, señaló que el impacto medioambiental aún no estaba determinado. China agradeció a Chile la coordinación del rescate de la tripulación del buque y declaró que las lecciones aprendidas sobre los procedimientos de comunicación demostraron que existía una necesidad de estandarizar los procedimientos de comunicación entre los RCC, los programas nacionales, los armadores y otros.

(189) Nueva Zelandia presentó WP 34 *SAR-WG: Lecciones aprendidas de los incidentes de Búsqueda y Salvamento en la región del mar de Ross*, que destacaba las mejores prácticas basadas en la experiencia de Nueva Zelandia

en la coordinación de la respuesta de SAR, incluido el mantenimiento de relaciones próximas con los responsables de los programas nacionales, los operadores no gubernamentales, los buques pesqueros y la IAATO. Nueva Zelandia también señalo el valor de desarrollar y de compartir principios claros y procedimientos entre los RCC y los Programas Nacionales con cada región SAR.

(190) Australia presentó el documento IP 81 *SAR coordination case study – helicopter incident in Australia's search and rescue region, October 2012*, que presenta los resultados de la reunión de información relativa a la respuesta de SAR tras el choque de un helicóptero francés AS350 que se produjo en octubre de 2010 en un vuelo procedente de L'Astrolabe y con destino a Dumont D'Urville, en la región de búsqueda y salvamento australiana. Australia señaló que el Memorando de entendimiento entre la Dirección Australiana de Seguridad Marítima (AMSA) y la División Antártica Australiana (AAD) demostró ser efectivo en la respuesta a este incidente. Australia destacó la importancia de su acuerdo con el Centro de Coordinación de Rescate de Nueva Zelandia (RCCNZ), que además facilitó la cooperación con el Programa Antártico de Estados Unidos de América. Luego se expresó sobre los desafíos que representa la gestión de los medios de comunicación en husos horarios diferentes, la importancia de utilizar dispositivos con GPS, que son más modernos y precisos, y la importancia de actualizar la información sobre las actividades, los recursos y el equipamiento de seguridad de los programas nacionales antárticos.

(191) Francia agradeció a Australia por su apoyo en este incidente y afirmó que el contacto directo entre los RCC y los operadores de buques garantiza un flujo constante de información de posición al RCC.

(192) Estados Unidos de América comentó que, en la práctica, su programa no usa la delineación oficial entre las zonas de coordinación de salvamento de Australia y Nueva Zelandia para determinar qué centro coordinar con el SAR basado en tierra, y la mayoría de las actividades basadas fuera de la Estación McMurdo habían sido coordinadas por Nueva Zelandia. Estados Unidos de América señaló que cada programa nacional era responsable de cubrir el SAR para sus propias actividades y que su relación de trabajo con los RCC de Nueva Zelandia y de Australia apoyaba totalmente este enfoque. Estados Unidos de América destacó que los RCC pueden proporcionar asistencia importante a los Programas nacionales antárticos que les permitan centrarse en operaciones y en respuesta, incluido lidiar con los medios de

comunicación y hacer frente a las consecuencias de una operación de rescate (como se señala en IP 81).

(193) Estados Unidos de América presentó el WP 52 *SAR-WG: Desarrollo propuesto de los procesos de normalización de trabajos en las regiones SAR*, y el WP 53 *SAR-WG: Sistema global de búsqueda y salvamento (SAR): Impacto de las nuevas tecnologías*, que reconocía el valor de los procedimientos existentes de SAR y debatía las posibilidades de desarrollar procedimientos estándar que pudiesen mejorar la coordinación y cooperación SAR. Estados Unidos de América presentó la tarjeta de acción del Manual internacional Aeronáutico de Búsqueda y Salvamento Marítimo (IAMSAR) como ejemplo de una guía recomendable para aclarar información básica, terminología y procedimientos SAR para que sean utilizados por todos los RCC, estaciones antárticas y operadores privados. Estados Unidos de América señaló que una guía común puede resultar especialmente útil para personal u operadores nuevos, o durante una eventualidad especialmente compleja o rara. Como cada incidente SAR es único, la información compartida puede ayudar a acelerar la respuesta SAR.

(194) Estados Unidos de América señaló las implicaciones de dos tipos de tecnología de apoyo a los esfuerzos SAR. Como se ha mencionado en el WP 53, es importante reconocer que comprar la baliza de localización personal (PLB) no significa que esta baliza esté conectada a un RCC. Por lo tanto, es importante que los propietarios registren las balizas y entiendan cómo funciona el sistema de alertas, especialmente como señala el IP 81, cómo usar los sistemas de comunicación en series. Además, los operadores privados deben garantizar que sus procedimientos se ajustan a los procesos de RCC.

(195) Argentina observó que el Manual IAMSAR de la OMI tenía procedimientos muy claros para SAR relativos a buques, que debían ser seguidos por los capitanes de los buques. Argentina apoyó el desarrollo de los procedimientos SAR a través de la OMI y la OACI en la región de la Antártida.

(196) Chile acordó con Argentina y con Estados Unidos de América la necesidad de debatir preocupaciones sobre las balizas "SPOT", que algunos operadores usaban en la zona de la Península Antártica. Chile informó que contacta a los proveedores comerciales para garantizar que sus MRCC están listadas como un punto de contacto.

(197) IAATO advirtió a la Reunión que algunas expediciones privadas preferían dispositivos SEND o SPOT porque eran recargables, rastreables en línea,

y permitían comunicación en sentido doble. No obstante, algunos no eran conscientes de las limitaciones de esta tecnología, incluidos los esporádicos atrasos en la señal debidos a la cobertura de satélite limitada y la falta de una estación receptora en tierra en la Antártida. La IAATO pide que los exploradores proporcionen información detallada sobre los tipos de balizas y que informen de los detalles. Los miembros de IAATO también tienen memorandos de entendimiento sobre coordinación SAR con otros operadores no gubernamentales.

(198) Australia señaló que los dispositivos de 406 MHz se utilizaban mucho en Australia, donde estaban registradas 270.000 balizas. Australia respondió a aproximadamente 1.700 406 Mhz incidentes de balizas anualmente, lo que destaca la importancia del registro de información precisa, el 35 por ciento de estas fueron PLB.

(199) Noruega, Sudáfrica y los Países Bajos reiteraron la importancia del registro correcto de las PLB y de garantizar una adecuada sensibilización pública. La información precisa es esencial para responder a los incidentes SAR y para determinar si un incidente SAR efectivamente existió. Noruega añadió que las Partes tienen la responsabilidad de advertir a los exploradores privados/ comerciales con PLB en la Antártida, las limitaciones de estos sistemas. Noruega y los Países Bajos también destacaron el valor de la coordinación SAR en tierra en la Antártida.

(200) En respuesta a la sugerencia del Reino Unido para mejorar la conciencia y el intercambio de información sobre las nuevas tecnologías comerciales, el COMNAP acordó que incluiría este tema en los futuros talleres SAR. Esta propuesta fue respaldada por Noruega y por Estados Unidos de América. El Reino Unido sugirió que sería útil que los proveedores comerciales se reuniesen con los operadores del programa nacional antártico y los representantes de MRCC para debatir la temática de la comunicación y propuso que el uso de ciertas balizas de localización podría convertirse en una condición de permiso en las expediciones privadas.

(201) La CCRVMA presentó el WP 61 *SAR-WG. El sistema de seguimiento de buques de la Comisión para la Conservación de los Recursos Vivos Marinos Antárticos y su potencial para contribuir a los esfuerzos de búsqueda y rescate (SAR) en el Océano Austral*, que describe el sistema de control de buques conectado por satélite (VMS).Desde 2004, esta herramienta permite a la Secretaría de la CCRVMA mantenerse en contacto casi en tiempo real con los buques de pesca autorizados, tanto directamente como a través del centro de control de su bandera. El documento describió las opciones

para reforzar la capacidad de CCRVMA para apoyar los esfuerzos de SAR facilitando sus datos VMS al RCC para los esfuerzos de SAR. El Secretario Ejecutivo señaló que el RCTA puede querer invitar al CCRVMA a considerar estas posibilidades.

(202) Muchas Partes agradecieron los debates de CCRVMA sobre este tema. Enfatizaron que la información de localización de buques se debe usar solo con finalidad de SAR y que la confidencialidad debe ser conservada a través de un protocolo adecuado. Francia y Chile destacaron además que el VMS no era un sistema de alerta como tal, sino un sistema de información de posición que puede ayudar a proporcionar una mejor imagen de la superficie marítima, a pesar de que puede ser útil para los RCC ya que puede identificar buques próximos para que proporcionen ayuda en caso de incidentes. El Reino Unido destaca que los RCC necesitan todos los datos disponibles para responder a un incidente SAR.

(203) Noruega destacó que su RCC recibía información de todos los buques pesqueros en su región y de todos los buques pesqueros noruegos globalmente. Estos sistemas de datos permiten localizar buques en las proximidades de una situación de incidente que puedan apoyar a buques en dificultades. De la misma forma, China mencionó su sistema nacional de control de pesquerías.

(204) La ASOC presentó el IP 63 *An Antarctic Vessel Traffic Monitoring and Information System*, que reiteraba la petición de la ASOC para que la RCTA reclamase a todos los buques en la Zona del Tratado que trabajasen con sistemas de identificación automática (AIS), que transmitiesen información de largo alcance y datos de rastreo (LRIT) a un centro de datos apropiado, y para desarrollar un sistema de control de tráfico y de información de buques en la Antártida para mejorar los esfuerzos SAR, empezando por la zona de la Península.

(205) La IAATO presentó el IP 93 *IAATO Information Submitted Annually to MRCCs with Antarctic Responsibilities*. Esta información incluye los dispositivos de emergencia disponibles en todos los buques, pero agradecieron cualquier opinión de RCC para mejorar el sistema.

(206) Estados Unidos de América señaló el valor de la supervisión de los buques y la importancia de que los RCC sean capaces de acceder a bases de datos relevantes y destacó el valor de los informes exhaustivos de la IAATO. Estados Unidos de América señaló que puede que la RCTA no sea el foro

más adecuado para añadir requisitos obligatorios a los buques ya sujetos al reglamento de la OMI. Argentina y Noruega apoyaron esta opinión.

Resultados previstos y acción de la RCTA

(207) Alemania advirtió que su servicio de hielo tiene datos sobre condiciones de hielo que pueden ser útiles en un incidente SAR. El Reino Unido destacó que el producto gratuito basado en web Polar View es utilizado por algunos RCC y por muchos programas nacionales. Alemania señaló que el Portal internacional de Hielo es otra herramienta, y que puede haber análisis de mayor resolución disponibles para dar apoyo en situaciones de emergencia.

(208) Al considerar los procedimientos entre los RCC, los programas nacionales antárticos y los operadores nacionales, la Reunión acordó que no era necesario en este momento adoptar procedimientos operativos estandarizados en toda la Antártida ya que existía información compartida y mejores prácticas hacia fines comunes. Nueva Zelandia acordó, señalando que puede ser útil desarrollar objetivos comunes antes que un conjunto común de procedimientos operativos estándares. El COMNAP se ofreció para hacer las veces de localización central para compartir las mejores prácticas de RCC e intercambiar información a través de su sitio web protegido con contraseña.

(209) La IAATO ofreció contribuir con datos relevantes a esa base de datos del COMNAP. Estados Unidos de América sugirió que cuando la información es compartida, las Partes presten especial atención a las ventajas y dificultades de las nuevas tecnologías.

(210) Las Partes acordaron que era especialmente importante educar a los nuevos actores, como los turistas o buques pesqueros, sobre los RCC y sus responsabilidades.

(211) Argentina presentó el WP 65 *SAR-WG: Recursos en bases antárticas para apoyo terrestre ante situaciones de emergencia: inclusión en el SEII*, destacando la dificultad de los esfuerzos de SAR basados en tierra y señalando que los RCC a menudo dependen de los recursos disponibles de los programas nacionales antárticos. Argentina recomendó que la RCTA animase a las Partes Consultivas a incluir una descripción de recursos para apoyo de emergencia en tierra disponibles en sus estaciones en su presentación anual de SEII. Estados Unidos de América señaló que apoyaba compartir la información sobre las capacidades, pero que tenía reservas sobre el uso de SEII debido a dificultades con la introducción y la recuperación

de datos. Francia señaló que la sugerencia de usar el SEII ya había sido recomendada por la Resolución 6 (2010). El COMNAP se mostró de acuerdo con Francia en que la Resolución 6 (2010) recomendó la introducción de esta información, la IAATO advirtió que sus dos miembros basados en tierra se daban apoyo mutuo y que intercambiarían información con otros.

(212) La Reunión acordó en la importancia de tener información precisa sobre los recursos disponibles para el SAR de base terrestre, que debe estar accesible y ser actualizada anualmente. El COMNAP advirtió de que podría publicar esta información en su página web segura, señalando que los grupos regionales ya habían proporcionado listas bastante detalladas. Uruguay recomendó que el SEII se conectase a la base de datos del COMNAP para evitar duplicar el trabajo. Argentina concluyó que el intercambio de información era crítico, tanto a través de COMNAP como de SEII.

(213) La IAATO presentó el IP 100 *Joint Search and Rescue Exercise in Antarctica*, preparado conjuntamente con Chile, que destacó el ejercicio SAR de 2013 entre IAATO, Holland America Line NV, y el Centro de Coordinación de Salvamento Marítimo de Chile. El ejercicio era el primer ejercicio vivo SAR que implicaba un operador de viaje y autoridades de MRCC en la Antártida. Las lecciones aprendidas incluían los desafíos de gestionar la comunicación, lidiar con las preguntas de los medios, y la construcción de confianza. IAATO sugirió más pasos, como desarrollar un protocolo que destaque los centros de respuesta de emergencia de los operadores, coordinar las relaciones públicas, mejorar la base de datos de buques y realizar ejercicios regulares.

(214) Varias Partes indicaron su interés en participar en futuros ejercicios SAR. Sudáfrica sugirió que, si los ejercicios en vivo no eran viables, se podrían realizar ejercicios de escritorio o de simulación.

(215) Chile presentó el IP 109 *Decimoquinta Versión de la Patrulla Antártica Naval Combinada entre Chile y Argentina*, preparada conjuntamente con Argentina, que describía la patrulla naval combinada que había operado durante los últimos 15 años. La patrulla naval estaba equipada y entrenada para el rescate y las operaciones de protección medioambiental y realizaron ejercicios regulares.

(216) La Reunión solicitó que la Secretaría proporcionase una copia de esta sección del Informe a la OMI y a la OACI para información.

Principales resultados y perspectivas propuestas

(217) La Reunión acordó que la RCTA debería mantenerse informada sobre las operaciones mediante el Grupo de Trabajo sobre Asuntos Operacionales. Los procesos SAR desarrollados bajo los auspicios de los organismos internacionales tales como la OMI y la OACI también tienen relevancia para la Antártida. Las Partes deberían seguir comprometiéndose con tales entidades, cuando resulte apropiado, por lo que se refiere a la búsqueda y al salvamento en la zona del Tratado Antártico.

(218) La Reunión señaló los esfuerzos de CCRVMA para abordar los asuntos de seguridad de buques y recomendó que el CCRVMA considere poner sus datos VMS a disposición de los RCC con finalidad exclusiva SAR, con las protecciones adecuadas para garantizar la confidencialidad de los datos relevantes. Los miembros del CCRVMA fueron invitados a continuar este trabajo para mejorar la seguridad de los buques de pesca en la Zona de la convención.

(219) La Reunión también apoyó al COMNAP a seguir una serie de pasos para mejorar la efectividad de la coordinación y la respuesta de SAR, incluso: 1) realizando talleres SAR cada tres años, abiertos a los representantes de los RCC, programas nacionales antárticos, CCRVMA, expertos relevantes, operadores privados, y proveedores comerciales de herramientas de alerta y de comunicación SAR; 2) estableciendo un foro portal web para intercambiar información entre los RCC sobre los objetivos compartidos y las mejores prácticas, y 3) garantizando que la información más reciente sobre los recursos de los programas nacionales antárticos para SAR en tierra esté disponible para RCC a través del sitio web del COMNAP. También hubo apoyo general para evitar la duplicación de información disponible en varios lugares.

(220) La Reunión señaló un alto nivel de interés entre las Partes responsables del SAR en la zona del Tratado Antártico en más ejercicios SAR.

(221) La reunión adoptó la Resolución 4 (2013) *Mejora de la colaboración en búsqueda y salvamento (SAR) en la Antártida*.

(222) La ASOC presentó IP 59 *Update to Vessel Incidents in Antarctic Waters*, que revisó los incidentes de buques e indicó en el mapa su localización. La ASOC recomendó: requisitos específicos para equipamiento, procedimientos y formación para respuesta a derrames de petróleo, formación adicional para todo el personal de los buques en aguas polares, apoyo a través del Subcomité de la OMI sobre las normas de formación, titulación y guardia

para la gente de mar (STWC) para formación avanzada en aguas cubiertas de hielo, e inclusión de los buques pesqueros en el Código Polar.

(223) La ASOC presentó el IP 66 *Discharge of sewage and grey water from vessels in Antarctic Treaty waters*, que expresaba su preocupación relativa a que el sistema actual de gestión de flujos de aguas negras y aguas grises no sea suficiente para proporcionar protección adecuada para los ecosistemas Antárticos y la vida silvestre. La ASOC animó a los miembros a trabajar para incluir en el Código Polar una prohibición sobre la liberación de aguas negras sin tratar o aguas grises sin tratar en las aguas de la Antártida.

Tema 11. Actividades turísticas y no gubernamentales en la zona del Tratado Antártico

Revisión de las políticas de turismo

(224) Los Países Bajos presentaron el WP 47 *Informe del Grupo de Contacto informal sobre el aumento de la diversidad del turismo y de otras actividades no gubernamentales en la Antártida*, que se estableció en la XXXV RCTA. El informe proporciona ejemplos de los tipos de actividades que se están realizando en la Antártida e ilustra la diversificación del turismo y de las actividades no gubernamentales en la Antártida. Los ejemplos citados se clasifican dentro de las categorías siguientes: modos de transporte aéreo y marítimo; expediciones con el objetivo principal de cumplir unas rutas determinadas (a menudo desafiantes); actividades específicas, particularmente deportivas y grandes expediciones, alojamiento nocturno para turismo en tierra; y otras actividades no gubernamentales.

(225) El informe del GCI también resume las contribuciones de los participantes sobre las experiencias de sus respectivos países en materia de diversificación de las actividades turísticas, incluso los sistemas nacionales de autorización, las EIA, algunos ejemplos de actividades prohibidas y la cooperación internacional. El informe pone de manifiesto el hecho de que varios participantes en los debates consideraban difícil la evaluación del impacto acumulativo y el impacto en los valores de la vida silvestre. El informe también proporciona más información a los sistemas y competencias nacionales a los cuales las Partes conceden o rechazan autorizaciones para realizar actividades. Durante la presentación del informe, los Países Bajos explicaron que el informe del GCI podía dar a entender que rara vez se rechazan las autorizaciones, pero que se habían identificado seis casos

de rechazo en el informe. Los Países Bajos reconocieron la aportación constructiva de las Partes Consultivas que participaron a los debates, de la IAATO y la ASOC, y agradecieron a la Secretaría por haber facilitado dichos debates.

(226) La Reunión agradeció a los Países Bajos por haber moderado los debates intersesionales, y examinó más a fondo las dificultades. Las Partes intercambiaron opiniones sobre experiencias y desafíos relacionados con la aplicación de su legislación doméstica referente a varios tipos de actividades, por ejemplo: la evaluación de los impactos acumulativos y de los impactos en los valores de la vida silvestre de la Antártida, los criterios utilizados para negar algunas autorizaciones o prohibir ciertas actividades, el grado de interés que se debe tener sobre las instalaciones y actividades destinadas a respaldar actividades terrestres, y las lecciones aprendidas de la gestión del turismo en otras partes del mundo, por ejemplo el Ártico y la sub-Antártida.

(227) Por lo que se refiere a la diversidad de actividades, Nueva Zelandia identificó al menos 13 actividades que al parecer no encajaron en las 22 categorías previstas en el formulario de informe posterior a la visita del sitio establecido de conformidad con la Resolución 6 (2005).

(228) Por lo que se refiere a las instalaciones para actividades terrestres, Nueva Zelandia sugirió que además del informe anual que determina el número de turistas y las operaciones, la IAATO podría proporcionar más detalles sobre las actividades de proveedores de servicios logísticos terrestres. En cuanto al turismo terrestre y de aventura, Estados Unidos de América sugirió que las actividades turísticas y de camping no gubernamentales fueran objeto de más intercambio entre las Partes para una mejor gestión de estas actividades, incluidas mejores prácticas, y que consultaría a otras Partes entre los períodos de sesiones sobre este asunto. Estados Unidos de América añadió que aunque los debates se orientaban más bien hacia la comparación de los procedimientos nacionales, era más urgente determinar los aspectos turísticos más problemáticos (ej.: turismo terrestre o gestión de zonas relacionadas con el turismo) y considerar entonces las posibles soluciones que se deben aplicar.

(229) Estados Unidos de América y el Reino Unido destacaron que merecía la pena considerar más detenidamente el nivel de cooperación entre las autoridades competentes. La Federación de Rusia reiteró su propuesta de 2010 que habría requerido a las autoridades competentes que compartiesen información relacionada con los permisos con la Secretaría, quien entonces

habría informado a las autoridades portuarias del "destino final". Este acercamiento ofrece la ventaja de ofrecer a la RCTA una imagen clara de la escala de las actividades no gubernamentales en la Antártida.

(230) La Federación de Rusia estaba preocupada porque algunas Partes no tenían base legislativa para los sistemas de permisos o certificaciones para reducir los riesgos de las actividades no gubernamentales, y señaló que los operadores de Estados que no son partes en el Tratado realizaban actividades en la región antártica. La ASOC acordó que la Federación de Rusia había señalado un punto importante y pidió más información sobre la magnitud del problema planteado por Rusia.

(231) Los Países Bajos declararon que las diferencias en los sistemas legales proporcionarían implementaciones diversas del Protocolo sobre la Protección del Medio Ambiente, lo que podría llevar a los proponentes a seleccionar los dispositivos jurídicos más convenientes según su preferencia. Francia destacó las implicaciones que esto puede tener para la seguridad de las personas, como se confirma por los resultados del Grupo de Trabajo de SAR en la XXXVI RCTA. El Reino Unido declaró que, a este respecto, el intercambio de información sobre las actividades de las autoridades competentes, que involucra un diálogo entre los colegas del CPA y la RCTA sobre la aplicación del Protocolo sobre la Protección del Medio Ambiente, podría ser útil y ayudar a destacar huecos e inconsistencias. Estados Unidos de América señaló que las Partes deberían centrarse en los asuntos específicos como el impacto acumulativo y cómo reducirlo y no necesariamente asumir que los diferentes métodos de procesamiento de solicitudes y sistemas legales eran el problema.

(232) En las actividades de base terrestre, el Reino Unido recordó que la Resolución 9 (2012) de la XXXV RCTA había adoptado cuestiones que las autoridades competentes podrían usar para las actividades de base terrestre no gubernamentales. Francia comentó que era importante supervisar de cerca las actividades de soporte, y mencionó el ejemplo de una expedición de salto en paracaídas que aparentemente procedía sin ninguna autorización. La ASOC diferenció entre la habilidad para desmantelar infraestructuras basadas en tierra y la ocupación a largo plazo de un sitio, y sugirió que las autoridades competentes deberían evaluar las actividades de turismo que implicaban la infraestructura en tierra en la duración propuesta de la ocupación de un sitio a largo plazo, por oposición a simplemente una temporada en la que se monta la infraestructura basada en tierra.

(233) En este asunto de desafíos relativos a la evaluación del impacto acumulativo, Argentina recordó a la Reunión debates previos de la RCTA, incluido un GCI que desarrolló directrices para evaluar el impacto acumulativo. Argentina sugirió que posteriores trabajos sobre este asunto podrían revisar la implementación de estas directrices en relación al impacto acumulativo. Los Países Bajos expresaron su opinión de que a la vista de las preocupaciones sobre el impacto acumulativo de la diversificación de actividades y el impacto sobre los valores de la vida silvestre, existía una tendencia a considerar aceptable el impacto de las actividades individuales, mientras que el impacto en el tiempo sobre determinados valores antárticos, como los valores silvestres, tendía a ser significativo. Estados Unidos de América señaló que la regulación efectiva, la evaluación y la supervisión del impacto acumulativo del turismo era desafiante y complejo y requería el desarrollo de políticas en la RCTA. Nueva Zelandia sugirió que un cambio menor en la función de notificación resumida del SEII, destacado en el WP 33, daría a las Partes la capacidad de analizar mejor los patrones de comportamiento en los sitios específicos de interés. El asesoramiento del CPA sobre la Recomendación 3 de su estudio del turismo de 2012, sobre la metodología de evaluación de la vulnerabilidad de los sitios, podría constituir una herramienta crucial para la evaluación de los impactos acumulativos.

(234) En relación a los criterios para negar la autorización para las actividades propuestas, algunas Partes proporcionaron ejemplos adicionales de actividades propuestas cuya autorización fue negada. Otras Partes comentaron que sus autoridades competentes realizaron un acercamiento interactivo para permitirlo. Esto incluyó una consulta permanente con los solicitantes potenciales sobre consideraciones medioambientales y de seguridad, que desalentó algunas solicitudes y mejoró los estándares de otras.

(235) No obstante, también se debatió la necesidad de medidas más prescriptivas. Los Países Bajos señalaron que en algunos casos una mayor guía de la RCTA serviría de apoyo a las Partes para decir "no" a las actividades que se consideran contrarias al objetivo y a los principios del Protocolo. Esto fue apoyado por varias Partes que destacaron que la legislación específica doméstica permitía a sus autoridades competentes adoptar un enfoque precautorio y negar las autorizaciones a los solicitantes cuyas actividades se asociaban con un alto nivel de riesgo, incluidos ejemplos de turismo de aventura. Noruega explicó que, de acuerdo con su legislación doméstica, las actividades en la Antártida deben ser ejecutadas de conformidad con la seguridad y de forma autosuficiente. Nueva Zelandia señaló que había habido

ejemplos en las temporadas de 2010/11 y 2011/12 de expediciones privadas que no estaban preparadas para operar de forma segura y con seguro, y que evitaron la comunicación con las autoridades competentes antes de que le sea negada la autorización por estos motivos.

(236) La IAATO señaló que sus miembros, que trabajaron con varias autoridades competentes, estaban al corriente de los diversos enfoques llevados de país en país, y que animaban al buen diálogo previo entre las autoridades competentes y los operadores. La IAATO también señaló el valor de su objetivo fundacional para que las actividades turísticas no tengan más que un impacto mínimo o transitorio, y, en relación a los comentarios sobre las actividades basadas en tierra, hizo referencia a sus presentaciones previas sobre el turismo de base terrestre, incluido el IP 84 (XXXI RCTA) y el IP 101 (XXXII RCTA).

(237) Al compartir lecciones de otras Partes del mundo, Noruega comentó que las lecciones podrían ser aprendidas de sus experiencias en la regulación del turismo en Svalbard. En la temporada pasada, Noruega observó la diversificación del turismo en la Antártida, y la tendencia hacia el turismo más de aventura. La política de Noruega era interactuar con operadores turísticos y notificar sus regulaciones muy estrictas. Nueva Zelandia señaló que el régimen de administración en las islas subantárticas de Nueva Zelandia era comparable a las Zonas Antárticas Especialmente Protegidas que permitían actividad turística, y ello resaltaba el valor de la administración de la zona como una herramienta de gobierno.

(238) La Reunión agradeció la propuesta de Noruega para facilitar la preparación intersesional de un debate sobre las experiencias y desafíos identificados por las autoridades competentes, en relación a los diversos tipos de turismo y a las actividades no gubernamentales del próximo año.

(239) La ASOC presentó el documento IP 67 *Management implications of tourist behaviour*, que examina algunos comportamientos de turistas en la Antártida, en el contexto de las tendencias turísticas que se observan actualmente. Analiza también las implicaciones de la regulación y gestión. La ASOC declaró que la investigación sobre el comportamiento del turista identificó la inquietud por el posible impacto medioambiental resultante de la diversificación, expansión, potencial acumulativo e incumplimiento. La ASOC recomendó que las Partes deberían realizar un acercamiento estratégico a la regulación del turismo y a la gestión, mejor que centrarse en la regulación del comportamiento específico de los turistas, principalmente a través de directrices específicas de los sitios. También declaró que las

directrices de comportamiento serían un complemento útil pero no un sustituto de los enfoques estratégicos para regular y gestionar el turismo, incluidos EIAs, monitoreo de sitios y un rango de zonas especialmente administradas y protegidas designadas para garantizar que el turismo se concentre, se derive o se disperse, según se requiera.

Supervisión y gestión del turismo

(240) Nueva Zelandia presentó el WP 33 *Informe del Grupo de Contacto Intersesional sobre el intercambio de información y los aspectos e impactos medioambientales del turismo*, que resume el resultado de los debates entre Australia, Francia, Japón, Nueva Zelandia, Estados Unidos de América, la Secretaría del Tratado, IAATO y la OMM. El grupo identificó opciones para mejorar la especificidad de la información intercambiada sobre el asunto mediante modificaciones al SEII y a los formularios de informes posteriores a las visitas, y propuso temas claves para su posterior debate.

(241) El grupo recomendó modificar los requerimientos de intercambio de información establecidos en la Resolución 6 (2001) para que incluyan "tipo de actividad" en expediciones no gubernamentales, operaciones en barco, y una lista de actividades turísticas que les permita a las Partes seleccionar una o más actividades en el momento de informar.

(242) La Reunión debatió las mejores formas para lograr efectividad en la remisión de datos y la gestión de turismo, incluyendo un número de posibles enmiendas a los requisitos del SEII para informar actividades de turismo. Al hacerlo, se acordó la necesidad de evitar duplicar el trabajo y alinear los requisitos de SEII con datos ya entregados por los operadores a través de los informes posteriores a las visitas.

(243) Sobre las enmiendas específicas del SEII, varias Partes señalaron la importancia de proporcionar una lista de actividades de turismo desde la que seleccionar una o más al informar sobre las actividades. Comentaron, sin embargo, que sería útil dejar un campo abierto en el que se puedan registrar las actividades que aún no estén incluidas en la lista. La República de Corea comentó que había considerado que el intercambio de información sobre actividades de turismo era de una enorme importancia, y animó a la comunicación entre la RCTA y las organizaciones internacionales encargadas del turismo y del medio ambiente como la UNESCO (United Nations Educational, Scientific and Cultural Organization). Estados Unidos de América señaló que sería útil incorporar información sobre la fecha, hora

del día y número de visitantes a un lugar determinado para relacionarlo a la cronología de cría de aves y focas en el lugar.

(244) La IAATO expresó su intención para seguir apoyando a la RCTA compartiendo lecciones aprendidas de su recolección y análisis de datos presentados en informes posteriores a la visita, y compartiendo datos con las Partes. Sugirió que las Partes pueden querer utilizar los datos de IAATO siguiendo una evaluación de calidad de una tercera parte, para que las autoridades competentes puedan centrar su tiempo y energía en la recolección de datos de fuentes distintas de la IAATO.

(245) La Reunión acordó revisar la lista de actividades turísticas incluida en los formularios de visita en la XXXVII RCTA y considerar consolidar o añadir otras actividades identificadas por la RCTA. La Reunión también pidió a la Secretaría que informase en la XXXVII RCTA sobre su trabajo en el desarrollo de las siguientes capacidades del SEII dentro de los criterios presupuestarios actuales:

a) un menú desplegable de actividades en el SEII que se corresponda con los informes posteriores a las visitas;

b) una herramienta de búsqueda de todas las actividades registradas dentro de las coordenadas geográficas conocidas en la sección de informes resumidos del SEII;

c) una herramienta para indicar cuándo las expediciones reciben autorización de más de una Parte; y

d) una búsqueda de toda la información anual en un sitio durante un número de años en la sección de informes resumidos del SEII.

(246) La Reunión pidió a la Secretaría que hiciese una presentación en la XXXVII RCTA sobre los requisitos de intercambio de información de la RCTA y el funcionamiento del SEII, con especial atención en los cambios realizados en la Decisión 6 (2013) y su trabajo sobre las capacidades señaladas en el párrafo anterior, sin aumentar las bases presupuestarias existentes.

(247) La Reunión acordó que sería importante debatir formas de mejorar el uso que las Partes hacen del SEII, y acordó debatir este asunto en la XXXVII RCTA.

(248) Nueva Zelandia presentó IP 13 *Antarctic Treaty System Information Exchange Requirements for Tourism and Non-Governmental Activities*, que proporcionó información general sobre las decisiones y las resoluciones claves de la RCTA en relación al intercambio de información, centradas concretamente en el turismo y las actividades no gubernamentales.

71

(249) La Reunión adoptó la Decisión 6 (2013) *Intercambio de información sobre turismo y actividades no gubernamentales.*

(250) Estados Unidos de América presentó el IP 20 *Antarctic Site Inventory: 1994-2013*, que proporcionó una actualización de los descubrimientos en el Inventario de Sitios Antárticos en febrero de 2013. El Inventario recogió datos biológicos e información descriptiva de sitios en la Península Antártica desde 1994. Estados Unidos de América señaló que los resultados de este trabajo podían informar sobre recomendaciones derivadas del estudio de turismo del CPA, concretamente en lo relativo a la Recomendación 3 sobre el análisis de la sensibilidad del sitio y la Recomendación 6 sobre las tendencias de turismo.

(251) La Reunión agradeció a Estados Unidos de América y a Oceanites Inc. por su trabajo pionero y de alta calidad en la supervisión a largo plazo. Señaló que el Inventario de Sitios Antárticos era una fuente primaria de información relativa tanto a las recomendaciones del CPA para el estudio del turismo como para el desarrollo de las directrices del sitio, y más generalmente para el desarrollo de un mejor entendimiento de cambios medioambientales, incluidos el impacto potencial de turismo.

(252) Al expresar su reconocimiento del Inventario de Sitios Antárticos, los Países Bajos señalaron que el IP 20 se centra en qué sitios fueron visitados y con qué frecuencia. Los Países Bajos sugirieron que el informe debe centrarse más en el contenido y en los resultados de la supervisión de trabajo y cómo pueden orientar las acciones de gestión. Al elogiar a Oceanites, Inc. por su trabajo actual de control, la ASOC mencionó que, si fuese posible, sería útil analizar y extraer información sobre el impacto del turismo en cada lugar a diferencia de otros impactos humanos y cambios de variabilidad natural.

(253) Argentina presentó el IP 88 *Áreas de interés turístico en la región de la Península Antártica e Islas Orcadas del Sur. Temporada 2012/2013.* El documento informó de la distribución de visitas turísticas a la región de acuerdo con los planes presentados por operadores turísticos que funcionan a través del puerto de Ushuaia en la temporada 2012/13.

(254) La IAATO presentó el IP 97 *Report on IAATO Operator Use of Antarctic Peninsula Landing Sites and ATCM Visitor Site Guidelines, 2012-13 Season.* La IAATO señaló que el aumento de viajes en 2012/13 tuvo como consecuencia un crecimiento del número de desembarcos. También observó que el número de sitios de desembarco se había incrementado en dos respecto al año anterior, y que se trataba en ambos casos de sitios de

anclaje que fueron registrados recientemente por operadores de yates. La IAATO enfatizó que 19 de los 20 sitios más usados ya han sido objeto de directrices para las visitas de sitios.

(255) En respuesta a una pregunta, la IAATO aclaró que permanecía interesada en el uso de sitios cubiertos por directrices por operadores que no pertenecen a la IAATO, y otras actividades antárticas de operadores que no pertenecen a la IAATO.

(256) La IAATO también se refirió al IP 98, que proporcionó las *IAATO Guidelines for Short Overnight Stays*. Siguiendo los debates en la XXXV RCTA, el Comité de operaciones de campo de la IAATO actualizó las directrices de la IAATO. Las directrices de la IAATO para el campamento costero de varias noches también se había adoptado, y sería probado en la próxima temporada. La IAATO advirtió que en 2012/13, 16 sitios vieron un total de 61 estancias nocturnas breves. El mayor ratio de pasajeros-guía era de 15 pasajeros por un guía, la media general era aproximadamente 9:1.

(257) La Reunión agradeció a la IAATO por su respuesta a las preguntas realizadas previamente por las Partes, que permitieron un entendimiento más claro de las actividades que se realizaban, así como su gestión. En respuesta a una pregunta de la RCTA, la IAATO confirmó que efectivamente se había producido un aumento en las actividades de campamento en los últimos años y aclararon que los turistas van a tierra después de cenar y regresan a los buques antes de desayunar.

(258) La IAATO presentó el documento IP 102 *Barrientos Island Footpath Erosion*, que destacaba los problemas identificados por el personal sobre el terreno durante la investigación interna de la IAATO sobre la erosión de las carpetas de musgo en la isla Barrientos, en el grupo de las islas Aitcho. La IAATO estaba muy preocupada por el problema y había adoptado una serie de medidas para resolverlo.

(259) Ecuador agradeció a España por su colaboración sobre el estudio de la erosión de senderos como se describe en el WP 55 *Recuperación de las comunidades de musgos en los senderos de la Isla Barrientos y propuesta de manejo turístico*. Ecuador destacó la importancia de supervisar la recuperación del ecosistema de la Isla Barrientos, un sitio importante de anidación de pingüinos, y agradeció a la IAATO su apertura y apoyo durante el proceso.

Información general del Turismo Antártico en la temporada 2012/13

(260) IAATO presentó el IP 103 I*AATO Overview of Antarctic Tourism: 2012-13 season and preliminary estimates for 2013-14 season.* La IAATO calculó que el número total de turistas durante la temporada 2012/13 aumentó en un 29,4 por ciento desde la temporada pasada, haciendo un total comparable a las temporadas 2009/10 y 2010/11. La IAATO definió varios factores que llevaron a este aumento, incluida una suave recuperación de los viajes en buques solo de crucero que transportan a más de 500 pasajeros desde cinco a siete, totalizando 9.070 pasajeros, que son aproximadamente 5.000 más que el año anterior. También se proporcionaron estimaciones de la actividad turística para la temporada 2013-14.

(261) Varias Partes agradecieron a la IAATO su informe detallado y su respuesta a la preocupación de las Partes. En respuesta a una pregunta de Francia relativa a la bandera de los buques turistas, la IAATO explicó que los turistas procedían de 100 países diferentes y que, aunque no había políticas específicas para animar a los buques a trabajar con la bandera de una Parte de tratado, todos los operadores miembros estaban basados en Partes del Tratado. También expresó su intención de "estar listos" y de que las actividades de turistas no tengan más que un impacto mínimo y transitorio en el medio ambiente Antártico.

(262) En respuesta a una petición de la ASOC, la IAATO confirmó que el número de visitas en barco/avión se había duplicado el año pasado y que esto se debía a una serie de factores, incluido el aumento de visitantes "limitados en el tiempo" que prefieren viajar más rápidamente por aire. La IAATO explicó que esto llevó a nuevos desafíos en la gestión, como la reducción del tiempo para educar a los clientes, pero también destacó la buena práctica de un experimentado operador chileno por realizar instructivos previos a la salida para los visitantes que llegan en vuelos.

(263) La Argentina presentó el IP 86 *Informe sobre flujos de visitantes y de buques de turismo antártico que operaron en el puerto de Ushuaia durante la temporada 2012/2013*, y el IP 87, *El turismo antártico a través de Ushuaia. Comparación de las últimas cinco temporadas.* La Argentina ha estado registrando sistemáticamente el movimiento de pasajeros y de buques que visitan la Antártida a través del puerto de Ushuaia desde la temporada 2008/2009, y proporcionando a la RCTA esa información. Estos documentos dan detalles sobre todos los viajes de turismo desde Ushuaia, incluida la información sobre pasajeros, tripulación, personal de expediciones,

operadores turísticos, armadores y el registro de buques. Mientras se centran especialmente en los buques que hacen escala en Ushuaia, los documentos proporcionan una fuente de información alternativa y/o complementaria de información a otras fuentes disponibles, para apoyar en la evaluación de las actividades turísticas en la Antártida.

(264) Estados Unidos de América, Nueva Zelandia y la IAATO agradecieron a la Argentina sus datos útiles, que complementaron la información proporcionada por la IAATO. En respuesta a una petición de Nueva Zelandia sobre los ratios de pasajeros-guías presentados en el IP 86, Argentina explicó que los datos venían de las declaraciones de los buques en puerto, en las que el personal de campo podía estar registrado tanto en la lista de pasajeros como de personal, y por eso no era fácilmente identificable.

Actividades de yates y otras actividades en la Antártida

(265) El Reino Unido y la IAATO presentaron el IP 54 *Data Collection and Reporting on Yachting Activity in Antarctica in 2012-2013*, que proporcionó una actualización sobre los datos presentados en 2012, con el objetivo de seguir compartiendo información con otras Partes sobre los yates que operan en la Antártida. Los datos se obtenían de los desembarcos informados por el equipo británico en el puerto Lockroy, Península Antártica, y complementados por los avistajes adicionales registrados por los miembros de la IAATO en la zona del Tratado. El Reino Unido y la IAATO animaron especialmente a las Partes a compartir información sobre yates que no pertenecen a la IAATO que autorizan, para aumentar el nivel de coordinación entre las Partes sobre la actividad de los yates en la Antártida. La IAATO mencionó el impacto positivo de las campañas de difusión realizadas para reducir el número de yates no autorizados.

(266) La Reunión animó a las Partes a seguir compartiendo información sobre las actividades de los yates en la zona del Tratado, incluso por ejemplo a través del mecanismo del SEII de información de pre temporada y a través de los informes posteriores a las visitas, en línea con la Resolución 5 (2005).

(267) Argentina indicó que tener esta información es útil para llamar la atención sobre la presencia de yates no autorizados en el puerto de Ushuaia y que está interesada en contribuir a esta compilación de información.

(268) La ASOC destacó la falta de información sobre el impacto de la actividad de yates. No obstante, ASOC señaló que, de acuerdo con el IP 54, la mayoría de los yates que se sabe que han trabajado en la Antártida en la temporada

2012/13 habían sido autorizados tanto si eran miembros de IAATO como si no.

(269) La Federación de Rusia levantó la cuestión de la asistencia sanitaria de emergencia para los participantes de los maratones antárticos, como los realizados en la Isla Rey Jorge (Isla 25 de Mayo), y sugirió que requería más debates de la RCTA. Sugirió que los exámenes médicos deberían ser una condición obligatoria de participación en los maratones antárticos.

(270) En respuesta, la IAATO señaló que requería que sus miembros siguiesen las directrices de la IAATO para los maratones, que incluían los requisitos para contactar estaciones nacionales en las proximidades del maratón y cubrir el asunto de los exámenes médicos. IAATO tomó nota de las preocupaciones de la Federación de Rusia e informará en la próxima RCTA sobre este asunto.

Asuntos turísticos en el plan de trabajo plurianual

(271) Las Partes debatieron cómo dirigir los asuntos prioritarios en el plan de trabajo plurianual relativos al turismo y a las actividades no gubernamentales, incluido: revisar y evaluar la necesidad de acciones relativas a la gestión de la zona y la infraestructura permanente para el turismo, así como los asuntos relacionados con el turismo de base terrestre y de aventura y abordar las recomendaciones del estudio sobre turismo del CPA.

(272) La Reunión acordó dar especial atención en la XXXVII RCTA a una de estas áreas –asuntos relativos al turismo basado en tierra y de aventura–, así como abordar cualquier resultado inicial procedente del trabajo intersesional del CPA sobre las recomendaciones 3 y 6 del estudio de turismo del CPA. La Reunión se mostró de acuerdo con este enfoque más centrado para garantizar un debate más exhaustivo y centrado en la próxima Reunión. Para ello, las Partes, los observadores y los expertos fueron animados a preparar documentos de trabajo y otros documentos relativos a estos asuntos. La Reunión también encargó a la Secretaria la producción de una síntesis de los debates previos a la RCTA, así como Medidas y Resoluciones relativas a turismo basado en tierra y de aventura.

(273) La Reunión acordó mantener debates en la XXXVII RCTA sobre más acciones para abordar otros elementos del asunto prioritario del turismo en el plan de trabajo de varios años.

Tema 12. Inspecciones en virtud del Tratado Antártico y el Protocolo sobre la Protección del Medio Ambiente

(274) Alemania presentó el WP 4 *Inspección realizada por Alemania y Sudáfrica de acuerdo con el artículo VII del Tratado Antártico y el artículo 14 del Protocolo de Protección del Medio Ambiente: Enero 2013*, preparado conjuntamente con Sudáfrica, que informó sobre inspecciones de cuatro estaciones en la Tierra de la Reina Maud, 8-29 de enero de 2013. Esta fue la primera inspección realizada por Sudáfrica, junto con Alemania que ya ha participado en otras dos inspecciones conjuntas (con Francia en 1989 y con el Reino Unido en 1999). Mientras el equipo de inspección observó que no había contravenciones directas del Tratado Antártico o el Protocolo sobre la Protección del Medio Ambiente, señaló que las estaciones inspeccionadas implementaban las normas del Sistema del Tratado Antártico de forma diversa. Sudáfrica agradeció a Alemania su iniciativa y por permitir a Sudáfrica participar en su primera inspección completa.

(275) Las Partes cuyas estaciones fueron inspeccionadas agradecieron a Sudáfrica y a Alemania su informe. India reconoció las recomendaciones de mejoras y confirmó que su intención era abordarlas. Noruega expresó la opinión de que un beneficio clave de los informes de inspección es que las Partes pueden aprender unas de las otras y debatir recomendaciones a un mayor nivel. Bélgica indicó su intención de compartir información sobre el uso de nuevas tecnologías en las estaciones. El Reino Unido dio gustosamente la bienvenida a la inspección de la estación de investigación Halley VI e informó a las Partes de que Halley VI estaba completamente operativa desde febrero de 2013. La estación había sido recientemente aceptada por la OMM como una de las estaciones Antárticas que servía de estación para la vigilancia atmosférica global (GAW) (más información sobre la ciencia practicada en Halley VI y el desmantelamiento de Halley V disponible en el IP 37). El Reino Unido señaló que el informe de inspección destacó el uso de su sistema de informes de accidentes, incidentes y casi accidentes y el medio ambiente (AINME), que fue utilizado como modelo por el COMNAP.

(276) Nueva Zelandia agradeció la recomendación de la inspección relativa a la prevención de la introducción de especies no autóctonas, y señaló el excelente trabajo del SCAR y del COMNAP en esta disciplina. La ASOC también recomendó que, de acuerdo con el IP 65 *Black Carbon and other Short-lived Climate Pollutants: Impacts on Antarctica*, debiera haber evaluaciones de las fuentes de carbono negro en la Antártida, y para que

la contaminación del carbono negro se añada al formato del informe de inspección para las estaciones y los buques.

(277) El Reino Unido presentó el WP 9 *Recomendaciones generales para las inspecciones conjuntas realizadas por el Reino Unido, Países Bajos y España en virtud del Artículo VII del Tratado Antártico y el Artículo 14 del Protocolo del Medio Ambiente*, preparado conjuntamente por los Países Bajos y España. Las inspecciones fueron realizadas en la región de la Península Antártica, 1–14 diciembre de 2012, y cubrieron 12 estaciones permanentes, tres estaciones no ocupadas, tres Sitios Históricos, cuatro barcos de turismo, un yate y un sitio de naufragio. El equipo de inspección observó que no había contravenciones del Tratado Antártico y señaló el considerable esfuerzo de las bases inspeccionadas para cumplir con el Protocolo sobre la Protección del Medio Ambiente. El Reino Unido dirigió a las Partes al IP 38 para información detallada.

(278) El Reino Unido felicitó a Brasil por la limpieza y la posterior demolición siguientes al incendio de la estación Comandante Ferraz. El Reino Unido señaló riesgos para el personal en algunas pequeñas estaciones, especialmente en lo relativo a las operaciones de buceo y señaló que no todo el personal de la estación parecía haber revisado los procedimientos de seguridad y emergencia para la protección contra incendios. Una recomendación general que surge de la inspección es que las estaciones completen la Lista de Verificación del Tratado Antártico, ya que estas ayudan mucho a los inspectores en su trabajo. El Reino Unido sugirió que sería útil que las listas de verificación de las inspecciones de las estaciones fuesen añadidas a la página web de la STA para que pudiesen ser leídas por los inspectores antes de su llegada a la estación.

(279) Los Países Bajos y España también señalaron la importancia de compartir información sobre la investigación en las estaciones para reducir los costes y favorecer la cooperación. España llamó la atención sobre la recomendación general de los inspectores de que las estaciones inspeccionasen regularmente los contenedores de combustible y su manipulación para reducir el riesgo de incendios. España también señaló que en las estaciones inspeccionadas, aparte de unas pocas turbinas, había pocas pruebas de las fuentes de energía renovables.

(280) Estados Unidos de América expresó su apreciación de las recomendaciones del equipo de inspección relativas a la estación Palmer en sus informes. En respuesta a la recomendación general sobre la lista de verificación de la inspección del Tratado Antártico, Estados Unidos de América recordó a la

Reunión que el uso de las listas de verificación era deseable, pero voluntario. Además, en relación a la larga lista de recomendaciones de los equipos de inspección incluida en los informes, Estados Unidos de América señaló que hasta que las recomendaciones realizadas por los inspectores fueran aprobadas por la RCTA, no reflejarían la política de la RCTA. Argentina agradeció a las Partes que realizaron inspecciones y señaló la utilidad de las recomendaciones particulares. Con respecto a las recomendaciones generales, acordó con Estados Unidos de América que el uso de las listas de verificación era deseable pero voluntario y sobre la necesidad de debatir más esas recomendaciones. Francia señaló que desde el punto de vista de la autoridad competente, estas inspecciones de buques privados eran muy beneficiosas.

(281) La Reunión agradeció los informes de inspección señalando que la cantidad de inspecciones imponía desafíos y demandaba importantes recursos, y que las Partes implicadas deberían ser elogiadas por su contribución a este elemento clave del Tratado y el Protocolo.

(282) En el debate general de las inspecciones como herramienta, el Reino Unido y Estados Unidos de América animaron a los equipos de inspección a revisar los informes pasados. Si se requiere, Estados Unidos de América puede proporcionar un archivo de documentos a la Secretaría con esta finalidad.

(283) Varias Partes y la ASOC sugirieron que la RCTA debería revisar anualmente las recomendaciones de los equipos de inspecciones previas para evaluar el progreso como una forma de mejorar las operaciones generales y la gestión medioambiental en las estaciones antárticas. Reconociendo que este punto requería ser debatido en profundidad, las opiniones iniciales sobre procesos potenciales para revisar las recomendaciones de previas inspecciones incluyeron: la RCTA podría desarrollar una lista de control de recomendaciones de inspecciones similar a la utilizada para controlar las recomendaciones del clima (Países Bajos); una RETA sobre inspecciones podría elaborar un acercamiento (Países Bajos); puesto que el Artículo 7 no impuso ninguna obligación para supervisar las recomendaciones, la RCTA era el cuerpo apropiado (España). Uruguay señaló que las recomendaciones de los inspectores fueron revisadas por las estaciones inspeccionadas y por sus gobiernos, y las opiniones de las estaciones inspeccionadas se tuvieron en cuenta con respecto a cualquier acción en respuesta a las recomendaciones, y fueron consideradas Parte a Parte.

(284) La Reunión señaló que todos los informes de inspección habían señalado sus preocupaciones sobre el almacenamiento de combustible y la gestión

del mismo en las estaciones Antárticas. Varias Partes señalaron que, ya que el COMNAP tenía bastante experiencia en la manipulación segura del combustible, la Reunión pediría que se promocionasen las directrices de seguridad y gestión de combustible.

(285) Uruguay presentó el WP 51 rev. 1 *Disponibilidad complementaria de información sobre listas de Observadores de las Partes Consultivas a través de la Secretaría del Tratado Antártico*, conjuntamente con Argentina, recomendando que las Partes Consultivas informasen a la Secretaría, además de notificar a través de los canales diplomáticos, cuando asignan Observadores para realizar inspecciones. Además recomendó que la STA debería incluir esta información en su base de datos, para que esté disponible en los intercambios de información pre-temporada.

(286) Ecuador apoyó la propuesta porque beneficiaría la preparación de las futuras inspecciones. Mientras el Reino Unido e Italia creyeron que era importante seguir informando a las Partes a través de los canales diplomáticos la lista de observadores, ambas Partes señalaron dificultades con el sistema actual, y por lo tanto apoyarían los esfuerzos para mejorar el intercambio de información.

(287) La Reunión adoptó la Decisión 7 (2013) *Disponibilidad complementaria de información sobre listas de Observadores de las Partes Consultivas a través de la Secretaría del Tratado Antártico*.

(288) Italia presentó el IP 16 *Status of the fluid in the EPICA borehole at Concordia Station: an answer to the US / Russian Inspection in 2012*, preparado conjuntamente con Francia. Este documento responde a las preocupaciones que surgieron sobre las fugas potenciales del fluido de perforación del Proyecto Europeo del Núcleo de hielo en la Antártida (EPICA). El documento proporciona información sobre la naturaleza del fluido de perforación y los resultados de las medidas realizadas en la perforación que confirman que no se produjeron fugas y por lo tanto no era probable que sucediese nada en el futuro. Al señalar el elevado interés científico, Italia confirmó la intención de ambas naciones de mantener la perforación accesible en el futuro en la medida de lo posible. Estados Unidos de América agradeció a Italia por su documento e indicó que estaba satisfecho con el análisis. La Federación de Rusia apoyó la posición de Estados Unidos de América.

(289) Italia presentó el IP 77 *Italy answer to the US / Russian Inspection at Mario Zucchelli Station in 2012*, que presentó el marco regulatorio de la legislación ministerial actualmente en vigor, y proporcionó más información sobre las

medidas preventivas, los procesos de gestión y los programas de supervisión medioambiental que Italia ha puesto en acción y sobre los futuros desarrollos relativos a la transposición de regulaciones en la legislación doméstica.

(290) La Federación de Rusia presentó el IP 45 *Report of Russia – US joint Antarctic Inspection, November 29 – December 6, 2012*, preparado conjuntamente con Estados Unidos de América, en el que informaba sobre la inspección de estaciones situadas en la parte este de la Antártida en la Tierra de la Reina Maud, la Tierra de la Princesa Elisabeth y la Tierra de Enderby. La inspección cubrió Maitri (India), Zhongshan (China), Bharati (India), Syowa (Japón), Princesa Isabel (Bélgica), y Troll (Noruega). Estas estaciones constituyen un conjunto heterogéneo de estaciones diferentes, incluyendo estaciones nuevas y estaciones bien establecidas, algunas pequeñas y otras grandes; y estaciones con financiamientos gubernamentales de diverso nivel. Todas las estaciones están bien organizadas y cumplen con las obligaciones de las Partes al amparo del Tratado Antártico y su Protocolo sobre la Protección del Medio Ambiente.

(291) La Federación de Rusia recordó a la Reunión que estas inspecciones eran parte de la segunda fase de la inspección organizada conjuntamente con Estados Unidos de América. La primera fase, realizada en enero de 2012 e informada en la anterior RCTA, también fue realizada bajo un memorando de entendimiento sobre la cooperación en la Antártida firmada por sus ministros de asuntos exteriores.

(292) La Federación de Rusia señaló una preocupación relativa a las actividades realizadas por entidades no gubernamentales en algunas estaciones, concretamente en la estación belga Princesa Isabel y la estación noruega Troll. La Federación de Rusia señaló que la relación entre los actores del gobierno y los actores no gubernamentales en estaciones de investigación estatales y las formas emergentes de actividades comerciales como intercambio de información por satélite y bioprospección, planteaban asuntos políticos relevantes. Estados Unidos de América agradeció a la Federación de Rusia que acogiese la segunda fase de las inspecciones conjuntas, y destacó la eficiencia de DROMLAN (Red terrestre y aérea de la Tierra de la Reina Maud) en la superación de los desafíos logísticos.

(293) Noruega agradeció la minuciosidad del informe, que abordó asuntos incluyendo la logística y las operaciones, asuntos medioambientales, capacidades de respuesta de emergencia y ciencia. Noruega agradeció la oportunidad de debatir nuevos tipos de actividades emergentes en la Antártida.

India reafirmó su compromiso para implementar las recomendaciones de una forma escalonada a partir del próximo verano austral.

Tema 13. Asuntos científicos, cooperación y facilitación científica

(294) El SCAR presentó el IP 5 *The Southern Ocean Observing System (SOOS) 2012 Report*, en el que resalta los logros del Sistema de Observación del Océano Austral (SOOA) en 2012 y las actividades planificadas para 2013. Informó que la reunión del Comité Directivo Científico tuvo lugar en mayo de 2013 en China. En esta reunión, se abordaron la elaboración e integración de los planes de trabajo de los seis temas científicos del SOOA.

(295) El SCAR presentó el IP 19 *1st SCAR Antarctic and Southern Ocean Science Horizon Scan*, que describe el inicio del un control de las tendencias de los trabajos científicos en la Antártida y el Océano Austral. El SCAR señaló que la iniciativa 'Horizon Scan' debería identificar las 100 cuestiones principales de investigación antártica que se deberían tratar durante los próximos 20 años.

(296) El SCAR también presentó el IP 82 *Advancing technologies for exploring subglacial Antarctic aquatic ecosystems (SAEs)*, que sirvió de base para la conferencia del SCAR en la presente RCTA y arroja nueva luz sobre las evoluciones tecnológicas y su despliegue en los ecosistemas acuáticos subglaciales de la Antártida. El documento presenta los argumentos científicos para la elaboración y el despliegue de tecnologías en los próximos años, evalúa la situación actual y analiza las condiciones de aplicación de las tecnologías disponibles. También examina los elementos necesarios a nivel tecnológico y medioambiental para las exploraciones futuras de estos ecosistemas. El SCAR también resumió las actividades de su Grupo de expertos sobre el Avance Tecnológico y Ambiental para la Exploración Subglacial en la Antártida (ATHENA).

(297) El SCAR presentó el IP 83 *The International Bathymetric Chart of the Southern Ocean (IBCSO): First Release*. Este documento es el resultado de un proyecto iniciado en 2006 cuyo objetivo es diseñar e implementar una base de datos digital de los datos batimétricos disponibles al sur de los 60 ° de latitud Sur. En abril de 2013, el Instituto Alfred Wegener, en Alemania, había lanzado la versión 1.0. de la IBCSO. El mapa y los datos están disponibles en el sitio web: *http://www.ibcso.org*. El SCAR instó a todas las Partes a que siguieran contribuyendo a alimentar esta importante base de datos.

(298) Belarús presentó el IP 56 *On planned activities of the Republic of Belarus in the Antarctic.* Este documento describe sus expediciones conjuntas en la Antártida con el apoyo de la Federación de Rusia y nos brinda una visión del plan de construcción gradual de una estación antártica que debería empezar a construirse en 2014. Belarús señaló que la EIA inicial considerará muchos factores. Sin embargo, prevé que el impacto de la estación en el medio ambiente no será mayor que mínimo o transitorio. Varias Partes recordaron que todas las Partes deberían examinar cuidadosamente las cuestiones ambientales vinculadas a la construcción de nuevas estaciones. De acuerdo con el Protocolo, se debería preparar una EIA detallada en el nivel requerido por el Anexo I relativo al impacto esperado. Estas Partes también sugirieron que sería útil, aunque ningún requisito formal está previsto en los procedimientos actuales, que la información relativa a las nuevas estaciones se presentase como documentos en el marco del programa del CPA para que éste pudiera proporcionar asesoramiento a la RCTA.

(299) Japón presentó el IP 30 *Japan's Antarctic Research Highlights 2012–13.* Este documento aborda tres temas relacionados con actividades de investigación realizadas por la Expedición Científica Japonesa en la Antártida: el programa del radar antártico Syowa MST/IS (PANSY) empezó una observación continua de la atmósfera antártica baja y media; una búsqueda de meteoritos que fue realizada en colaboración con la Investigación belga en la Antártida cerca de las Montañas Sør Rondane, permitió recoger 420 meteoritos de un total de 75 kilogramos; y un nuevo sistema de observación constituido de un vehículo aéreo no tripulado puesto en un globo fue diseñado en la estación Syowa.

(300) El COMNAP presentó el IP 33 *Analysis of National Antarctic Program increased delivery of science.* Este documento expone los resultados de un análisis que uno de los programas nacionales antárticos realizó recientemente. Constituye un caso ejemplar de investigación científica que aspira a reducir los impactos medioambientales.

(301) Francia presentó el WP 41 *Fortalecimiento de la cooperación en el uso de los medios logísticos al servicio de la ciencia en la Antártida* elaborado en forma conjunta con Chile. Este documento trata de la promoción de las consultas con vistas al uso de la logística de apoyo a la ciencia en la Antártida. Francia señaló que esta propuesta tenía como objetivo abordar ciertos aspectos del trabajo en los debates del GCI sobre la cooperación internacional, dirigidos por Chile. A continuación, sugirió que el COMNAP

contribuyese a la elaboración de una metodología destinada a reforzar las prestaciones logísticas internacionales.

(302) En el WP 41, Francia y Chile proponen que se compile información sobre las problemáticas siguientes: oportunidades de cooperación internacional en el uso de las infraestructuras antárticas destinadas a la ciencia; formatos de cooperación logística formal e informal entre los programas nacionales antárticos; y prácticas actuales de las Partes para organizar el acceso de los científicos extranjeros a sus instalaciones. Muchas Partes expresaron su compromiso en alcanzar los objetivos enunciados en el WP 41. Otras indicaron que los objetivos requerían más debate. Las Partes hicieron referencia a una serie de proyectos científicos internacionales de gran envergadura, que están actualmente en desarrollo o que se completaron recientemente, incluyendo proyectos desarrollados en el medio marino, y que permitieron alcanzar objetivos similares a los que están enunciados en el Documento de trabajo.

(303) Australia valoró y apoyó la propuesta de Francia y Chile. Luego, señaló que el apoyo logístico a las actividades científicas era un aspecto muy importante de la cooperación entre Partes y que se trataba de un ámbito en el que las Partes habían demostrado sistemáticamente su compromiso. Australia aguardaba con interés trabajar con Francia y con otras Partes para apoyar la cooperación en esta área.

(304) La Reunión señaló que el COMNAP y el SCAR facilitaron activamente los debates sobre la cooperación logística internacional para apoyar los objetivos científicos. En efecto, ambas entidades utilizaron una serie de herramientas para apoyar y coordinar esta cooperación. Varias Partes recomendaron evitar la duplicación de los grupos de expertos del COMNAP.

(305) El COMNAP recomendó a las Partes que consultasen los resultados de las encuestas sobre la cooperación internacional presentados en el IP 7 de la XXII y XXX RCTA, y en el IP 92 de la XXXI RCTA. Estos documentos tratan de la colaboración entre los miembros del COMNAP e ilustran el alto nivel de colaboración existente. En efecto, esta colaboración va más allá del uso compartido de las instalaciones de las estaciones antárticas para incluir la puesta en común de los buques, los dispositivos logísticos y los intercambios científicos en los institutos de los Estados Partes. Siguiendo la propuesta de Francia, la Reunión acogió con satisfacción la oferta del COMNAP para proporcionar a la RCTA una actualización del IP 92.

(306) La Reunión también señaló que el GCI sobre la cooperación internacional, establecido por la XXXVI RCTA, bajo el liderazgo de Chile, actuaría como foro para revisar las prácticas vigentes encaminadas a desarrollar la cooperación científica y logística, y a explorar oportunidades de cooperación capaces de mejorar el apoyo logístico para la ciencia mitigando los impactos sobre el medio ambiente.

(307) Francia, junto con las Partes interesadas, ofrecieron proporcionar información sobre las prácticas de cooperación que aplican cuando interactúan con otros programas nacionales antárticos, a fin de ofrecer ejemplos sobre la posible forma de comunicar y compartir la información.

(308) Otros documentos presentados en este tema del programa incluyeron:

- BP 4 *Scientific & Science-related Collaborations with Other Parties During 2012-2013* (República de Corea)
- IP 9 *Principales actividades realizadas en materia antártica por la República Bolivariana de Venezuela 2010-2013* (Venezuela)
- IP 11 *Video divulgativo de las relaciones de cooperación antárticas entre la República Bolivariana de Venezuela y la República de Ecuador* (Venezuela)
- IP 57 *Foundation of Austrian Polar Research Institute (APRI) en abril de 2013* (Austria)
- IP 71 rev.1 *Romanian Scientific Activities proposed for Cooperation within Larsemann Hills ASMA 6 in East Antarctica – Plan for 2013-2014* (Rumania)
- BP 4 *Scientific & Science-related Collaborations with Other Parties During 2012-2013* (República de Corea)
- BP 5 *CRIOSFERA 1 - A New Brazilian Initiative for the West Antarctic Ice Sheet* (Brasil)
- BP 6 *The Importance of International Cooperation for Brazilian Scientific Research in Antarctica during summer 2012-2013* (Brasil)
- BP 7 *Scientific Results of Brazilian Research in Admiralty Bay* (Brasil)
- BP 12 *Research at Vernadsky station in pursuance of the State Special-Purpose Research Program in Antarctica for 2011-2020* (Ucrania)
- BP 14 *SCAR Lecture: "Probing for life at its limits: Technologies for the exploring Antarctic subglacial ecosystems"* (SCAR)

- BP 19 *Programa de Cooperación Internacional en la Investigación Antártica Ecuatoriana (verano austral 2012-2013)* (Ecuador)
- BP 23 *Conmemoración del vigésimo quinto aniversario de la primera expedición científica del Perú a la Antártida y Realización de la XXI ANTAR (verano austral 2012-2013)* (Perú).

Tema 14. Implicaciones del cambio climático para gestión de la zona del Tratado Antártico

(309) El SCAR presentó el WP 38 *Informe sobre el cambio climático y el medio ambiente en la Antártida (Informe ACCE): Actualización clave*. Este documento es una actualización del Informe sobre el Cambio Climático y el Medio Ambiente en la Antártida (Informe ACCE) (Turner *et al.*, 2009). Resume la evolución del conocimiento sobre la historia de los cambios climáticos en la Antártida y el Océano Austral, se interesa en la posible evolución futura del clima y examina las implicaciones de estos cambios en la biota marina y terrestre. El Informe ACCE original está disponible en: *www.scar.org/publications/occasionals/acce.html*. El Reino Unido, Estados Unidos de América y Nueva Zelandia agradecieron al SCAR por esta importante actualización que es de gran interés para proseguir el trabajo de la RCTA sobre el cambio climático.

(310) Otros documentos presentados en este tema del programa:

- IP 34 *Best Practice for Energy Management – Guidance and Recommendations* (COMNAP)
- IP 52 *Ocean Acidification: SCAR Future Plans* (SCAR)
- IP 62 *An Antarctic Climate Change Report Card* (ASOC)
- IP 69 *Update: The Future of the West Antarctic Ice Sheet* (ASOC)
- SP 7 *Medidas adoptadas por el CPA y la RCTA con base en las recomendaciones de la RETA sobre el cambio climático* (Secretaría).

Tema 15. Temas educacionales

(311) Argentina presentó el WP 57 *Cooperación internacional en proyectos de cultura en la Antártida*, que destaca la importancia de promover los proyectos artísticos y culturales, especialmente los que implican a artistas de diversas Partes que trabajan en la Antártida. Argentina expuso una propuesta

diseñada para sensibilizar al público en general sobre la importancia de la investigación científica y la necesidad de proteger la Antártida, mediante diversas formas artísticas. Tal propuesta coloca la cooperación internacional en el centro de esta dinámica de difusión.

(312) La Reunión acogió con agrado la propuesta de sensibilizar de manera activa al público sobre la Antártida mediante la elaboración de proyectos artísticos sobre el Continente blanco. Estados Unidos de América, Nueva Zelandia, Ecuador y Australia informaron a la Reunión del éxito de sus programas de becas para los artistas. En efecto, estas iniciativas valorizan la investigación científica dándole mayor relieve a la ciencia antártica entre el público en general.

(313) La reunión adoptó la Resolución 5 (2013) *Cooperación internacional en los proyectos culturales sobre la Antártida.*

(314) Otros documentos presentados en este tema del programa:

- IP 10 *Presentación del libro infantil: "La aventura de un osito polar perdido en la Antártida"* (Venezuela)
- IP 17 *El plan científico antártico argentino: una visión para el mediano plazo* (Argentina)
- BP 18 *III Concurso Intercolegial sobre Temas Antárticos, CITA 2012* (Ecuador)
- BP 22 *Examples of educational and outreach activities of the Belgian scientists, school teachers and associations in 2009-2012* (Bélgica).

Tema 16. Intercambio de información

(315) Nueva Zelandia presentó el WP 33 *Informe del Grupo de Contacto Intersesional sobre intercambio de información y los aspectos e impactos ambientales del turismo*, que comenta los elementos del trabajo del GCI que fueron relevantes para debates más amplios sobre las necesidades en materia de intercambio de información y el funcionamiento del SEII. También señaló que las recomendaciones específicas fueron debatidas en el tema 11 del programa. También hizo referencia al IP 13 *Antarctic Treaty System Information Exchange Requirements for Tourism and Non-Governmental Activities*, que brinda una visión general de las Decisiones y Resoluciones de la RCTA relacionadas con el intercambio de información.

(316) Varias Partes agradecieron a Nueva Zelandia por su contribución en el trabajo del GCI y señalaron que proporcionaron comentarios más detallados sobre sus recomendaciones en el debate del tema 11 del programa. Australia notó que el debate había suscitado más preguntas sobre qué información ya estaba, y cuál podría ser incluida en el SEII. Dichas preguntas podrían utilizarse como base de un debate más exhaustivo en la RCTA.

(317) Francia presentó el WP 43 *Importancia de una georreferenciación inequívoca y uniforme de datos toponímicos en el Sistema Electrónico de Intercambio de Información*, que busca un consenso en torno a un principio común para la designación de características geográficas en la Antártida usando, en la medida de lo posible, las herramientas existentes. Francia recordó la necesidad de basarse en datos geográficos precisos que son necesarios para evaluar el impacto acumulativo en el medioambiente y para garantizar el éxito de las operaciones de búsqueda y salvamento en la Antártida.

(318) La Reunión agradeció a Francia por su trabajo sobre esta iniciativa, señalando el importante valor del tema para la planificación y las operaciones de búsqueda y salvamento. La Federación de Rusia, el Reino Unido, Chile y Estados Unidos de América reconocieron que sería beneficioso unificar las coordenadas geográficas, pero al mismo tiempo, notaron lo difícil que sería tal tarea para la Secretaría. Chile declaró que apoyaría la elaboración de un mecanismo en la STA capaz de facilitar el intercambio de información sobre toponimia.

(319) El SCAR advirtió que había compilado un diccionario geográfico para la Antártida que incluye todos los topónimos de la Antártida que fueron presentados oficialmente, en todos los idiomas. El SCAR se dedica a mejorar la precisión de las coordenadas geográficas utilizadas. La Federación de Rusia, Estados Unidos de América y el Reino Unido acordaron que cualquier trabajo adicional sobre este asunto se beneficiaría de los resultados del trabajo del SCAR.

(320) La Reunión convino en la necesidad de seguir deliberando sobre el tema. Francia indicó que seguiría consultando a las Partes interesadas ya que estimaba que podría haber serias consecuencias si no hubiera ninguna comunicación sobre dicho tema.

(321) Otro documento presentado en este tema del programa:

- IP 111 *Gestión de Zonas Antárticas Especialmente Protegidas: permisos, visitas y prácticas de intercambio de información* (Reino Unido y España)

Tema 17. La Prospección Biológica en la Antártida

(322) Bélgica presentó el documento WP 48 *Prospección biológica en la Antártida: la necesidad de mejorar la información*, conjuntamente preparado con los Países Bajos y Suecia. Dicho documento propone un método para mejorar la base informativa relativa a los usos comerciales de los recursos genéticos y biológicos de la Antártida. La propuesta incluye bases de datos optimizadas y datos con referencia geográfica, y sugiere que el intercambio de información entre Partes sobre este tema podrá mejorarse y ser de más fácil acceso a través del SEII.

(323) Bélgica también presentó el IP 22 *An Update on Status and Trends in Biological Prospecting in Antarctica and Recent Policy Developments at the International Level*, conjuntamente preparado con los Países Bajos, que indica que la actividad para patentar los usos y las aplicaciones basados en los recursos genéticos y biológicos de la Antártida había crecido. Bélgica señaló que debates internacionales permitieron hacer progresar el análisis de las problemáticas relacionadas con el acceso a los recursos genéticos que se desarrollan en el contexto del Artículo 10 del Protocolo de Nagoya y en el marco del Grupo de Trabajo Especial Oficioso de Composición Abierta de las Naciones Unidas encargado de estudiar las cuestiones relativas a la conservación y el uso sostenible de la diversidad biológica marina en zonas que quedan fuera de las jurisdicciones nacionales. El documento recomienda que la prospección biológica sea incluida en el Plan de Trabajo Estratégico.

(324) Algunas Partes acogieron favorablemente el análisis, pero sugirieron que, como las Partes no comparten un entendimiento común de la definición o de las implicaciones de la prospección biológica, la problemática no debería constituir una prioridad inmediata.

(325) Varias Partes subrayaron la importancia de los debates realizados en otros foros sobre la bioprospección y la distribución de los beneficios derivados. Estas Partes reiteraron la necesidad de intercambiar información con otros foros para sacar provecho de estos otros procesos. Algunas Partes, sin embargo, no consideraron necesario intercambiar información con otros foros sobre la bioprospección y la distribución de los beneficios derivados de los recursos genéticos de la Antártida.

(326) Algunas Partes hicieron hincapié en la importancia de reafirmar el papel de la RCTA para hacer frente a la problemática en la medida en que afecta la Antártida. Estas Partes clasificaron este elemento como una de las prioridades estratégicas de la RCTA.

(327) La Reunión consideró que la RCTA ya había decidido que era el cuerpo competente para debatir el asunto y, por lo tanto, debería mostrar a los otros foros que se dedicaba de lleno al asunto. La Reunión adoptó la Resolución 6 (2013) *Prospección Biológica en la Antártida*.

(328) Argentina presentó el IP 18 *Reporte de las recientes actividades de bioprospección desarrolladas por Argentina durante el período 2011-2012*. En este documento, Argentina da su apoyo a la intensificación de los intercambios de información sobre actividades científicas.

(329) La ASOC presentó el IP 64 *Biological prospecting and the Antarctic environment*, que examina la prospección biológica desde la perspectiva de su impacto medioambiental. La ASOC se mostró preocupada por el hecho de que la bioprospección estaba actualmente sin regular y recomendó que las Partes declarasen cualquier intención de realizar actividades de prospección biológica al presentar información mediante el SEII, identificasen los posibles impactos medioambientales en EIAs y que vigilasen los efectos de tales actividades en el medioambiente. Además, la ASOC recomendó que se estableciese un mecanismo adecuado para identificar la captura de recursos marinos vivos en el Océano Austral, relativas a actividades de prospección biológica.

Tema 18. Preparación de la XXXVII Reunión

a. Fecha y lugar

(330) La Reunión recibió con agrado la amable invitación del gobierno de Brasil para oficiar de anfitrión de la XXXVII RCTA que tendrá lugar en Brasilia, entre el 12 y el 21 de mayo de 2014, según los planes provisionales.

(331) Para la planificación futura, la Reunión tomó nota del siguiente cronograma posible de las próximas RCTA:

- 2015 [Bulgaria]
- 2016 [Chile]

b. Invitación de organizaciones internacionales y no gubernamentales

(332) De acuerdo con la práctica establecida, la Reunión acordó que se debería invitar a las siguientes organizaciones que tienen interés científico o técnico en la Antártida a que envíen expertos para asistir a la XXXVII RCTA: [la Secretaría del ACAP, la ASOC, la IAATO, la OHI, la OMI, la COI, el

Grupo Intergubernamental de Expertos sobre el Cambio Climático (IPCC), la UICN, el PNUMA, la OMM y la OMT].

c. Preparación del programa de la XXXVII RCTA

(333) La Reunión aprobó el programa preliminar de la XXXVII RCTA.

d. Organización de la XXXVII RCTA

(334) Conforme a la Regla 11, la Reunión decidió como cuestión preliminar proponer los mismos Grupos de Trabajo de esta Reunión para la XXXVII RCTA.

e. Conferencia del SCAR

(335) Teniendo en cuenta la valiosa serie de conferencias que dio el SCAR en diversas RCTA, la Reunión decidió invitar al SCAR a dar otra conferencia sobre los temas científicos relevantes para la XXXVII RCTA.

Tema 19. Otros asuntos

(336) Con respecto a las referencias incorrectas de la situación territorial de las Islas Malvinas, Georgias del Sur e Islas Sandwich del Sur, contenidas en documentos, mapas, y presentaciones realizadas en la presente Reunión Consultiva del Tratado Antártico, Argentina rechaza toda referencia a estas islas que las considere como entidades ajenas a su territorio nacional, y que por lo tanto, les otorgue una condición internacional que no poseen. Asimismo, rechaza el registro de buques operado por las supuestas autoridades británicas de estos territorios, así como cualquier otra acción unilateral emprendida por las mencionadas autoridades coloniales, que no son reconocidas y son rechazadas por Argentina. Las Islas Malvinas, las Islas Georgias del Sur, las Islas Sandwich del Sur y las zonas marítimas circundantes son parte integrante del territorio nacional argentino, se encuentran bajo la ocupación ilegal británica, y son objeto de una disputa de soberanía entre la República Argentina y el Reino Unido de Gran Bretaña e Irlanda del Norte, reconocida por las Naciones Unidas.

(337) En respuesta, el Reino Unido manifestó que no tenía duda alguna respecto de su soberanía sobre las islas Falkland, Georgias del Sur y Sandwich del Sur y sobre sus zonas marítimas circundantes, como es de conocimiento de todos los delegados. En tal sentido, el Reino Unido no posee ninguna duda acerca del

derecho del gobierno de las islas Falkland de llevar registros de navegación para los buques que llevan las banderas del Reino Unido e islas Falkland.

(338) Argentina rechazó la declaración del Reino Unido y reafirmó su bien conocida posición legal.

Tema 20. Aprobación del Informe Final

(339) La Reunión aprobó el Informe final de la XXXVI Reunión Consultiva del Tratado Antártico. El Presidente de la Reunión, el Embajador Mark Otte, pronunció las palabras de cierre.

(340) La Reunión se cerró el miércoles 29 de mayo a las 14 horas.

2. Informe de la XVI Reunión del CPA

Informe del Comité para la Protección del Medio Ambiente (XVI Reunión del CPA)

Bruselas, 20 al 24 de mayo de 2013

Tema 1. Apertura de la Reunión

(1) El Dr. Yves Frenot (Francia), Presidente del CPA, declaró abierta la reunión el lunes 20 de mayo de 2013 y agradeció a Bélgica por haber organizado la reunión en Bruselas y por ser su anfitrión.

(2) El Comité destacó que no hubo Miembros nuevos y que el CPA tiene 35 Miembros.

(3) El Presidente resumió el trabajo realizado en el período entre sesiones y señaló que todo el trabajo convenido al final de la XV Reunión del CPA ha sido tratado.

Tema 2. Aprobación del programa

(4) El Comité aprobó el siguiente programa y confirmó la asignación de 46 Documentos de Trabajo (WP), 57 Documentos de información (IP), 5 Documentos de la Secretaría (SP) y 7 documentos de antecedentes (BP) a los siguientes temas del programa:

1. Apertura de la reunión

2. Aprobación del programa

3. Deliberaciones estratégicas sobre el trabajo futuro del CPA

4. Funcionamiento del CPA

5. Cooperación con otras organizaciones

6. Reparación y remediación del daño ambiental

7. Implicaciones del cambio climático para el medio ambiente: enfoque estratégico

8. Evaluación del Impacto Ambiental (EIA)

   a. Proyectos de evaluación medioambiental global

   b. Otros temas relacionados con la Evaluación del Impacto Ambiental

9. Protección de zonas y planes de gestión

   a. Planes de gestión

   b. Sitios y monumentos históricos

   c. Directrices para sitios

   d. La huella humana y los valores silvestres

   e. Protección y gestión del espacio marino

   f. Otros asuntos relacionados con el Anexo V

10. Conservación de la flora y fauna antárticas

    a. Cuarentena y especies no autóctonas

    b. Especies especialmente protegidas

    c. Otros asuntos relacionados con el Anexo II

11. Vigilancia ambiental e informes sobre el estado del medio ambiente

12. Informes de inspecciones

13. Asuntos generales

14. Elección de autoridades

15. Preparativos para la próxima reunión

16. Aprobación del informe

17. Clausura de la reunión

Tema 3. Deliberaciones estratégicas sobre el trabajo futuro del CPA

(5)   Nueva Zelandia presentó el WP 28 *Portal de Medioambientes Antárticos: informe de situación*, elaborado junto con Australia, Bélgica, Noruega y el *SCAR*. Brindó una actualización del desarrollo del Portal de medioambientes antárticos desde su presentación en la XV Reunión del CPA, y abordó los temas que surgieron durante los debates intersesionales informales. Destacó que el objetivo del proyecto es facilitar la relación entre la ciencia en la Antártida y el CPA a través del acceso rápido a la información científica

independiente sobre asuntos prioritarios. Nueva Zelandia presentó un prototipo de Portal ante el Comité y destacó los próximos pasos del proyecto.

(6) Muchos Miembros y la ASOC acogieron con beneplácito los avances alcanzados, agradecieron a Nueva Zelandia por su esfuerzo y destacaron la importancia del Portal como herramienta de acceso rápido a síntesis científicas e información de alta calidad que contribuya al proceso de toma de decisiones y que brinde apoyo a la implementación efectiva del Protocolo. También respaldaron la comprobada trayectoria del SCAR en la provisión de asesoramiento científico independiente.

(7) Algunos Miembros también presentaron preocupaciones y comentarios relacionados con: la gestión, la toma de decisiones, la composición del Consejo de Redacción del Portal, la representación geográfica y lingüística, la garantía de que la información será independiente y apolítica, el estado de la información publicada en el Portal y la financiación a largo plazo.

(8) Argentina presentó el WP 58 *Aportes a las discusiones referentes al acceso y manejo de información ambiental en el marco del Sistema del Tratado Antártico*. El documento destacó la necesidad de que todas las iniciativas oficiales sobre gestión de la información, como el Portal de medioambientes antárticos, obedezcan al principio de consenso del Sistema del Tratado Antártico, especialmente en lo que respecta a la selección, gestión y edición de la información, y que dicha información debe estar disponible en los cuatro idiomas del Tratado. Argentina recordó la preocupación de otros Miembros con respecto a una posible dependencia del sector privado para la financiación del Portal.

(9) Enfatizando que la ciencia está en constante cambio, el SCAR expuso el sistema que utiliza para garantizar que la información científica esté actualizada, sea precisa, independiente, especializada y revisada por sus pares. El SCAR destacó que todo lo que ha sido subido al Portal debe estar sujeto a revisiones periódicas.

(10) Australia destacó que el Portal debe considerarse como una herramienta para ayudar en el proceso de toma de decisiones, y que de ninguna manera se busca tomar decisiones en lugar del Comité o de las Partes. Asimismo, tomó nota de un posible escenario futuro en el cual el Portal sería administrado por las Partes y en el cual sería importante abordar las cuestiones relativas a

la gestión del contenido y la financiación. Por el momento, Nueva Zelandia se encarga de gestionar y brindar los recursos para el proyecto del Portal. Todos los Miembros interesados están invitados a participar en el trabajo actual.

(11) Para explicar mejor el objetivo del WP 58, Argentina aclaró que su finalidad principal era acentuar la necesidad de establecer criterios consensuados para la selección, edición y gestión general de la información, y que no se relaciona con ningún tipo de evaluación sobre la investigación científica conducida por el SCAR.

(12) Nueva Zelandia acogió con beneplácito todos los comentarios y reiteró que el Portal no pretende representar una actividad oficial del CPA ni una herramienta de toma de decisiones ni de tipo político y llamó a las Partes a brindar sus comentarios o a contribuir con el desarrollo del proyecto.

(13) El Comité acogió con beneplácito los avances hacia el desarrollo del Portal de medioambientes antárticos y alentó un mayor desarrollo de esta iniciativa, solicitando que en la XVII Reunión del CPA se presente un informe sobre el progreso alcanzado ante el Comité. Los Miembros acordaron presentar comentarios e impresiones sobre los proponentes para apoyar un mayor desarrollo del Portal.

(14) La ASOC introdujo el IP 61 *Human impacts in the Arctic and Antarctic: Key findings relevant to the ATCM and CEP*, el cual informa acerca de dos proyectos internacionales presentados en la Conferencia de Ciencia de Oslo del Año Polar Internacional en 2010, que exploran el impacto humano y los escenarios futuros del medio ambiente antártico. Este documento señalaba que la mayoría de los informes concluyen que el sistema de gestión ambiental y las prácticas actuales no son suficientes, ni lo serán en el futuro para cumplir con los desafíos y obligaciones del Protocolo de Madrid. La ASOC instó a los Miembros a implementar completamente el Protocolo, a brindar apoyo a las iniciativas ambientales mundiales y a comprometerse con la protección de la Antártida a largo plazo y con voluntad política.

(15) El Comité agradeció la contribución de la ASOC. Bélgica destacó que están ocurriendo cambios rápidos a gran escala y que el documento de la ASOC puede ser útil como apoyo en futuros debates.

(16) La Federación de Rusia instó a los Miembros a mejorar el nivel de implementación de las disposiciones antárticas en su derecho interno, dado que sin ello, resulta difícil avanzar hacia otros temas de importancia. El Reino Unido adhirió a las preocupaciones de la Federación de Rusia sobre la efectividad de las legislaciones nacionales y confirmó la reciente implementación del Anexo sobre Responsabilidad emanada de emergencias ambientales del Protocolo de Madrid.

(17) Argentina destacó que el Tratado Antártico, durante sus más de 50 años de existencia, logró avances importantes en materia de gestión ambiental y alcanzó altos niveles de cumplimiento, preservando el principio de consenso.

(18) El Reino Unido destacó que el Comité y varios de sus miembros ya estaban comprometidos en muchas de las cuestiones planteadas por la ASOC. Si bien hay mucho más por hacer, el Reino Unido destacó la importancia de adoptar abordajes precautorios, lo cual constituye una práctica bien integrada en el CPA.

(19) El Comité revisó y actualizó su Plan de Trabajo Quinquenal (WP 7). (Apéndice 1)

Tema 4. Funcionamiento del CPA

(20) No se presentaron documentos bajo este tema del programa.

Tema 5. Cooperación con otras organizaciones

(21) El SCAR presentó el Documento de información IP 4 *Informe Anual para 2012/13 del Comité Científico de Investigación Antártica (SCAR)*. En 2012, el SCAR aprobó cinco nuevos Proyectos de Investigación Científica: a) Estado del ecosistema antártico; b) Umbrales antárticos: resiliencia y adaptación del ecosistema; c) Cambio climático en la Antártida en el siglo XXI; d) Dinámica de la capa de hielo de la Antártida en el pasado; y e) Respuesta de la Tierra sólida y evolución de la criósfera. También presentó el documento de información IP 19 *1st SCAR Antarctic and Southern Ocean Science Horizon Scan*, sobre una actividad que reunirá a la comunidad del SCAR y guiará a los especialistas de la Antártida para que identifiquen las cuestiones científicas más importantes que serán abordadas en las próximas dos décadas. El documento BP 20 presentado

por el SCAR, *The Scientific Committee on Antarctic Research (SCAR) Selected Science Highlights for 2012/13*, incluye más información al respecto.

(22) Noruega tomó nota de la útil estrategia del SCAR por la cual sus nuevos programas de investigación se centran en las necesidades de gestión, y destacó la importancia de comunicar correctamente los resultados de dichos programas. En respuesta a ello, el SCAR indicó que presentará los resultados de sus actividades de investigación en diferentes reuniones a partir de 2013 y con posterioridad a la RCTA. La próxima reunión importante del SCAR es el Simposio de Biología que se llevará a cabo en España del 15 al 19 de julio de 2013. La información sobre las reuniones del SCAR se encuentra disponible en *www.scar.org/events*.

(23) Chile presentó el IP 105 *Informe del Observador del CPA a la XXXII Reunión de Delegados del SCAR*, que incluye un breve resumen de la reunión, de la cual el SCAR presenta mayor información en otro documento. Afirma que la información generada por el SCAR es importante para el proceso de toma de decisiones del CPA. Por lo tanto, se espera que la colaboración entre ambas organizaciones se mantenga en el futuro y en los mismos buenos términos que se mantienen actualmente.

(24) El observador del CC-CRVMA presentó el IP 6 *Informe del Observador del CC-CRVMA en la decimosexta Reunión del Comité de Protección Ambiental*. El documento se refirió a los cinco asuntos de interés común que el CPA y el CC-CRVMA identificaron en su taller conjunto celebrado en 2009: a) El cambio climático y el medio ambiente marino de la Antártida; b) La biodiversidad y las especies no autóctonas en el medio ambiente marino de la Antártida; c) Especies de la Antártida que requieren protección especial; d) Gestión del espacio marino y las zonas protegidas; y e) Monitoreo del ecosistema y el medio ambiente. La CCRVMA notificó al Comité que el informe completo de la reunión se encuentra disponible en el sitio Web de la CCRVMA: *www.ccamlr.org/en/meetings/27*.

(25) En base a los datos de captura que se informaron a la Secretaría de la CCRVMA en 2010 y 2012 se detectó actividad de pesca de krill en la ZAEP N.° 153 (Bahía Dallmann oriental), aún cuando la pesca no es una actividad permitida bajo el correspondiente plan de gestión. Se sugirió que esta situación correspondía a la falta de conocimiento de los responsables de los buques pesqueros sobre la designación de dicha zona como una zona protegida. Por lo tanto, el Comité Científico apoyó la necesidad de mejorar la comunicación, relacionando los

planes de gestión de las ZAEP y las ZAEA con las medidas de conservación de la CCRVMA, para que los buques pesqueros puedan acceder fácilmente a los planes de gestión (Medida de Conservación de la CCRVMA 91-02 (2013)). El Comité Científico también alentó a los Miembros a transmitir esa información a los buques pesqueros bajo sus jurisdicciones.

(26) La ASOC manifestó su preocupación con respecto a actividades de pesca en zonas especialmente administradas o protegidas por la RCTA, y observó que dichas zonas deben ser protegidas eficazmente.

(27) Bélgica presentó el IP 15 *CCAMLR MPA Technical Workshop*, que resumió los resultados de un taller desarrollado en Bruselas en septiembre de 2012. El taller concluyó en la necesidad de establecer un plan de conservación sistemático para el desarrollo de las AMP. El taller también recomendó que se deberían remitir más trabajos al Comité Científico y a sus Grupos de Trabajo para que los evaluasen, y que los miembros con mayor trayectoria y experiencia en investigación científica en sus campos de planificación individuales liderasen dichos proyectos. El informe completo del taller técnico (CC-CRVMA-XXXI/BG/16) se encuentra disponible en *www.ccamlr.org*. El Observador del CC-CRVMA informó al CPA que los resultados de este taller establecían que se estaban realizando análisis en los 9 campos de planificación del área de Convención de la CCRVMA.

(28) El Comité nombró a la Dra. Polly Penhale (Estados Unidos de América) como observadora del CPA ante el CC-CRVMA-IM-I (Bremerhaven, Alemania, del 11 al 13 de julio de 2013) y ante el CC-CAMLR-XXXII (Hobart, Australia, del 23 de octubre al 1 de noviembre de 2013).

(29) El SCAR introdujo el IP 52 *Ocean Acidification: SCAR Future Plans*. El Grupo de Acción del SCAR sobre Acidificación Oceánica procura: a) definir nuestro conocimiento sobre los niveles actuales y los escenarios futuros de acidificación en el Océano Austral; b) documentar las respuestas del ecosistema y de los organismos frente a las perturbaciones experimentales así como a los registros geológicos; c) identificar las estrategias de experimentación y de observación actuales y planeadas a futuro; d) identificar lagunas de conocimiento sobre los niveles de acidificación oceánica y las regiones donde se observa este fenómeno; y e) definir las estrategias para la investigación futura sobre acidificación en el Océano Austral. El informe final será presentado en la Conferencia Científica Abierta del SCAR en agosto de 2014 (*www.scar2014.com*).

(30) Bélgica presentó el WP 49 *El papel del Sistema del Tratado Antártico en el desarrollo de una red amplia de Áreas Marinas Protegidas*, elaborado junto con Alemania y los Países Bajos. Destacó la responsabilidad de las Partes en la protección del medio ambiente y la conservación de los recursos marinos vivos, en función de los compromisos internacionales asumidos. El documento también destacó el establecimiento de un sistema representativo de Áreas Marinas Protegidas (AMP) en la zona de la Convención CCRVMA, y se refirió al documento IP 15 *CCAMLR MPA Technical Workshop*, que resume los resultados de un taller desarrollado en Bruselas en septiembre de 2012. Bélgica invitó al Comité a reconocer este trabajo y a alentar su conclusión rápida y positiva.

(31) Varios Miembros reconocieron el esfuerzo realizado por la CCRVMA para establecer un sistema representativo de AMP en la zona de la CCRVMA, y destacaron que la RCTA y la CCRVMA comparten el compromiso de proteger el medio ambiente antártico y sus ecosistemas asociados.

(32) Japón recordó a los Miembros que la CCRVMA aún no ha consensuado los detalles del sistema de AMP y les advirtió que no se adelanten a las deliberaciones que se llevarán a cabo en la Reunión Especial de la CCRVMA en Bremerhaven en julio de 2013.

(33) China y la Federación de Rusia destacaron que la CCRVMA era responsable por las cuestiones que no fueron abordadas en la RCTA, tales como el uso racional de los recursos vivos marinos, y que era importante que el CPA mantuviera su rol en estas deliberaciones.

(34) Australia reconoció que las Partes desempeñan la importante función de brindar protección ambiental completa en la zona del Tratado Antártico, incluyendo el medio ambiente marino. Recordó el taller conjunto del CPA/CC-CRVMA desarrollado en 2009, en el cual se concluyó que, en aquel momento, el CC-CRVMA era el mejor líder para los asuntos relativos a la protección y administración especial de la biodiversidad marina de la Antártida, y que el CPA debía manifestar su apoyo a las tareas desarrolladas dentro de la CCRVMA.

(35) Sudáfrica informó sobre la declaración de su primera Área Marina Protegida en alta mar alrededor de las Islas Príncipe Eduardo en el Océano Austral.

(36) La ASOC alentó al Comité a brindar su apoyo a esta propuesta conjunta y tomó nota de que el CPA realizó una acción similar con respecto a las iniciativas de

la CCRVMA sobre la pesca ilegal, no declarada y no reglamentada, así como sobre el desarrollo de un Esquema de Documentación de Captura.

(37) Bélgica afirmó que la intención de su propuesta no era prejuzgar la Reunión Especial de la CCRVMA ni fomentar deliberaciones en el CPA sobre los detalles de las AMP, sino reconocer y demostrar su apoyo al trabajo de la CCRVMA en las AMP.

(38) Bélgica, Alemania y los Países Bajos recordaron en la reunión la responsabilidad de las Partes frente a la protección ambiental y la conservación de los recursos vivos marinos conforme a los acuerdos internacionales en el marco del Sistema del Tratado Antártico, así como la relación entre ambos temas. El WP 49 toma nota de la labor desarrollada hasta hoy con respecto al establecimiento de un sistema representativo de las Áreas Marinas Protegidas (AMP) en la zona de la Convención CCRVMA, reconoce este trabajo y alienta su conclusión rápida y positiva. El CPA acogió con beneplácito la labor constante de la CCRVMA sobre las AMP, pero en virtud del tiempo disponible no logró llegar a un acuerdo para elaborar el texto de una resolución.

(39) El COMNAP presentó el IP 3 *Informe anual de 2012 del Consejo de Administradores de los Programas Nacionales Antárticos (COMNAP)*, destacando que la COMNAP conmemoraría su 25° aniversario con la publicación del libro *"A story of Antarctic Cooperation: 25 Years of the Council of Managers of National Antarctic Programs"*. Entre los temas destacados del año pasado se encuentran el Simposio de las Soluciones Sustentables respecto a los desafíos de la Antártida y el Taller sobre Innovación en las Comunicaciones en la Antártida, desarrollados en julio de 2012; la revisión de las Recomendaciones de la RCTA sobre asuntos operacionales; la concesión de una beca completa a la Dra. Ursula Rack y de media beca al Sr. Jenson George para investigación en la Antártida; así como el desarrollo de herramientas y productos como el Sistema la Notificación de accidentes, incidentes y cuasi accidentes (AINMR), el Sistema de señalización de posicionamiento de barcos (SPRS), el Manual de información sobre vuelos antárticos (AFIM) y un Manual para los operadores de telecomunicaciones antárticas (ATOM).

(40) Otros documentos presentados bajo este tema del programa:

> • *BP 20, The Scientific Committee on Antarctic Research (SCAR) Selected Science Highlights for 2012/13 (SCAR)*

Tema 6. Reparación y remediación del daño ambiental

(41) Nueva Zelandia presentó el WP 27 *Reparación o Remediación del Daño Ambiental: Informe del grupo de contacto intersesional del CPA*. Este trabajo se llevó a cabo como respuesta a un pedido de la RCTA en su Decisión 4 (2010). El documento resumió los hallazgos y las recomendaciones de las deliberaciones sobre la posibilidad práctica de reparar o remediar el daño ambiental en la Antártida, para asistir a la RCTA en la reanudación de las negociaciones en materia de responsabilidad. El informe enumeró una serie de cuestiones que sería necesario tener en cuenta al considerar las actividades de reparación y remediación de daños.

(42) Los miembros agradecieron a Nueva Zelandia y felicitaron al GCI por la importancia y la utilidad del documento.

(43) Los Países Bajos consideraron que debe prestarse especial atención al principio precautorio, ya que no siempre será posible reparar los daños.

(44) La Federación de Rusia afirmó que no siempre será posible separar los desastres naturales de los impactos humanos y que las prácticas de reparar y remediar los daños deberán ser específicas para cada sitio, ya que no hay prueba de que un único enfoque pueda ser útil para todos los casos.

(45) La ASOC destacó que los objetivos de la práctica de reparar y remediar el daño deben reflejar los objetivos y las disposiciones del Protocolo de Madrid.

(46) Chile anunció que, a través de su Ministerio de Medio Ambiente, había creado una guía metodológica para la gestión de suelos con posible presencia de contaminantes. Si bien la guía se encuentra solo en idioma español, puede ser de interés para el Comité, y está dispuesto a suministrar una copia a la Secretaría. La guía considera que deberá realizarse una evaluación de riesgo ambiental y humano para determinar si un sitio está contaminado, y que la decisión de remediar la zona o no según el nivel de riesgo se tomará a través de un análisis de costo/beneficio.

(47) El Comité se adhirió a los hallazgos y recomendaciones del GCI y aceptó enviar el documento de trabajo completo a la RCTA para su consideración. Para presentar el documento y responder las preguntas que pudieran surgir, se nombró al Dr. Neil Gilbert y al Dr. Martin Riddle, miembros de las delegaciones de Nueva Zelandia y de Australia, respectivamente.

Asesoramiento a la RCTA

(48) En respuesta al pedido de la RCTA incluido en la Decisión 4 (2010) con respecto a la práctica de reparar o remediar el daño ambiental, el Comité apoyó los hallazgos y recomendaciones incluidos en el Documento de Trabajo 27 como asesoramiento inicial y se mostró dispuesto a responder cualquier pregunta de la RCTA.

(49) Australia presentó el WP 32 *Manual sobre Limpieza de la Antártida: Informe del debate informal intersesional* (Australia y el Reino Unido), que arrojó los resultados de los debates intersesionales informales para revisar y analizar el borrador del manual sobre limpieza de la Antártida considerado por la XV Reunión del CPA. A la versión revisada del manual se incorporaron los aportes de varios Miembros y de un Observador, realizados durante el período entre sesiones.

(50) Australia y el Reino Unido recomendaron que el Comité:

- considerase y apoyase el manual de limpieza anexo al borrador de la Resolución presentado en el Anexo A del WP 32;

- animase a los Miembros y Observadores a desarrollar directrices prácticas y materiales de apoyo para incluirlos en el manual en el futuro; y

- acordase enviar a la RCTA el Proyecto de Resolución y el manual de limpieza anexo para su aprobación.

(51) Australia y el Reino Unido también sugirieron que la Secretaría facilitase el Manual de limpieza en el sitio web del Sistema del Tratado Antártico, siempre que el Comité esté de acuerdo con dichas recomendaciones.

(52) El Comité agradeció a Australia y al Reino Unido, se adhirió a las recomendaciones presentadas en el WP 32 y aceptó que el Manual de limpieza debe estar disponible en el sitio web de la Secretaría del Tratado Antártico.

Asesoramiento a la RCTA

(53) El Comité respaldó el Manual de Limpieza de la Antártida presentado en el documento de trabajo WP 32, y recomendó que la RCTA aprobase el Manual por medio de una Resolución.

(54)   Francia presentó el WP 42 *Consideración de los costos de desmantelamiento de las estaciones en las Evaluaciones Medioambientales Globales (CEE) relativas a su construcción*, elaborado junto a Italia, en el cual se expone un análisis teórico de los costos asociados al desmantelamiento de la Estación Concordia. La remoción completa de todo el material y los componentes de esta estación llevaría aproximadamente 12 años, prácticamente el tiempo necesario para su construcción, y costaría unos 25 millones de euros, casi el 75% del costo de su construcción. Francia e Italia han sugerido que en el momento de llevarse a cabo una CEE para la construcción de una estación nueva se deberán analizar en detalle los costos de su desmantelamiento.

(55)   El Comité acogió con beneplácito el análisis y destacó la importancia de calcular correctamente los costos de instalación de las estaciones a través de un enfoque de ciclo de vida y teniendo en cuenta los costos de desmantelamiento. Los Miembros prestaron atención a la posibilidad de compartir estaciones y reabrir estaciones cerradas en lugar de abrir estaciones nuevas y sugirieron que se analice cuidadosamente la posibilidad de desmantelar una estación en el momento de diseñarla. La ASOC agradeció a los autores y destacó la necesidad de examinar los impactos ambientales de todo el ciclo de vida de una estación antes de iniciar su construcción.

(56)   En respuesta a una sugerencia de Australia, el Comité también aceptó programar una revisión de los *Lineamientos para la Evaluación de Impacto Ambiental en la Antártida* en el plan de trabajo quinquenal teniendo en cuenta las recomendaciones del WP 42. También subrayó la función del COMNAP como foro experto en la evaluación de costos de desmantelamiento de estaciones. China reconoció la importancia de calcular el costo y la duración del desmantelamiento de una estación a partir de la CEE, pero destacó la dificultad de suministrar una cifra concreta para el costo de una actividad que se desarrollará dentro de muchos años y cuestionó el valor sustantivo de dicha cifra.

(57)   Francia presentó el IP 36 *Clean-up of the construction site of unused airstrip "Piste du Lion", Terre Adélie, Antarctica*, en el cual se informa la limpieza del sitio en conformidad con los compromisos establecidos bajo el Artículo 2 del Anexo III del Protocolo de Madrid. El trabajo involucró a tres socios: los Territorios Australes y Antárticos Franceses, el Instituto Polar Francés (IPEV) y un patrocinador privado, Veolia Environnement France. El peso total de residuos fue de 300 toneladas y el costo total de la operación, de 305.000 euros. Francia tomó nota de que la limpieza sirvió de ejemplo como medida exitosa para remediar el daño, demostrando que es posible realizarla

con recursos humanos y financieros limitados. Sin embargo, Francia también destacó dos inconvenientes operacionales importantes: a) este tipo de trabajo depende extremadamente del clima; y b) el tamaño del buque del programa nacional para remover los residuos constituye un factor limitante.

(58) La ASOC presentó el IP 68 *Reuse of a site after remediation. A case study from Cape Evans, Ross Island*, que demostró que la reutilización de un sitio que había sido remediado podría anular los efectos de dicha remediación, tomando como estudio de caso un sitio pequeño en Cabo Evans, Isla Ross. Este documento también hizo varias sugerencias con respecto a la evaluación de los impactos acumulativos, la efectividad de la práctica de remediar y la gestión de los sitios remediados.

(59) Nueva Zelandia agradeció a la ASOC su presentación y destacó el estudio desarrollado por científicos de Nueva Zelandia sobre la posibilidad de recuperar un sitio que sería usado para establecer un campamento pluriestacional en forma previa a que se proceda a su aprobación.

(60) Brasil presentó el IP 70 *Environmental Damage Repair: Disassembling of Ferraz Station, Admiralty Bay, Antarctica*, que describió el plan de desmantelamiento de la estación Comandante Ferraz, destruida por un incendio en 2012. Se elaboró e implementó un Plan de Gestión Ambiental con el apoyo de diversas instituciones especializadas bajo la coordinación del Ministerio de Medio Ambiente de Brasil. Brasil estimó el costo de la operación en 20 millones de dólares, sin considerar los recursos humanos, e hizo referencia a los IP 78 e IP 95 para más información. También proyectó un video sobre las operaciones realizadas durante el verano de 2012-2013 para presentar más información al Comité.

Tema 7. Implicaciones del cambio climático para el medio ambiente: enfoque estratégico

(61) SCAR presentó el WP 38 *Informe sobre el cambio climático y el medio ambiente en la Antártida (Informe ACCE): Actualización clave*, que supuso una actualización mayor del documento original del Informe de SCAR sobre el cambio climático en la Antártida y el medio ambiente (Informe ACCE) (Turner et al., 2009). Resume los subsecuentes avances en la producción de conocimiento sobre cómo han cambiado los climas de la Antártida y el Océano Austral, sobre cómo pueden cambiar en el futuro y sobre los impactos asociados en la biota marina y terrestre.

(62) Los miembros agradecieron a SCAR sus constantes esfuerzos para actualizar el CPA sobre el estado de conocimiento del cambio climático, y destacaron la recomendación de SCAR de vincularse con otras organizaciones como el Grupo Intergubernamental de Expertos sobre el Cambio Climático (GIECC) y la Convención Marco de las Naciones Unidas sobre el Cambio Climático (CMNUCC). El Comité advirtió el ritmo del cambio informado en la actualización y recordó que la RETA sobre el cambio climático recomendaba que *"considere la posibilidad de formular un programa de trabajo para responder al cambio climático"* (Recomendación 19). Estados Unidos destacó la calidad del informe revisado por expertos del SCAR que ya había sido publicado en la prensa científica. Noruega destacó que los resultados del informe encajarían bien en el Portal de medioambientes de la Antártida.

(63) La Federación de Rusia hizo preguntas sobre la ausencia en el informe de los métodos utilizados para calcular el aumento del nivel del mar, y sobre por qué las contribuciones de los fenómenos naturales así como las causas antropogénicas del cambio climático no se habían considerado. En respuesta, SCAR señaló que su informe era un documento de revisión y que las publicaciones individuales mencionadas en el mismo contenían información detallada sobre las metodologías específicas.

(64) Colombia, Malasia y Turquía mencionaron que los científicos de los programas nacionales antárticos estaban actualmente realizando investigaciones o planificando realizar investigaciones relevantes para el cambio climático en la Antártida.

(65) En la aprobación de las recomendaciones de SCAR, el Comité decidió:

   i. Alentar a SCAR y a las Partes del Tratado a vincularse con la Convención Marco de las Naciones Unidas sobre el Cambio Climático (CMNUCC) y el Grupo Intergubernamental sobre Cambio Climático (GIECC) para garantizar que los asuntos del cambio climático en la Antártida y en el Océano Austral se tengan plenamente en cuenta y que ambas entidades estén al corriente de los resultados del Informe ACCE y de sus respectivas actualizaciones.

   ii. Centrar los esfuerzos en implementar las recomendaciones destacadas por la Reunión de Expertos del Tratado Antártico (RETA) sobre el cambio climático y las implicaciones para la gestión y gobierno de la Antártida (2010).

    iii. Transmitir más ampliamente los puntos principales del Informe ACCE actualizado para garantizar la toma de conciencia sobre el papel vital de la Antártida y el Océano Austral en el sistema climático y la importancia del impacto asociado en la región.

(66) El Comité decidió establecer un GCI sobre el cambio climático con los siguientes términos de referencia:

    1. Revisar los avances realizados en las recomendaciones 18 a 29 de la RETA, sobre la base del SP 8 (CPA XV) y los debates de las recientes reuniones del CPA (cf: informe CPA 2010 párrafos 351-386).

    2. Considerar estas recomendaciones de la RETA en vista de los recientes documentos y, en particular, de la actualización del informe del SCAR de 2013, para identificar acciones adicionales que puede que sea necesario abordar por el CPA.

    3. Considerar cómo podrían ser abordadas estas recomendaciones desarrollando un programa de trabajo como respuesta al cambio climático, que asigne prioridades.

    4. Proporcionar un informe inicial al CPA XVII.

(67) El Comité acordó que Rachel Clarke del Reino Unido *(racl@bas.ac.uk)* y Birgit Njåstad de Noruega (*njaastad@npolar.no*) coordinasen conjuntamente y liderasen el Grupo de Contacto Intersesional (GCI).

(68) La Secretaría presentó el SP 7 *Medidas adoptadas por el CPA y la RCTA con base en las recomendaciones de la RETA sobre el cambio climático.*

(69) El COMNAP presentó el IP 32 *Cost/energy Analysis of National Antarctic Program Transportation*, que describió los resultados de un caso de estudio de sistemas de transporte utilizados por el Alfred Wegener Institute (AWI) en Alemania. Se centraba en el análisis del transporte por aire y por mar de personas y de mercancías, utilizando datos financieros y sobre energía, como ejemplo de las actividades que realizaban los Programas Antárticos Nacionales para reducir costes y uso de combustibles. El COMNAP declaró que compartiría este análisis en su próxima Reunión General Anual (RGA) en julio de 2013.

(70) Italia destacó que los resultados del estudio del COMNAP eran similares a los resultados de un estudio que había realizado, relativo a la construcción

de una pista adyacente a la estación Mario Zucchelli. La Federación de Rusia, al tiempo que respaldó los esfuerzos apuntados a reducir costos y emisiones, sugirió que los futuros informes también deberían tener en cuenta los riesgos de que los programas nacionales se hiciesen dependientes de la logística aportada por buques de otros países. El COMNAP acordó debatir estos riesgos en su RGA.

(71) El COMNAP presentó el IP 34 *Best Practice for Energy Management – Guidance and Recommendations*, que describía el progreso de los programas nacionales sobre la implementación voluntaria de las directrices y recomendaciones, señalando que 24 de 28 países participaron en la encuesta.

(72) La ASOC presentó tres documentos de información (IP) sobre el cambio climático: el IP 62 *An Antarctic Climate Change Report Card*, que describía los recientes descubrimientos de las investigaciones sobre el cambio climático en las áreas de cambios medioambientales y del ecosistema e indicaba las acciones que podían realizar las Partes para reducir su impacto; el IP 65 *Black Carbon and other Short-lived Climate Pollutants: Impacts on Antarctica*, que describía la importancia potencial del carbono negro y de otros contaminantes climáticos de vida corta (SLCP) en el calentamiento global y sugería que el análisis de la extensión de las emisiones de los SLCP y su impacto en la Antártida, especialmente de fuentes locales, deben ser una prioridad; y el IP 69 *Update: The Future of the West Antarctic Ice Sheet*, que actualizó información revisada en la RETA 2010 sobre el cambio climático y concluyó que: la pérdida masiva de las capas de hielo de la Antártida se aceleraba, el retroceso glaciar generalizado puede haberse puesto en marcha y los cambios en las capas de hielo de la Antártida occidental están relacionadas con el cambio climático provocado por las actividades humanas. La ASOC enfatizó la importancia de que la Antártida sea un continente neutro en carbono y el papel de las Partes en promover activamente la inclusión de la investigación antártica en el diálogo global sobre el cambio climático.

(73) Suecia destacó que la ASOC ha presentado muchos y muy buenos argumentos para incluir trabajo sobre contaminantes climáticos de vida corta (SLCP) en el Plan Estratégico de Trabajo del CPA. Suecia ha tenido un papel activo en la promoción de acciones para reducir emisiones de SLCP y participó en el establecimiento de la Coalición para el Clima y el Aire Limpio para reducir las emisiones de SLCP. Suecia apoyó las ideas presentadas por la ASOC y señaló que es importante tanto analizar con mayor detalle el impacto de los

SLCP en la Antártida, como también prestar atención a las fuentes locales de estos contaminantes. También ha sugerido que podría ser interesante para SCAR estudiar en profundidad las relaciones entre el cambio climático y los contaminantes del clima de vida corta. El Comité señaló que estos asuntos también se pueden considerar en el GCI sobre cambio climático.

(74)   La IAATO presentó el IP 101 *IAATO Climate Change Working Group: Report of Progress*, que ha destacado el progreso del Grupo de Trabajo de la IAATO sobre el cambio climático al incluir esfuerzos adicionales para aumentar la sensibilidad sobre el cambio climático en la Antártida mediante el desarrollo de una presentación de powerpoint disponible públicamente y de una lista de formas en las que los Miembros Operadores de la IAATO gestionan sus emisiones. La IAATO agradeció a SCAR su revisión y los comentarios de la presentación y expresó su compromiso para seguir informando sobre este trabajo al CPA. Otros documentos presentados en este punto de la agenda incluyeron:

- BP 21 *Antarctic climate change and the environment: an update* (SCAR)

Tema 8. Evaluación del Impacto Ambiental (EIA)

8 a)   *Proyectos de evaluación medioambiental global*

(75)   No se presentaron documentos en relación con este tema del programa.

8 b) *Otros temas relacionados con la Evaluación del Impacto Ambiental*

(76)   La Federación de Rusia presentó el WP 24 *Enfoques para el estudio de la capa de agua de los lagos subglaciales en la Antártida*, que explicaba las técnicas utilizadas para perforación en lagos subglaciales en la Antártida y el desafío que suponía. El documento detallaba los motivos para seleccionar la "mezcla de queroseno-freon" en lugar del método de "agua caliente" para perforar en el lago Vostok. La Federación de Rusia declaró que era imposible que la mezcla de queroseno-freon penetrase en el agua y tuviese impacto en el ecosistema del lago, mientras que mostraba alguna preocupación sobre el impacto potencial del agua caliente en la vida microbiana.

(77)   En respuesta a una petición por parte de Bélgica de aclaraciones sobre si un tapón de agua permanentemente congelada podría permanecer al final del pozo para prevenir el ingreso del queroseno-Freon al lago Vostok, la Federación de

Rusia confirmó que el procedimiento operativo estándar era aumentar el grosor de ese tapón de hielo en el pozo después de que el trabajo de investigación hubiese finalizado. En respuesta a la petición de Francia sobre una sugerencia previa de SCAR para introducir una capa intermedia de fluido de silicona al final del pozo para proteger el agua del lago, una posibilidad que la Federación de Rusia ya había considerado previamente, la Federación de Rusia sostuvo que se había decidido en contra de esta técnica, debido a preocupaciones sobre el potencial de contaminación cruzada entre los fluidos.

(78) La Federación de Rusia presentó el IP 42 *To [sic] discovery of unknown bacteria in Lake Vostok*, que informó del descubrimiento de un desconocido grupo de bacterias (filotipo) en la primera pequeña muestra del agua del lago Vostok analizada en laboratorio. La bacteria no pudo ser identificada de acuerdo con las bases de datos y los métodos de clasificación existentes. Admitiendo la preocupación sobre este asunto, la Federación de Rusia destacó que el organismo microbiano no presentaba ninguna amenaza a la humanidad, ya que no puede sobrevivir fuera de su medio natural.

(79) La Federación de Rusia también presentó el IP 49 *Results of studies of subglacial lake Vostok and drilling operations in deep ice borehole of Vostok station in the season 2012-2013*, que brinda una síntesis técnica sobre las actividades de perforación. Francia agradeció a la Federación de Rusia que compartiese esta información y los animó a seguir proporcionando actualizaciones sobre el trabajo al Comité en el Futuro.

(80) China presentó el IP 21 *Initial Environmental Evaluation for the Construction of Inland Summer Camp, Princess Elizabeth Land, Antarctica*. Los principales objetivos del campamento eran proporcionar soporte logístico, protección de rescate ante emergencias, y monitoreo local. China declaró que la construcción del campamento causaría un impacto medioambiental no mayor que mínimo o transitorio.

(81) Agradeciendo a China esta información, Francia, Bélgica y Alemania hicieron preguntas sobre el impacto medioambiental del nuevo campamento. China estima que será no mayor que mínimo o transitorio a pesar del tamaño, el número de personas alojadas y la duración planificada de la actividad. En respuesta a una pregunta de Alemania sobre por qué no se había realizado una evaluación medioambiental exhaustiva, China declaro que la IEE es suficiente para la construcción de un campamento de verano. China respondió a la pregunta de Francia y de Bélgica que su intención era intercambiar opiniones relativas a

los resultados de la Evaluación Medioambiental Inicial, y que presentaría más información sobre la progresión de la construcción del campamento en la CPA XVII. España recordó el Artículo 8 del Protocolo de Madrid y declaró que China parecía haber actuado de acuerdo con sus obligaciones.

(82) La República de Corea presentó el IP 24 *Progress of the Jang Bogo Station during the first construction season 2012/13*, que describía las actividades de construcción de la Estación Jang Bogo. La construcción empezó en diciembre de 2012 y continuará durante dos temporadas de verano en la Antártida. La República de Corea informó sobre el transporte de material, las actividades de construcción, la gestión de desechos y la supervisión medioambiental, y destacó su respuesta a los incidentes. Se mostró a los delegados una presentación informativa sobre la construcción de la estación. La República de Corea también hizo referencia al IP 25 *Mitigation measures of environmental impacts caused by Jang Bogo construction during 2012/13 season*, que explicó las medidas de mitigación propuestas en la CEE presentadas en 2011 y sugeridas por las Partes, para reducir el impacto de la construcción.

(83) La República de Corea informó al Comité de los pasos que había seguido para aplicar las normas de gestión medioambiental en la construcción de su nueva base, incluyendo la elaboración de una exhaustiva Evaluación del Impacto Ambiental (EIA), la capacitación brindada a todos los miembros de la expedición en educación medioambiental, y la aplicación estricta del Manual de Especies No Autóctonas. Además, se han tomado todas las medidas necesarias para enfrentar un accidente de derrame de combustible que se produjo durante condiciones meteorológicas adversas en el lugar de la construcción, de acuerdo con el "Plan de prevención y contingencia de derrames de combustible de la Estación Jang Bogo". La mayor parte del total de 1.100 litros de diésel derramado se recuperaron y el sitio continuará siendo monitoreado.

(84) La República de Corea expresó su agradecimiento a la Federación de Rusia, Italia, Estados Unidos de América, Australia y Nueva Zelandia, por compartir su conocimiento y experiencia y por proporcionar apoyo logístico y técnico.

(85) Varios miembros felicitaron a la República de Corea por su exhaustivo informe sobre un proyecto tan desafiante y el Comité expresó sus sinceras condolencias relativas al fatal accidente que se produjo la pasada temporada durante la construcción de la estación. India estaba muy impresionada por la forma en que toda la estructura había sido preconstruida en la República de

Corea. En respuesta a una inquietud de Nueva Zelandia relativa a auditorias ambientales externas, la República de Corea declaró que proporcionaría más información al CPA XVII.

(86) La Federación de Rusia presentó el IP 48 *Permit for the Activity of the Russian Antarctic Expedition in 2013-17*, sobre los requisitos legales y los permisos otorgados por la Federación de Rusia para las actividades declaradas. El documento describe concretamente en la IEE preparada para las actividades planificadas para el periodo de cinco años desde el 1 de enero de 2013 al 31 de diciembre de 2017. La IEE cubre cualquier tipo de actividad planificada por la Expedición Antártica de Rusia para los próximos cinco años. Se prepararán IEE separadas para cualquier tipo nuevo de actividad no contemplada en la IEE presentada.

(87) Brasil presentó el IP 58 *Terms of Reference of the Initial Environmental Evaluation (IEE): Reconstruction and Operation of Ferraz Station (Admiralty Bay, Antarctica)*, que proporcionó una actualización de los esfuerzos de Brasil para la reconstrucción de esta estación, incluida una convocatoria internacional para la selección de un proyecto conceptual para la construcción de la estación, que reunió a 74 participantes en una competición internacional y las preparaciones para una futura IEE. Brasil señaló que, durante el verano de 2012-2013, los representantes de las instituciones medioambientales de Brasil recogieron muestras para someterlas a un análisis ambiental. Los resultados de este análisis orientarán la implementación del Plan Reparador para la zona, que será realizada antes de iniciar las obras de reconstrucción.

(88) El Comité elogió a Brasil por su transparencia y voluntad para cooperar con otros compañeros, y por respetar las exigentes normas medioambientales. Varios miembros admitieron que la recuperación de la Estación Comandante Ferraz estaba en conformidad con los requisitos exigidos en el Protocolo de Madrid.

(89) India presentó el IP 75 *Initial Environmental Evaluation for Establishment of the Ground Station for Earth Observation Satellites at the Indian Research Station Bharati at Larsemann Hills, East Antarctica*, señalando que esa estación ayudaría a las comunicaciones y a la teledetección y contribuiría a la investigación global sobre el cambio climático.

(90) Italia presentó el IP 80, *First steps towards the realization of a gravel runway near Mario Zucchelli Station: initial considerations and possible benefits*

for the Terra Nova Bay area. Italia empezó señalando que las crecientes dificultades con la actual pista de hielo rápido, requirieron una solución a largo plazo más fiable. Reiterando los puntos señalados por el COMNAP en el IP 32, relativos a los costes de transporte y al uso de energía, Italia destacó que su intención era compartir la pista con otros programas nacionales antárticos, lo que reduciría los costes y la huella humana global. Si bien la construcción de la pista sólo tendría un impacto temporal durante un periodo de cuatro años, Italia admitió que la operación de esta instalación probablemente derivaría solo en un impacto mínimo o transitorio, durante un período de cuatro años y por lo tanto estaría sometida a una CEE.

(91) Alemania apreció la conclusión de Italia que señalaba que la construcción de una estructura permanente de esas características estaría sometida a una CEE. Señaló que esta pista también sería ventajosa para las Partes que dispongan de una estación en esta Zona, como Alemania, que tiene un refugio de verano en la localidad y puede llevar a aumentar la cooperación y la investigación científica. Además, Alemania declaró que el impacto acumulativo debería tenerse en cuenta a la hora de realizar una CEE. En respuesta a una pregunta de Alemania, Italia declaró que la pista no sería utilizada con fines turísticos.

(92) En vista de las IEE debatidas, los Países Bajos destacaron varios asuntos, entre ellos: la evaluación del impacto acumulativo, la falta de acuerdo común sobre los procesos de EIA, la posibilidad de operar instalaciones científicas en conjunto, la necesidad de evaluar vacíos en el conocimiento, la evaluación de impactos sobre la vida silvestre, y la posibilidad de que las instalaciones establecidas con objetivos científicos sean utilizada posteriormente para otras actividades, por ejemplo, turísticas. Los Países Bajos elogiaron a China por tener en cuenta los valores silvestres en la preparación de su IEE (IP 21), y animaron a otros miembros a hacer lo mismo.

(93) La IAATO declaró que no apoyaba la construcción de estructuras permanentes con fines turísticos ya que éstas irían contra la propia visión de la organización y contra su misión de no causar impactos mayores que mínimos o transitorios.

(94) Ucrania mencionó las recientes mejoras en la Estación Vernadsky, incluida la instalación de generadores más respetuosos con el medio ambiente y un depósito de combustible más grande.

(95) La ASOC puso de manifiesto su preocupación sobre el aumento de la huella humana y la reducción de los valores de la vida silvestre en la Antártida como resultado de la expansión de las actividades humanas en la Antártida. También destacó que existe una falta de acuerdo común sobre el criterio para determinar si una IEE o CEE es necesaria para una actividad en concreto, que generalmente el nivel de seguimiento sobre los mismos era bastante pobre y que los informes de inspección habían mostrado que existía una falta de conocimiento sobre el proceso de EIA en las estaciones científicas. Con relación al SP 5, la ASOC señaló que sólo 14 Partes habían entregado EIAs a la Secretaría para incluirlos en la lista de IEEs y CEEs.

(96) Otros documentos presentados en este punto de la agenda incluyeron:

- SP 5, *Lista anual de Evaluaciones Medioambientales Iniciales (IEE) y Evaluaciones medioambientales globales (CEE) preparadas entre el 1 de abril 2012 y el 31 de marzo de 2013* (Secretaría)

- BP 2, *Assessing the vulnerability of Antarctic soils to trampling* (Nueva Zelandia)

Tema 9. Protección de Zonas y planes de gestión

9 a) Planes de gestión

i) *Borrador de los Planes de Gestión que han sido revisados por el Grupo subsidiario de Planes de Gestión*

(97) Noruega presentó el WP 56, *Grupo subsidiario de Planes de Gestión - Informe del trabajo entre sesiones 2012/13.* El Grupo había repasado durante el periodo entre sesiones ocho planes de gestión revisados, y recomendó que el Comité aprobase tres de estos planes de gestión revisados.

(98) Con relación a la ZAEP N.° 132: Península Potter (Argentina) y la ZAEP N.° 151: Lions Rump, Isla Rey Jorge / Isla 25 de Mayo, Islas Shetland del Sur (Polonia), el GSPG advirtió al Comité que las versiones finales de los planes de gestión revisados estaban bien escritos, eran de alta calidad y se referían correctamente a los puntos clave tratados durante la revisión.

(99) En conformidad, el SGMP recomendó que el Comité aprobase esos planes revisados.

(100) Con relación a la propuesta para una nueva ZAEP en el Cabo Washington y en la bahía Silverfish (EE.UU. e Italia), el GSPG advirtió al Comité de que el plan abordaba correctamente las provisiones del Anexo V y las directrices relevantes del CPA, y era probablemente efectivo para lograr los objetivos declarados y los objetivos para la gestión de la Zona. En conformidad, el SGMP recomendó que el Comité aprobase el plan de gestión para esta nueva ZAEP.

(101) Además, el GSPG advirtió al Comité de que se realizaría más trabajo entre sesiones sobre los cinco planes de gestión entregados para revisión entre sesiones:

   i.   ZAEP 128: Costa occidental de la Bahía Laserre, Isla Rey Jorge (Isla 25 de Mayo), Islas Shetland del Sur (Polonia/EE.UU.)

   ii. ZAEP N.° 144: Bahía Chile (Bahía Discovery), Isla Greenwich, Islas Shetland del Sur (Chile)

   iii. ZAEP N.° 145: Puerto Foster, Isla Deception, Islas Shetland del Sur (Chile)

   iv. ZAEP N.° 146: Bahía Sur, Isla Doumer, archipiélago de Palmer (Chile)

   v.   Nueva ZAEP: Sitios geotérmicos de elevada altitud de la región del Mar de Ross (Nueva Zelandia)

(102) En respuesta a una pregunta realizada por la Federación de Rusia sobre la posibilidad de que durante la revisión de elementos que requieren protección pudiese ser necesario alterarlos, Noruega declaró que el GSPG había repasado todos los planes de gestión revisados en conformidad con la "Guía para presentación de Planes de gestión para las Zonas Antárticas Especialmente Protegidas " (Resolución 2, 2011).

(103) El Comité elogió la recomendación del GSPG y se mostró de acuerdo en remitir los planes de gestión para la ZAEP 132, ZAEP 151 y una nueva ZAEP en el Cabo Washington y en la Bahía Silverfish a la RCTA para su adopción.

(104) La IAATO agradeció a Italia, a Estados Unidos y al GSPG que hubiesen tenido en cuenta los pareceres de la IAATO a la hora de desarrollar la ZAEP del Cabo Washington y la Bahía Siverfish y mostró su entusiasmo por el esfuerzo para corregir los límites de esta Zona, para permitir algunas visitas en las proximidades generales de la colonia. Sin embargo, la IAATO expresó

su desacuerdo en que las visitas de turismo responsable dejen de ser posibles, especialmente porque los niveles de estas visitas eran muy bajos y existían pocas opciones alternativas realistas para visitar las colonias de pingüinos emperador en la zona. La IAATO señaló que las visitas a la Isla Franklin, que se ofrecía como un emplazamiento alternativo para visitas para ver los pingüinos emperador, eran para ver los pingüinos Adelia, no los pingüinos emperador. La IAATO también sugirió al Comité que, dado el nivel de actividad en la zona, sería conveniente considerar una ZAEA para la región.

ii) Borradores revisados de los Planes de Gestión que no habían sido revisados por el Grupo subsidiario de los Planes de Gestión

(105) El Comité consideró los planes de gestión revisados para 12 Zonas Antárticas Especialmente Protegidas (ZAEP) y dos Zonas Antárticas Especialmente Administradas (ZAEA) en esta categoría:

- WP 2, *Revisión del Plan de Gestión de la Zona Antártica Especialmente Protegida N.° 137 Noroeste de la Isla White, Ensenada McMurdo* (Estados Unidos)

- WP 3, *Revisión del Plan de Gestión de la Zona Antártica Especialmente Protegida (ZAEP) N.° 123, valles Barwick y Balham, sur de la Tierra Victoria* (Estados Unidos)

- WP 5, *Revisión del Plan de Gestión de la Zona Antártica Especialmente Protegida (ZAEP) N.° 138, Terraza Linnaeus, cordillera Asgard, Tierra Victoria* (Estados Unidos)

- WP 6, *Revisión del Plan de Gestión de la Zona Antártica Especialmente Protegida (ZAEP) N.° 141, Valle Yukidori, Langhovde, Bahía Lützow-Holm* (Japón)

- WP 11, *Revisión del Plan de Gestión de la Zona Antártica Especialmente Protegida (ZAEP) N.° 108, isla Green, islas Berthelot, Península Antártica* (Reino Unido)

- WP 12, *Revisión del Plan de Gestión de la Zona Antártica Especialmente Protegida N.° 117 Isla Avian, Bahía Margarita, Península Antártica* (Reino Unido)

- WP 13, *Plan de Gestión revisado para la Zona Antártica Especialmente Protegida N.° 147 Punta Ablación y Cumbres Ganymede, Isla Alexander* (Reino Unido)

- WP 14, *Revisión del Plan de Gestión de la Zona Antártica Especialmente Protegida ZAEP N.° 170 nunataks Marion, isla Charcot, Península Antártica* (Reino Unido)

- WP 29, *Revisión del Plan de Gestión para la Zona Antártica Especialmente Protegida N.° 154 bahía Botánica, cabo Geology, Tierra Victoria* (Nueva Zelandia)

- WP 30, *Revisión del Plan de Gestión para la Zona Antártica Especialmente Protegida N.° 156 Bahía Lewis, Monte Erebus, Isla de Ross* (Nueva Zelandia)

- WP 36, *Revisión de los Planes de Gestión para las Zonas Antárticas Especialmente Protegidas (ZAEP) 135, 143 y 160* (Australia)

- WP 54 rev. 1, *Revisión preliminar del Plan de gestión para la ZAEA N.° 1: Bahía Almirantazgo (Bahía Lasserre), Isla Rey Jorge (Isla 25 de Mayo), Islas Shetland del Sur* (Brasil, Ecuador, Perú, Polonia)

- WP 59, *Revisión del Plan de Gestión de la Zona Antártica Especialmente Protegida N.° 134 Punta Cierva e islas frente a la costa, Costa Danco, Península Antártica* (Argentina)

- WP 60, *Revisión del Plan de Gestión para la Zona Antártica Especialmente Protegida N.° 161 bahía Terra Nova, Mar Ross* (Italia)

(106) La Federación de Rusia recordó su propuesta de 2012 (RCTA XXXV WP 35), para que el Comité considerase los Planes de Gestión revisados de las ZAEP y ZAEA en los que la flora y la fauna eran valores principales, solo cuando se presente información sobre los resultados de monitoreo del estado de los valores que constituyen el motivo de la designación de esa Zona. La Federación de Rusia destacó su creencia en la necesidad de un enfoque científico justificado para la elección de las ZAEP y ZAEA.

(107) Con relación a los WP 2 (ZAEP 137), WP 3 (ZAEP 123) y WP 5 (ZAEP 138), Estados Unidos explicó que las revisiones eran menores y apuntaban a poner estos planes de gestión en sintonía con la Resolución 2 (2011) "Guía revisada para la preparación de Planes de Gestión para Zonas Antárticas Especialmente Protegidas". Los cambios incluían añadir una introducción y la mejora del trazado de la cartografía. En respuesta a una pregunta de

la Federación de Rusia, Estados Unidos aclaró que todos los documentos incluían, en la sección de referencia y cuando fuese apropiado, los resultados del monitoreo del sitio revisado.

(108) Con relación al WP 6 (ZAEP 141), en respuesta a una pregunta de la Federación de Rusia, Japón confirmó que su preparación del plan de gestión estaba de acuerdo con la "Guía para la preparación de planes de gestión para las Zonas Antárticas Especialmente Protegidas", e incluía un estudio bianual de reconocimiento de la vegetación en el Valle Yukidori, aunque actualmente no incluía estudios de reconocimiento sobre aves.

(109) Con relación a los WP 11 (ZAEP 108), WP 12 (ZAEP 117), WP 13 (ZAEP 147) y WP 14 (ZAEP 170), el Reino Unido declaró que solo se habían realizado alteraciones menores a los planes de gestión. Algunos de estos cambios incluían: la adición de una introducción, una serie de alteraciones editoriales menores, la incorporación de mapas mejorados, una referencia en la introducción al Análisis de Dominios Ambientales (Resolución 3, 2008) y a las Regiones Biogeográficas de Conservación de la Antártida (Resolución 6, 2012), el agregado de los requisitos para gestión de visitantes relacionados con la introducción de especies no autóctonas y una redefinición de los límites de la Zona.

(110) Al presentar los WP 29 (ZAEP 154) y WP 30 (ZAEP 156), Nueva Zelandia explicó que todas las revisiones eran menores. La ZAEP N.° 154 estaba protegida por su biodiversidad única y por sus valores científicos e históricos y la ZAEP N.° 156 había sido designada como una tumba para prevenir que ocurrieran disturbios innecesarios como señal de respeto en recuerdo de las víctimas del accidente aéreo allí acaecido. En respuesta a una pregunta de Japón, Nueva Zelandia garantizó al Comité que no había ningún impacto negativo provocado por las visitas recreativas a la ZAEP 156.

(111) Argentina informó al Comité que había revisado el Plan de Gestión para la ZAEP 134 (WP 59), y que se habían hecho solo ajustes menores. Estos incluyen la adición de: información sobre las razones de la designación, las consideraciones relacionadas con la prevención de la introducción de especies no nativas, dos nuevas secciones en respuesta a la Resolución 2 (2011) y una actualización y ampliación de la descripción de los valores de la Zona.

(112) Con respecto al WP 60 (ZAEP 161), Italia informó al Comité que no se habían producido cambios sustanciales en el Plan de Gestión y que los límites, mapas y descripciones siguen siendo los mismos.

(113) En la introducción del WP 36 (ZAEP 135, 143 y 160), Australia dijo que sólo se habían efectuado modificaciones de menor importancia en los planes de gestión y señaló que, en cada caso, la revisión se elaboró con referencia a la guía revisada de la Resolución 2 (2011).

(114) En relación con el WP 54, rev. 1 (ZAEA 1), Brasil dijo que el plan había sido actualizado para incluir dos nuevos objetivos, dos nuevos Apéndices, cuatro valores científicos y dos nuevos mapas. Brasil explicó que Estados Unidos, como miembro del Grupo de Administración para la ZAEA 1, había participado en el proceso de revisión. Recomendó que el CPA debería pedir al Grupo Subsidiario de Planes de Gestión que llevase a cabo un examen en el período entre sesiones. El proponente presentará también el proyecto actual al Grupo de Trabajo de Seguimiento y Ordenación del Ecosistema de la CCRVMA (WG-EMM), a fin de recibir sus contribuciones para la versión final, que se presentará al CPA XVII.

(115) Destacando los importantes vínculos entre la CCRVMA y el CPA en materia de ZAEPs y ZAEAs con un componente marino, Francia sugirió que el Comité debería establecer un mecanismo de informes periódicos del Comité Científico de la CCRVMA al CPA sobre cualquier tipo de explotación de los recursos vivos en tales áreas. El Observador del SC-CAMLR señaló que esa información estaba contenida en el IP 6 y confirmó que si el CPA necesitara mayor información, ésta podría proporcionarse en el futuro. El Comité acogió con satisfacción la información proporcionada y alentó el desarrollo de mejores mecanismos para el intercambio de información oportuna y eficiente entre el CPA y el CC-CCRVMA. Nueva Zelandia también señaló la importancia de que las delegaciones compartan la información sobre ZAEP y ZAEA directamente con sus colegas de la CCRVMA dentro de sus propios gobiernos.

(116) La ASOC expresó su apoyo a este mecanismo y declaró que en su opinión no debería haber pesca en las ZAEA o en las ZAEP.

(117) El Comité decidió referir los planes de gestión revisados para la ZAEP 141 y la ZAEA 1, remitidas al GSPG para revisión entre sesiones, y acordó remitir los otros planes de gestión revisados a la RCTA para su adopción.

iii) Nuevos borradores de planes de gestión para las áreas protegidas / administradas

(118) El Comité examinó una propuesta para designar una nueva Zona Antártica Especialmente Administrada y una nueva Zona Antártica Especialmente Protegida:

- WP 8, *Propuesta de una nueva Zona Antártica Especialmente Administrada en la estación antártica china Kunlun, Domo A* (China)

- WP 63, *Borrador de Plan de gestión de la Zona Antártica Especialmente Protegida (ZAEP) Stornes, colinas de Larsemann, Tierra de la Princesa Isabel* (Australia, China, India y la Federación de Rusia)

(119) Al presentar el WP 8, China señaló que había llevado a cabo un estudio integral en la zona del Domo A y que había preparado un proyecto de plan de gestión que tuvo como objetivo mejorar la protección de sus valores científicos, ambientales y logísticos. China propuso que el proyecto de plan de gestión sea examinado por el GSPG durante el período entre sesiones, e invitó a los Miembros a participar en este proceso.

(120) Aunque felicitando a China por el amplio informe, varios miembros cuestionaron la justificación de la designación de una nueva ZAEA en el Domo A. Algunos miembros señalaron que la estación Kunlun fue construida hace poco tiempo y sugirieron que podría ser prematuro designar el área como ZAEA. El Reino Unido preguntó si la propuesta presentada por China se alinea con los objetivos de las ZAEAs tal como se definen en el Anexo V del Protocolo de Madrid, donde los objetivos principales son evitar el conflicto y mejorar la colaboración entre los diferentes usuarios de un área. La Federación de Rusia y Noruega también preguntaron cuáles eran las amenazas previstas para esta zona remota. Francia señaló que otros sitios ya se habían identificado con más potencial de extracción de núcleos de hielo. Alemania cuestionó las ventajas de la designación de una ZAEA en una región tan remota con bajo nivel de biodiversidad. Estados Unidos también sugirió que puede ser útil un mayor debate entre los Miembros. Sin dejar de reconocer el valor científico del Domo A y expresando su gratitud por el apoyo de sus colegas chinos en la región, Australia estuvo de acuerdo con la necesidad de un nuevo examen.

(121) China también citó el artículo 4 del Anexo V del Protocolo de Madrid y señaló que su propuesta para la designación de una ZAEA no entraba en conflicto con lo dispuesto por este Artículo, especialmente con la redacción de "donde se llevan a cabo actividades o donde puedan llevarse a cabo en el futuro". China respondió de manera general a las preguntas de algunos miembros, sosteniendo que el examen de la "planificación y coordinación" contenido en el artículo 4 se basa en información sólida de la comunidad científica sobre la intención de llevar a cabo investigación científica en la zona del Domo A por parte de algunos países e incluso las actividades no gubernamentales, tales como los deportes extremos pueden ser anticipados, por lo que el principio precautorio se aplica en la presente propuesta. La ASOC acogió con satisfacción la intención de China de adoptar un enfoque precautorio para la gestión de áreas.

(122) China agradeció a los miembros sus comentarios y sugerencias. China reiteró que su propuesta no se basaba en la premisa de que más de una de las Partes usaría necesariamente el sitio, sino en un enfoque preventivo de probables futuras actividades e intereses en la región y en los valores que deben protegerse.

(123) El Comité aceptó la oferta de China para dirigir los debates sobre la ZAEA propuesta durante el período entre sesiones y alentó a los Miembros a participar.

(124) Noruega sugirió que el debate puso de relieve la necesidad de que el Comité revise y reconsidere el proceso global de designación de las ZAEP y las ZAEA y recomendó que los miembros participasen en un debate general sobre el tema. Muchos miembros expresaron su apoyo a esta propuesta. Noruega señaló que trabajaría entre sesiones con los miembros interesados en este tema con el fin de desarrollar propuestas concretas.

(125) Al presentar el WP 63, Australia afirmó que la propuesta de ZAEP en las colinas de Larsemann tiene el objetivo de proteger las características geológicas únicas de la zona, específicamente las raras formas minerales y las muy excepcionales rocas que las alojan. Señaló que esto era consistente con el Artículo 3.2(f) del Anexo V, que proporciona "ejemplos de características geológicas, glaciológicas o geomorfológicas sobresalientes" que se deben incluir en las series de las ZAEP.

(126) La Federación de Rusia señaló que el borrador del plan de gestión de las ZAEP había sido debatido en la reunión del grupo de gestión de las ZAEA de las Colinas Lasermann en San Petersburgo en abril de 2013. Se incluyen más detalles sobre las actividades del grupo de gestión en el IP 46.

(127) Bélgica sugirió que las penínsulas Grovenes y Broknes, donde los científicos belgas y británicos han identificado la presencia de comunidades de algas endémicas, también podrían incluirse dentro de los límites de futuras ZAEP.

(128) El Comité acordó remitir el proyecto de plan de gestión para la ZAEP en Stornes, Colinas Lasermann, Tierra de la Princesa Isabel, al GSPG para su revisión durante el período entre sesiones.

Asesoramiento del CPA a la RCTA

(129) El Comité acordó remitir los siguientes planes de gestión a la RCTA para su aprobación:

N.º	Nombre
ZAEP 137	Noroeste de la isla White, Ensenada McMurdo
ZAEP 123	Valles Barwick y Balham, Sur de Tierra Victoria
ZAEP 138	Terraza Linnaeus, cordillera Asgard, Tierra Victoria
ZAEP 108	Isla Green, islas Berthelot, Península Antártica
ZAEP 117	Isla Avian, Bahía Margarita, Península Antártica
ZAEP 147	Punta Ablation y Cumbres Ganymede, Isla Alexander
ZAEP 170	Nunataks Marion, isla Charcot, Península Antártica
ZAEP 154	Bahía Botánica, cabo Geology, Tierra Victoria
ZAEP 156	Bahía Lewis, Monte Erebus, Isla de Ross
ZAEP 135	Nordeste de la Península de Bailey, Costa Budd, Tierra de Wilkes, Antártida oriental
ZAEP 143	Llanura Marine, Península Mule, Cerros Vestfold, Tierra de la Princesa Isabel
ZAEP 160	Islas Frazier, Islas Windmill, Tierra de Wilkes, Antártida oriental
ZAEP 134	Punta Cierva e islas frente a la costa, Costa Danco, Península Antártica
ZAEP 161	Bahía Terra Nova, Mar Ross
ZAEP 132	Península Potter
ZAEP 151	Lions Rump, isla Rey Jorge/isla 25 de Mayo, islas Shetland del Sur
NUEVA ZAEP	Cabo Washington, Sur de la Tierra Victoria

(130) Con respecto al WP 56 relativo a los términos de referencia 4 y 5, Noruega, como coordinador del GSPG, recordó que el CPA XIV había apoyado las

recomendaciones del Taller de 2011 sobre Zonas Antárticas Marinas y Terrestres Especialmente Administradas, y había alentado a los Miembros interesados a "revisar las disposiciones de los planes de gestión de las ZAEA existentes, con miras a preparar un plan de trabajo sugerido y materiales de apoyo para apoyar el trabajo del GSPG al elaborar orientaciones para el establecimiento de las ZAEA, así como la preparación y revisión de los planes de gestión de las ZAEA" Noruega solicitó los puntos de vista del Comité sobre si se trataba de una cuestión que debe ser presentada por el GSPG en el próximo período entre sesiones. El Comité tomó nota de la importancia del tema, en particular a la luz de los debates, pero también señaló la alta carga de trabajo del GSPG y propuso que esta cuestión se posponga para una fecha futura.

(131) El Comité acordó que el plan de trabajo para la GSPG durante el periodo entre sesiones de 2013/14 debe ser el siguiente:

Términos de referencia	Tareas sugeridas
TdR 1 a 3	Revisar proyectos de planes de gestión remitidos por el CPA para ser sometidos a revisión entre sesiones y proporcionar asesoramiento a los proponentes (incluidos los cinco planes pospuestos del período intersesiones 2012/13)
TdR 4 y 5	Trabajo con las Partes relevantes a fin de garantizar el avance de la revisión de los planes de gestión cuya revisión quinquenal haya expirado
	Examinar y actualizar el plan de trabajo del GSPG
Documentos de trabajo	Preparar el informe para la XVI Reunión del CPA cotejándolo con los Términos de referencia 1 a 3 del GSPG
	Preparar informe para la XVI Reunión de la CPA cotejándolo con los Términos de referencia 4 y 5 del GSPG

iv) Otras cuestiones relativas a los planes de gestión de zonas protegidas / administradas

(132) La República de Corea presentó el IP 26, rev. 1, *Management Report of Narębski Point (ASPA No. 171) during the 2012/2013 period.* De conformidad con lo dispuesto en el Plan de Gestión para la ZAEP 171, se han llevado a cabo estudios científicos y actividades de gestión. El documento describe lecciones aprendidas y las recomendaciones. La República de Corea señaló que la población de pingüinos en la región ha aumentado, pero que la razón de esto no está clara. El plan de gestión será revisado en 2014.

(133) Chile agradeció a la República de Corea su documento, que incluye nueva información científica sobre las colonias de pingüinos en la zona. Chile también manifestó su deseo de incluir datos sobre dichos estudios en el futuro. Chile recordó a las Partes que presentará una revisión de la ZAEP 150 a la próxima reunión del CPA y solicitará a la República de Corea sus comentarios durante el proceso de revisión.

(134) China informó que planea una visita a la ZAEP 168 en la temporada 2013/14, y que China debe informar sobre una posible revisión del plan de gestión al CPA XVII.

(135) Noruega, en nombre de la Argentina, Chile, España, el Reino Unido y Estados Unidos, presentó el IP 74, *Deception Island Specially Managed Area (ASMA) Management Group Report*, que resume las actividades realizadas en la ZAEA, y el trabajo del Grupo de gestión para cumplir los objetivos y principios de su plan de gestión durante el período entre sesiones (2012/13).

Los siguientes documentos también se presentan en este tema del programa:

* *SP 6 Situación de los Planes de Gestión de las Zonas Antárticas Especialmente Protegidas y las Zonas Antárticas Especialmente Administradas*

9 b) Sitios y Monumentos Históricos

(136) Alemania presentó el WP 18 rev.1, *Propuesta para incorporar a la Lista de Sitios y Monumentos Históricos el sitio que conmemora la ubicación de la antigua estación de investigación alemana en la Antártida "Georg Forster"*. Señaló que el sitio, que ha alojado la primera base de investigación antártica permanente de Alemania, había sido limpiado y remediado después del desmantelamiento de la estación en 1996.

(137) Varios miembros elogiaron a Alemania por su exitosa limpieza y remoción de la estación, señalando que esto proporcionó un modelo a seguir para las demás Partes.

(138) El Comité aprobó la propuesta para agregar el sitio a la lista de Sitios y Monumentos Históricos, teniendo en cuenta que la designación se aplicaba al sitio de la antigua estación de investigación antártica alemana "Georg

Forster" y no a la placa conmemorativa de la ubicación, y acordó remitirlo a la RCTA para su aprobación.

(139) La Federación de Rusia presentó el WP 23, *Propuesta de agregar el edificio del complejo de perforación del profesor Kudryashov en la estación Antártica Rusa Vostok a la lista de Sitios y Monumentos Históricos*. La Federación de Rusia señaló que su propuesta tenía por objeto conmemorar el logro único de los perforadores y glaciólogos rusos en el campo de la perforación de pozos profundos de hielo, la reconstrucción de los cambios paleoclimáticos basados en datos de las muestras de hielo, los estudios microbiológicos de dichas muestras de hielo y la remoción ecológicamente limpia del tapón del pozo del lago subglacial Vostok. El Profesor Kudryashov había hecho una importante contribución a la ciencia antártica, y el complejo de perforación que lleva su nombre supuso un evento importante en la historia de la Antártida, cuando los científicos rusos retiraron el tapón del pozo del lago subglacial. En respuesta a una pregunta formulada por el Reino Unido, la Federación de Rusia aclaró que su propuesta se refería exclusivamente a la construcción sin incluir el equipo y el pozo. Se planeaba retirar el fluido de perforación una vez concluidas las actividades de perforación en el sitio.

(140) La Comisión aprobó la propuesta y acordó remitirlo a la RCTA para su aprobación.

(141) El Reino Unido presentó el WP 62, *Nuevos sitios y monumentos históricos: Campamentos en el monte Erebus utilizados por un contingente de la expedición de Terra Nova en diciembre de 1912*, preparado conjuntamente con Nueva Zelandia y los Estados Unidos. Aunque la información sobre los sitios era limitada, los proponentes consideraron que la ubicación de los campamentos era de gran interés para los historiadores del Antártico, y que el acceso a los sitios debe ser controlado, con el fin de evitar perturbaciones en los restos históricos descubiertos recientemente.

(142) En respuesta a las preguntas, el Reino Unido aclaró que el alcance de su propuesta incluía dos nuevos sitios históricos diferentes, correspondientes a cada uno de los campamentos descritos en el WP 62.

(143) La Comisión aprobó la propuesta y acordó remitirla a la RCTA para su aprobación.

(144) Noruega sugirió que el Comité podría considerar en algún momento en el futuro participar en un debate más amplio sobre designaciones de Sitios y Monumentos Históricos. Noruega señaló que muchas construcciones en la Antártida podría considerarse que tienen valor histórico, y que esto podría conducir a la designación de un gran número de sitios históricos en el futuro, lo que, a su vez, podría contradecir disposiciones del Protocolo de Madrid sobre la limpieza de actividades pasadas en la Antártida. En apoyo a la propuesta de Noruega, Alemania sugirió que las discusiones entre sesiones podrían ser de gran valor.

(145) Mientras varios miembros apoyaron la cuestión planteada por Noruega, Argentina y Estados Unidos recordaron las contribuciones del Embajador chileno Jorge Berguño a la gestión de los sitios y monumentos históricos. El Comité no consideró el tema como una prioridad urgente. Por el contrario, se anota una revisión del procedimiento de designación de Sitios y Monumentos Históricos en el plan de trabajo quinquenal.

Asesoramiento de la CPA a la RCTA

(146) Tras examinar las propuestas de cuatro Sitios y Monumentos Históricos, el Comité acordó remitirlos a la RCTA para su aprobación:

#	Nombre del sitio/monumento
Nuevo SMH	Ubicación de la primera ocupación permanente de la estación de investigación antártica alemana "Georg Forster" en el Oasis Schirmacher, Tierra Dronning Maud
Nuevo SMH	Complejo de Edificios de perforación del profesor Kudryashov, Estación Vostok
Nuevo SMH	"Summit Camp" superior, Monte Erebus
Nuevo SMH	"Camp E" inferior, Monte Erebus

Los siguientes documentos también se presentaron bajo este punto de agenda:

- BP 001 *Antarctic Heritage Trust Conservation Update 2013* (Nueva Zelanda)

9 c) Directrices para sitios

(147) El Reino Unido presentó el WP 15, *Políticas surgidas de la Revisión en el terreno de las Directrices para sitios que reciben visitantes en la*

Península Antártica, el WP 16, *Directrices para sitios para i) Puerto Orne e ii) Islas Orne*, y el WP 20, *Examen in situ de las Directrices para sitios que reciben visitantes en la Península Antártica: resumen de programa y enmiendas sugeridas a once Directrices*, preparado conjuntamente con Australia, Argentina y Estados Unidos. Estos documentos, así como una breve presentación por el Reino Unido, describen la organización y los resultados de un examen in situ de las Directrices para Sitios realizado por los coautores y la IAATO en enero de 2013.

(148) El Reino Unido informó que el equipo de revisión no ha identificado ningún impacto significativo de los visitantes en los sitios, distintos de los que habían sido objeto de discusión previa por el Comité. La prueba de esta serie relativamente corta, pero específica e intensiva de visitas sugirió que las Directrices tuvieron éxito en la dirección de la forma en que la mayoría de los grupos de visitantes estaban usando los sitios, con el fin de evitar cualquier impacto ambiental adverso. Al mismo tiempo, señaló que las Directrices para sitios permanecen como solo una de la serie de herramientas posibles para gestionar las visitas.

(149) El Comité felicitó a los autores y reconoció el papel constructivo de la IAATO en la revisión, y varios miembros señalaron la estrecha relación entre las recomendaciones que surgen de esta revisión y las adoptadas por la CPA y la RCTA a través del Estudio del Turismo del CPA (2012). La Federación de Rusia considera el examen *in situ* como un excelente modelo de esfuerzo coordinado que también podría aplicarse a otras zonas de la Antártida, donde los seres humanos estuvieron presentes. Alemania hizo suya la recomendación de recopilar directrices genéricas y específicas para sitios en un formato de paquete práctico y fortalecer así las directrices genéricas para sitios. La IAATO agregó que la revisión *in situ* había sido un ejercicio de relaciones públicas útil, ya que había implicado una estrecha interacción entre los miembros del Comité y los operadores turísticos, así como con los turistas.

(150) Varios Miembros expresaron su firme apoyo a la recomendación para el monitoreo continuo de los sitios para identificar los impactos de los visitantes, y sugirieron que el Comité debería discutir cómo se podría lograr. En este punto, Nueva Zelandia reiteró el valor de los datos a largo plazo disponibles en el Inventario de Sitios antárticos de Oceanites Inc. Noruega también señaló que las experiencias del Ártico podrían ser relevantes al examinar las cuestiones relacionadas con las metodologías para la evaluación de la sensibilidad de sitios.

(151) La ASOC reconoció el valor de las directrices específicas del sitio, pero también instó a la Comisión a adoptar un enfoque estratégico para la gestión turística, en consonancia con la Resolución 7 (2009).

(152) En respuesta a una pregunta formulada por Alemania, el Reino Unido señaló que, aunque hubo menos detalles específicos del sitio en las Directrices para el sitio de Islas Orne que para algunos otros sitios, se consideró un sitio lo suficientemente importante como para justificar su propio conjunto de Directrices, dada su ubicación.

(153) El CPA debatió las recomendaciones presentadas en el documento de trabajo WP 15:

El CPA señaló y apoyó la Recomendación 1, que dice: *Que las Partes sigan esforzándose para garantizar que todos los visitantes de los sitios alcanzados por las Directrices para sitios aprobadas por la RCTA conozcan e implementen las Directrices.* Aquí se deberían incluir las visitas recreativas del personal del programa antártico nacional (PAN), así como los visitantes que participen en actividades privadas no comerciales.

El CPA consideró la Recomendación 2: *Que el CPA evalúe la realización de una encuesta para determinar el nivel de visitas recreativas del personal de los Programas Nacionales Antárticos a los sitios con Directrices para sitios vigentes.* El CPA animó a los miembros a presentar información sobre visitas recreativas sujetas a las directrices de los sitios por parte del personal de los PAN. El Reino Unido se ofreció a coordinar un proceso informal para buscar y recopilar información para presentarla al CPA XVII. El CPA señaló también el trabajo en curso de la RCTA con respecto a las recomendaciones del estudio turístico del CPA con respecto al desarrollo de bases de datos de visitas y animó a las Partes a considerar formas para garantizar que las visitas del personal del PAN se incluyan en estos desarrollos.

El CPA señaló y apoyó la Recomendación 3: *Que las Partes continúen desarrollando revisiones de las Directrices para sitios, de acuerdo con lo establecido en los requisitos particulares de cada sitio.* El CPA animó a las partes a centrarse en la inclusión de información específica sobre directrices para sitios nuevas o modificadas.

El CPA consideró la Recomendación 4: *Que las Partes trabajen para determinar un programa adecuado de observación de sitios, incluyendo un conjunto de criterios recomendados para dicho programa.* El CPA apuntó que esta recomendación coincide con las recomendaciones 6 y 7 del estudio sobre el turismo del CPA en relación con temas de monitoreo.

El CPA consideró la Recomendación 5: *Que el CPA determine la necesidad de observar el impacto causado por los visitantes en los sitios especialmente sensibles, conforme el análisis del programa de revisión en el terreno realizado este año.* El CPA señaló que esta recomendación coincide con las recomendaciones 3, 6 y 7 del estudio turístico del CPA en relación con temas de monitoreo.

El CPA consideró la Recomendación 6: *Que el CPA incluya en todas sus discusiones sobre observación de los sitios los efectos causados por fenómenos ajenos al terreno (por ejemplo, basura u otro tipo de objetos).* El CPA apuntó que esta recomendación hace referencia a las recomendaciones del estudio turístico del CPA en relación con temas de monitoreo, y animó a las Partes a considerar este tema en sus futuros debates.

El CPA consideró y respaldó la Recomendación 7: *Que las Partes continúen buscando la participación de la IAATO y de otros operadores no gubernamentales, según corresponda, en la elaboración de nuevas Directrices para sitios. Los operadores deberán informar a las Partes sobre los cambios que ameriten observación y una posible revisión de las Directrices para sitios.*

El CPA señaló y apoyó la Recomendación 8: que reza que:

- *Que se utilice mapas ilustrados con fotos, siempre que sea posible, para facilitar la interpretación en el terreno de las disposiciones de las Directrices para sitios;*

- *Que se desarrolle un formato de mapas estándar para su uso en todas las Directrices para sitios;*

- *Que las Directrices para sitios incluyan el dato de su fecha de aprobación y la de cualquier revisión posterior; y*

- *Que el CPA evalúe el beneficio de reunir todas las Directrices para sitios con un formato similar al de las Directrices generales, como parte del paquete de información práctica para visitantes de la Antártida.*

El CPA señaló y apoyó la Recomendación 9: *Que el CPA fomente en la IAATO y en otros operadores no gubernamentales el desarrollo de capacitación sobre mejores prácticas y/o sistemas de acreditación para guías y líderes de expediciones de la Antártida, de acuerdo con las discusiones del CPA de 2005 y 2006.* El CPA también señaló la conveniencia del compromiso de la RCTA en este trabajo.

El CPA consideró la Recomendación 10: *Que los miembros del CPA den importancia a la elaboración de directrices especiales para los visitantes destacando los signos visibles de perturbación y su importancia a fin de evitar la perturbación de la vida silvestre.* El CPA insta a los miembros a presentar, consultándolo con el SCAR, propuestas relacionadas con esta recomendación.

(154) Considerando las conexiones entre las recomendaciones del WP 15 y las recomendaciones del estudio turístico del CPA, se apuntó que la RCTA había solicitado al CPA que abordara las Recomendaciones 3, 4, 6 y 7, de las cuales la 3 y la 6 se habían identificado como áreas prioritarias.

(155) Estados Unidos presentó el WP 26, *Enmienda propuesta para las Directrices del Tratado Antártico para visitantes de isla Torgersen,* en el que se propone una modificación de las directrices existentes como respuesta a las reducciones significativas en la población de pingüinos Adelia. En respuesta a una consulta de Francia, Estados Unidos comentó que, ya que las directrices de los sitios eran voluntarias, era más apropiado que las directrices del sitio de Isla Torgersen desaconsejaran encarecidamente -en lugar de prohibir- las visitas a la isla a principios de la temporada. En respuesta a una consulta de Noruega con respecto a la ausencia de una referencia al tamaño de los buques, Estados Unidos apuntó que el motivo de mayor preocupación para el sitio era el tiempo de las visitas y no la masificación del mismo. El Comité aprobó las Directrices del sitio revisadas para este sitio.

(156) Dando las gracias a Estados Unidos, la ASOC señaló que se trataba de un buen ejemplo de la aplicación práctica del principio precautorio a la gestión de los sitios.

(157) Estados Unidos presentó el WP 46, *Enmienda propuesta para las Directrices del Tratado Antártico para visitantes de cabo Baily, isla Decepción,* elaborado conjuntamente con Argentina, Chile, España, Reino Unido, ASOC e IAATO. Se señaló que se instó al Grupo de Gestión de la isla Decepción a revisar estas directrices tras un informe de una disminución significativa (> 50 %) en la abundancia de pingüinos de barbijo que reproducen en el cabo Baily desde el último censo global en 1986/1987. El Comité aprobó las Directrices del sitio revisadas para este sitio.

(158) Ecuador presentó el WP 64, *Mapa actualizado de la isla Barrientos*, cuya propuesta debería incluirse en las actuales Directrices para la isla Barrientos. Varios Miembros dieron las gracias a Ecuador por su trabajo, y la IAATO resaltó que el mapa actualizado era exhaustivo y sencillo de interpretar. Tras unas modificaciones menores de los mapas basándose en los comentarios durante el debate, el Comité aprobó las Directrices del sitio revisadas.

Asesoramiento del CPA a la RCTA

(159) Tras considerar dos nuevas directrices de sitios y catorce directrices de sitios revisadas, el Comité acordó remitir las siguientes directrices de sitios a la RCTA para su adopción:

- Puerto Yankee
- Isla Media Luna
- Farallón Brown
- Punta Hannah
- Isla Cuverville
- Isla Danco
- Puerto Neko
- Isla Pleneau
- Isla Petermann
- Punta Damoy
- Punta Jougla
- Cabo Baily, Isla Decepción
- Isla Torgersen
- Isla Barrientos
- Puerto Orne (nuevo)
- Islas Orne (nuevo)

(160) Estados Unidos presentó el IP 20, *Antarctic Site Inventory: 1994-2013*, que proporciona una actualización de los resultados del inventario de sitios antárticos llevado a cabo por Oceanites Inc. a lo largo de febrero de 2013. Las tendencias clave identificadas en esta recopilación a largo plazo reflejan un rápido incremento y expansión hacia el sur de las poblaciones de pingüinos papúa, así como reducciones significativas en las poblaciones de pingüinos Adelia y de barbijo en la Península Antártica occidental.

(161) La IAATO presentó el IP 97, *Report on IAATO Operator Use of Antarctic Peninsula Landing Sites and ATCM Visitor Site Guidelines, 2012-13 Season*, señalando que el turismo marítimo tradicional suponía en torno al 95% de toda la actividad en tierra, que los 20 sitios más visitados representaban el 72% del número total de desembarcos realizados y que todos los sitios más visitados menos uno -punta Portal- estaban abarcados por planes de gestión específicos. En respuesta, el Reino Unido se ofreció para ayudar en la elaboración de unas directrices nuevas para punta Portal, en caso que los Miembros lo consideraren necesario.

(162) La IAATO presentó el IP 102, *Barrientos Island Footpath Erosion*, en el que se resumen los resultados de una investigación interna llevada a cabo por la IAATO en relación con la erosión de las carpetas de musgo de la isla Barrientos. La IAATO informó que sus miembros continuarían prohibiendo el paso a través de la Zona cerrada B de la isla Barrientos hasta que haya información adicional, y que estudiaría opciones para reforzar las observaciones del personal de campo. La IAATO también comentó que, aunque las Directrices de los sitios se percibieran como algo beneficioso, el ejemplo de la isla Barrientos ponía de manifiesto la necesidad de contar con información más detallada en aquellos sitios donde se promuevan prácticas de gestión más precisas.

(163) Ecuador dio las gracias a la IAATO por su investigación e informó al Comité de que había observado el cumplimiento total de la Resolución 5 (2012) y que continuaría informando al Comité a este respecto.

9 d) La huella humana y los valores silvestres

(164) Nueva Zelandia presentó el WP 35, *Posible material orientativo para ayudar a las Partes a tomar conciencia de los valores de vida silvestre en las evaluaciones de impacto ambiental* y el IP 39, *Intersessional report on the provision of guidance material to assist Parties to take account of wilderness*

values when undertaking environmental impact assessments. Nueva Zelandia propuso que las Partes utilizaran este material dentro de las Directrices para la Evaluación de Impacto Ambiental en la Antártida y, posiblemente, como parte de una actualización más amplia de dichas Directrices.

(165) Los miembros reconocieron el liderazgo continuo de Nueva Zelandia con respecto a los debates del Comité acerca de los valores silvestres. Muchos miembros expresaron su apoyo a la propuesta y a continuar debatiendo en torno a este tema. Francia comentó algunas de las complejidades que afectan a los valores silvestres, incluida la cuestión de escala en el establecimiento de las zonas silvestres y las diferencias entre valores tangibles e intangibles y entre valores estéticos y silvestres.

(166) Japón instó a los miembros a proporcionar ejemplos concretos sobre cómo tener en cuenta los valores silvestres para la protección de las zonas.

(167) A la luz de los debates, Nueva Zelandia confirmó que pretendía continuar sus trabajos relativos a los valores silvestres, puliendo algunos aspectos técnicos y colaborando con las Partes interesadas con vistas para contribuir a la revisión de las directrices de las EIA a su debido tiempo. Nueva Zelandia señaló que los aportes de la ASOC en el Foro del CPA incluían ejemplos de cómo tener en cuenta los valores silvestres en el marco de las EIA.

(168) La ASOC presentó el IP 60, *Mapping and modelling wilderness values in Antarctica: Contribution to CEP's work in developing guidance material on wilderness protection using Protocol tools*, en el que se resumen las recomendaciones de un informe producido por el Wildland Research Institute. Basándose en el estudio de la documentación relativa a la forma de mapear y modelar la calidad de los valores silvestres en todo el mundo mediante el uso de sistemas de información geográfica (SIG), el documento recomendaba, entre otras cosas, que la CPA adoptara la premisa básica universal de que la condición de lo silvestre se da cuando la ubicación se encuentre lejos de asentamientos y accesos mecanizados y relativamente libre de cambios inducidos por el ser humano para su ocupación. La ASOC instó a las Partes a utilizar las herramientas existentes del Protocolo de Madrid para dar los pasos concretos para proteger los valores silvestres de la Antártida.

(169) Los Países Bajos apoyaron las recomendaciones de la ASOC y sugirieron que también sería útil una visión más amplia de lo que acontece con los valores silvestres en todo el mundo. En respuesta a una consulta de la Federación de

Rusia, la ASOC aclaró que su revisión de la literatura disponible no había incluido el desarrollo de una medida cuantitativa de los valores silvestres de la Antártida.

(170) El COMNAP presentó el IP 33, *Analysis of National Antarctic Program increased delivery of science*, en el que se mostraban los resultados de un análisis efectuado por el Programa Antártico Nacional chileno, del Instituto Antártico Chileno (INACH). Este análisis identificó procedimientos y estrategias para continuar proporcionando más ciencia a la vez que se reduce la huella de su programa en la Antártida.

9 e) Protección y gestión del espacio marino

(171) Se presentaron los siguientes documentos en este tema del programa:

- BP 17 *Antarctic Ocean Legacy Update 1: Securing Enduring Protection for the Ross Sea Region* (ASOC)

9 f) Otros asuntos relacionados con el Anexo V

(172) El Reino Unido presentó el WP 10, *Identificación de refugios potenciales de pingüinos emperadores ante el cambio climático: un enfoque científico*, en el que se indica que el cambio climático probablemente afectaría el rango de distribución geográfica y el éxito reproductivo del pingüino emperador. El Reino Unido sugirió que las técnicas de detección remota indicadas en el documento podrían constituir un cambio radical que contribuya a mejorar la base empírica para el monitoreo de sitios vulnerables, incluidas las ZAEP, y recomendó a la CPA que: a) reconociera que el valor significativo ofrecido por la detección remota como técnica para recopilar pruebas detalladas sobre la variabilidad de la población de pingüinos emperador en relación con el cambio climático localizado; b) apoyara la propuesta reflejada en este documento como método apropiado para identificar los refugios ante un posible cambio climático para los pingüinos emperador; y c) instara a las Partes con programas de trabajo relacionados con los pingüinos emperador a considerar su colaboración con el Reino Unido para continuar con el desarrollo y la aplicación de estas técnicas de monitoreo en la vasta región antártica.

(173) Los miembros dieron las gracias al Reino Unido por su documento y reconocieron los beneficios de las técnicas propuestas. Algunos Miembros señalaron que aunque la detección remota era muy útil, debían tenerse en

cuenta otras técnicas complementarias, incluidos estudios del suelo para validar la detección remota. Francia recordó algunas de las limitaciones del uso exclusivo de imágenes satelitales y señaló que el rastreo individual de pingüinos emperador en Dumont d'Urville proporciona información útil sobre los parámetros demográficos que ayudan a mejorar nuestra comprensión sobre las variaciones de tamaño de las colonias, en relación con el cambio climático. Alemania y Argentina recordaron a los Miembros las actividades del Grupo de acción del SCAR sobre la detección remota y propusieron un trabajo colaborativo con el SCAR. Australia mencionó que sus científicos también participaban en investigaciones de detección remota y expresó su voluntad de colaborar con el Reino Unido e intercambiar información al respecto.

(174) Aunque felicitó al Reino Unido por su enfoque precautorio, China subrayó que muchos factores afectan el tamaño de las colonias de pingüinos y que, entre los posibles defectos de los datos de la detección remota, se incluyen el tiempo limitado de la observación y que algunos de ellos sólo pueden registrarse a partir de una investigación en el terreno. La Federación de Rusia acordó que los cambios en las poblaciones de aves y otras especies no solo están relacionados con el cambio climático, sino también con otras variables. Sugirió que sería interesante comparar la situación de las colonias de pingüinos en las zonas oriental y occidental de la Antártida, donde los impactos del cambio climático son diferentes.

(175) El SCAR recordó que su recién formado Grupo de acción sobre detección remota se reuniría durante el Simposio de Biología del SCAR de Barcelona, en julio de 2013. La ASOC señaló que existe poca información sobre las formas en que la biología de los pingüinos emperador podría verse afectada por el cambio climático y apoyó la propuesta del Reino Unido de realizar estudios a gran escala y a largo plazo.

(176) En conclusión, el Comité apoyó el monitoreo de las colonias de pingüinos emperador mediante el uso de técnicas de detección remota para identificar refugios ante un posible cambio climático y animó a los Miembros a realizar trabajos similares en otras regiones de la Antártida. El Comité también señaló que se deberían utilizar otras técnicas para complementar la detección remota y acogió la oferta del Reino Unido para liderar debates informales sobre el tema durante el período entre sesiones.

(177) Al presentar el WP 21 *Análisis de los valores de fauna silvestre de las ZAEP y las ZAEA*, la Federación de Rusia recordó su propuesta de requerir

programas de monitoreo, particularmente de la vida silvestre antártica, en zonas con planes de gestión existentes o propuestos, para recopilar pruebas científicas que asistan a la toma de decisiones sobre planes de gestión.

(178) En respuesta, varios Miembros reiteraron las reservas que habían expuesto en reuniones anteriores acerca de la propuesta para convertir dicho monitoreo en obligatorio, incluyendo la reunión del CPA XV.

(179) La Federación de Rusia agradeció a los Miembros sus comentarios y sugerencias y señaló que, aunque su propuesta se amparaba totalmente en la Resolución 2 (2011), revisaría su propuesta para eliminar los elementos obligatorios.

(180) El Comité no llegó a un consenso con respecto a la propuesta de la Federación de Rusia sobre el monitoreo ambiental relacionado con las zonas protegidas. Aunque el Comité expresó su gratitud a la Federación de Rusia por exponer un tema importante, ciertos Miembros siguen teniendo reservas con respecto a la sustancia de la propuesta. Por tanto, el Comité acordó seguir debatiendo el tema del monitoreo durante el CPA XVII.

(181) El Comité acogió la oferta de la Federación de Rusia de liderar debates entre sesiones sobre esta cuestión. Animó a la participación de los Miembros interesados y el SCAR.

(182) La Federación de Rusia presentó el WP 22, *La regionalización biogeográfica de Rusia en comparación con la clasificación de Nueva Zelandia*, en la que se apuntaba que los científicos rusos habían generado clasificaciones de tipos de paisajes sobre la base de parámetros ambientales. La Federación de Rusia expuso que este trabajo podría apoyarse en las clasificaciones existentes, y también complementarlas, , entre las que puede citarse el Análisis de dominios ambientales adoptado en virtud de la Resolución 3 (2008) y las Regiones biogeográficas de conservación antártica adoptadas según la Resolución 6 (2012).

(183) Muchos miembros agradecieron a la Federación de Rusia por su trabajo y expresaron su firme apoyo a la propuesta. Australia recordó el WP 23/ RCTA XXXV presentado conjuntamente entre Nueva Zelandia y el SCAR, en el que se identificaban 15 regiones biogeográficas de conservación antártica y donde se exponía que la inclusión de más datos podría permitir la realización de análisis adicionales que posiblemente darían como resultado un refinamiento de la clasificación. Nueva Zelandia destacó la importancia del refinamiento continuo

de las regiones biogeográficas y de las herramientas científicas asociadas, y reconoció la contribución de la Federación de Rusia a este respecto.

(184) El SCAR acogió el documento de la Federación de Rusia, y recordó el WP 23 rev.1 / RCTA XXXV presentado el año pasado por Australia, Nueva Zelandia y el SCAR, que señalaba que las regiones biogeográficas de conservación antártica se basaban en el análisis original de los dominios ambientales de toda la Antártida elaborado por Nueva Zelandia. Lo que hizo el análisis científico para llegar a estas regiones fue incluir la opinión de expertos, y datos sobre la distribución de organismos. El SCAR acogió estos puntos de vista adicionales de la Federación de Rusia, que ayudan a seguir desarrollando el conocimiento biogeográfico de la región. Los datos adicionales sobre biodiversidad disponibles también son bienvenidos y podrían contribuir a la base de datos sobre biodiversidad del SCAR establecida en Australia. El desarrollo por parte de científicos australianos de un Sistema de Monitoreo del ámbito costero litoral y terrestre de la Antártida también ayudará al CPA en este trabajo. Estos nuevos datos, especialmente de estudios genéticos, también ayudarán a comprender la influencia de la historia en la biogeografía. Dos nuevos Programas de investigación del SCAR: Estado del ecosistema antártico y Ecosistemas Antárticos: Adaptaciones, Umbrales y Resiliencia, proporcionan un medio para integrar la información biogeográfica tanto de científicos de la Federación de Rusia como de otros lugares.

(185) El Comité admitió que el trabajo realizado por la Federación de Rusia era complementario a otros trabajos previos efectuados por Australia, Nueva Zelandia y el SCAR, y que proporcionaba datos útiles.

(186) Bélgica presentó el WP 39, *Huella humana en la Antártida y conservación a largo plazo de los hábitats microbianos terrestres*, elaborado conjuntamente con el SCAR, Sudáfrica y Reino Unido, en el que se resaltan las posibles amenazas para la conservación de los ecosistemas microbianos terrestres de la Antártida y para la futura investigación científica de los mismos. Bélgica resaltó que recientes avances en técnicas de biología molecular habían permitido identificar distintas comunidades microbianas y especies endémicas antárticas. Los proponentes recomendaron consecuentemente: a) que la contaminación microbiana de sitios prístinos debe ser considerada por las Partes en sus EIA en caso de actividades en ubicaciones que probablemente no hayan sido visitadas previamente; y b) se debería utilizar de forma más activa el sistema de áreas protegidas para proteger los hábitats microbianos por su potencial científico futuro y por su propio

valor intrínseco, incluso mediante la designación de zonas que no han sido afectadas por interferencias humanas.

(187) Los Miembros dieron las gracias a Bélgica y a sus coautores por su contribución, avalada por datos científicos extensivos, y reconocieron la importancia de esta cuestión. Asimismo, surgieron ciertas cuestiones como: la dificultad para controlar el transporte de organismos microbianos; la definición de "zona prístina" en su aplicación a los microorganismos de la Antártida; la posibilidad de establecer zonas prohibidas y la carencia actual de métodos de descontaminación. Se propuso la inclusión de microorganismos acuáticos, así como la importancia de la investigación ecológica.

(188) Algunos miembros apuntaron la importancia del trabajo para proteger los hábitats microbianos y expresaron en forma general apoyo a las recomendaciones recogidas en el WP 39.

(189) El Reino Unido presentó el IP 111, *Gestión de Zonas Antárticas Especialmente Protegidas: permisos, visitas y prácticas de intercambio de información*, elaborado de forma conjunta con España, en el que se presentaba información sobre las prácticas de intercambio de información entre las Partes relacionadas con las visitas a las ZAEP. Las Partes habían interpretado e implementado la legislación sobre las zonas protegidas de distintas formas. Algunas Partes no habían proporcionado la información completa sobre la visita a la ZAEP a través del Sistema Electrónico de Intercambio de Información (SEII), dentro de los plazos anuales requeridos. Los niveles estimados de visitas a las ZAEP variaban considerablemente con una media de mayor nivel de visitas a (i) ZAEPs dentro de las regiones de la Península Antártica y la región del Mar Ross y (ii) aquellas ZAEP designadas para la protección de valores históricos. Reino Unido y España concluyeron que los datos sobre las visitas a ZAEP serían de uso limitado para documentar las prácticas generales y específicas de gestión ambiental en las ZAEPs, salvo que las Partes procedan a su completa y consistente desagregación.

(190) Varios Miembros expresaron su preocupación ante la falta de datos disponibles sobre visitas a las ZAEP en el SEII y recomendaron un intercambio de información completo y exhaustivo según los requisitos del Artículo 10 del Anexo I del Protocolo de Madrid, para permitir una gestión más coordinada y efectiva de las actividades en las ZAEP. También señalaron que en el futuro debería considerarse la revisión y, según fuese el caso la corrección, de los requisitos de intercambio de información, para garantizar que los informes de las Partes proporcionen datos de la mayor

relevancia posible para documentar la gestión de las zonas protegidas. La ASOC también señaló que las limitaciones del intercambio de información constituían una cuestión de más amplia relevancia para la RCTA y el CPA, por ejemplo, en relación a las inspecciones y a la prospección biológica.

(191) Ecuador presentó el WP 55, *Recuperación de las comunidades de musgos en los senderos de la isla Barrientos y propuesta de manejo turístico*, elaborado conjuntamente con España, en el que se describían los resultados del sistema de monitoreo de los visitantes y de una evaluación del estado de la cubierta vegetal de los senderos de la isla Barrientos. El documento propone extender el monitoreo a los senderos central y costero, e insta a las Partes a desarrollar medidas de gestión de visitantes específicas para el extremo occidental de la isla.

(192) El Reino Unido, Francia y Argentina sugirieron mantener cerrados los senderos en cuestión y expresaron su voluntad de contribuir a las directrices de gestión. En respuesta a una pregunta formulada por Francia, Ecuador aclaró que los casos conocidos de utilización de vías centrales y costeras eran propensos a haber sido debidos a una mala interpretación de los mapas de la zona. La IAATO afirmó que sus miembros habían decidido abstenerse de utilizar estos caminos, y que también estaba dispuesta a contribuir a las directrices de gestión. La ASOC considera el enfoque adoptado por España y Ecuador como un modelo para la gestión de las áreas con visitas regulares.

(193) Los siguientes documentos también se presentaron en este tema del Programa:

- IP 35, *The non-native grass Poa pratensis at Cierva Point, Danco Coast, Antarctic Peninsula – on-going investigations and future eradication plans* (Argentina, España y Reino Unido)

- IP 46 *Report of the Antarctic Specially Managed Area No. 6 Larsemann Hills Management Group* (Australia, China, India y la Federación de Rusia)

- IP 73 *Antarctic trial of WWF's Rapid Assessment of Circum-Arctic Ecosystem Resilience (RACER) Conservation Planning Tool: initial findings* (Reino Unido y Noruega)

- BP 10 *Update on Developing Protection for a Geothermal Area: Volcanic Ice Caves at Mount Erebus, Ross Island* (Estados Unidos y Nueva Zelandia)

Tema 10. Conservación de la flora y fauna antárticas

10 a) Cuarentena y especies no autóctonas

(194) Alemania presentó el WP 19, *Informe sobre el proyecto de investigación "El impacto de las actividades humanas sobre los organismos edáficos de la Antártida Marítima y la introducción de especies no autóctonas en la Antártida"*, en relación con las medidas de bioseguridad para evitar la transferencia y la introducción de organismos edáficos no autóctonos, y se refirió al IP 55 *Final Report on the Research Project "The Impact of Human Activities on Soil Organisms of the Maritime Antarctic and the Introduction of Non-Native Species in Antarctica"*. Asimismo, la información relacionada incluida en el informe final del proyecto de investigación que está disponible en *http://www.umweltbundesamt.de/uba-info-medien/4416.html*.

(195) Muchos Miembros expresaron su reconocimiento por los esfuerzos científicos de Alemania y subrayaron los factores que podrían aumentar el riesgo de introducción de organismos no autóctonos, entre ellos destacaron un número creciente de visitantes y el cambio climático. Nueva Zelandia destacó la importancia de seguir trabajando en la cuestión de las especies no autóctonas en la Antártida y en la adopción de un enfoque precautorio y preventivo de la gestión de riesgos. SCAR recordó las conclusiones de su estudio "Aliens en la Antártida", presentado a la RCTA en 2012, que llegó a la conclusión de que sobre una base per cápita, se había descubierto que los científicos transportaban más propágulos de plantas que otros tipos de visitantes, por lo que todas las categorías de visitantes deben ser considerados capaces de transferir especies no autóctonas a la región.

(196) El Comité felicitó a Alemania por su investigación y apoyó las recomendaciones contenidas en el mismo. El Comité estuvo de acuerdo en hacer avanzar los trabajos, bajo la dirección de Alemania, a través de un grupo de trabajo abierto e informal. El Comité tomó nota de la buena disposición de SCAR, la IAATO y la ASOC para contribuir a esta labor.

(197) Otros documentos presentados en relación con este tema del programa fueron:

- IP 28, *Colonisation status of known non-native species in the Antarctic terrestrial environment (updated 2013)* (Reino Unido)

- IP 35, *The non-native grass* Poa pratensis *at Cierva Point, Danco Coast, Antarctic Peninsula – on-going investigations and future eradication plans* (Argentina, España, Reino Unido)

- BP 9 *Australia's new Antarctic cargo and biosecurity operations facility* (Australia)

10 b) Especies especialmente protegidas

(198) No se presentaron documentos en relación con este tema del programa.

10 c) Otros asuntos relacionados con el Anexo II

(199) El COMNAP presentó el IP 31, *Use of hydroponics by national Antarctic programs*, que revisó los impactos ambientales potenciales de los cultivos hidropónicos de los programas nacionales antárticos de Australia, Nueva Zelandia y Estados Unidos y las medidas de gestión basadas en el riesgo en el lugar.

Tema 11. Vigilancia ambiental e informes sobre el estado del medio ambiente

(200) Bélgica presentó el WP 37, *www.biodiversity.aq: La nueva red de información sobre biodiversidad antártica,* preparado conjuntamente con el SCAR, que describe el renovado portal internacional de la biodiversidad antártica, basado en el legado de la red de información sobre biodiversidad marina de SCAR y en el Servicio de Información sobre Biodiversidad Antártica. El SCAR demostró cómo el portal proporciona acceso a datos de biodiversidad antártica tanto marina como terrestre.

(201) Australia dio la bienvenida a la iniciativa del portal de biodiversidad e indicó que trabajaría estrechamente con Bélgica para maximizar las sinergias con la Base de datos de Biodiversidad, la cual es administrada por el Centro Australiano de Datos Antárticos en nombre del SCAR.

(202) Muchos miembros expresaron su apoyo al portal de biodiversidad y agradecieron a Bélgica y al SCAR el trabajo, que hace que los datos de biodiversidad sean más accesibles para la comunidad científica y para el público en general.

(203) Varios miembros hicieron preguntas, relacionadas con: la interacción con el Portal del Medio Ambiente Antártico, la financiación a largo plazo, la financiación privada, la cartografía y la participación del Comité en el portal.

(204) En respuesta a una pregunta formulada por Alemania y Brasil, el SCAR y Nueva Zelandia reiteraron que el portal de diversidad biológica era un repositorio de datos primarios en bruto, mientras que el portal del medio ambiente antártico administrado por Nueva Zelandia proporcionaría información resumida sobre la base de publicaciones científicas revisadas por pares que sea relevante para cuestiones prioritarias del CPA.

(205) Argentina expresó preocupación con respecto a la dependencia de las fuentes privadas de financiación y sobre el alcance de algunos mapas incluidos en el Portal, que exceden el ámbito espacial del Tratado Antártico. También recordó la presentación de su WP 58 *"Aportes a las discusiones referentes al acceso y manejo de información ambiental en el marco del Sistema del Tratado Antártico"*.

(206) Perú comparte la preocupación de Argentina en relación con el ámbito geográfico del Portal de Biodiversidad de la Antártida. Además, Perú manifestó que no podía apoyar la resolución que se propuso en el WP 37, debido al hecho de que una de las instituciones asociadas a *www.biodiversity. aq*, llamada Sistema de Información Biogeográfico del Océano (OBIS), presentó mapas incorrectos de Perú.

(207) El Comité tomó nota de la iniciativa y reconoció el gran valor de *www. biodiversity.aq*.

(208) El SCAR presentó el IP 19, *1st SCAR Antarctic and Southern Ocean Science Horizon Scan*, cuyo objetivo era reunir a 50 de los más renombrados científicos, responsables políticos, líderes y visionarios antárticos, para identificar las cuestiones científicas más importantes que deben ser abordadas por la ciencia en y desde la región polar austral en las próximas dos décadas, a la convergencia de programas, proyectos y recursos internacionales,

(209) La República de Corea presentó el IP 27, *Korean/German Workshop about Environmental Monitoring on King George Island*, preparado conjuntamente con Alemania, que resumió las acciones del taller que tuvieron lugar en Seúl, República de Corea, en abril de 2013. Señaló que la Isla Rey Jorge/Isla 25 de

Mayo era un lugar adecuado para el estudio de los cambios climáticos y los impactos humanos. También tomó nota de que era necesaria la recolección de datos a largo plazo a través de un mecanismo de integrado de monitoreo. El diálogo entre la República de Corea y Alemania se llevaría a cabo de forma regular, por ejemplo a través de reuniones anuales con todos los científicos interesados que puedan contribuir a las actividades de monitoreo e investigación en la Bahía Maxwell, que están invitados a unirse.

(210) La ASOC presentó el IP 67, *Management implications of tourist behaviour*, que examinó los aspectos del comportamiento de los turistas antárticos en el contexto de las tendencias del turismo actual. El documento sugiere un enfoque estratégico para la regulación y gestión del turismo, en particular mediante el uso de las áreas especialmente administradas y protegidas como herramientas de gestión del turismo, en lugar de centrarse en la regulación del comportamiento turístico a través de directrices específicas para sitios.

(211) Otros documentos presentados en relación con este tema del programa fueron:

- IP 5, *The Southern Ocean Observing System (SOOS) 2012 Report* (SCAR)

- IP 29, *Remote sensing for monitoring Antarctic Specially Protected Areas: Progress on use of multispectral and hyperspectral data for monitoring Antarctic vegetation* (Reino Unido)

- IP 59, *Update to Vessel Incidents in Antarctic Waters* (ASOC)

- IP 66, *Discharge of sewage and grey water from vessels in Antarctic Treaty waters* (ASOC)

- IP 76, *Report on the accident occurred to an excavator vehicle at Mario Zucchelli Station, Ross Sea, Antarctica* (Italia)

- IP 107, *Centro de Investigación y Monitoreo Ambiental Antártico, CIMAA: Avances en el monitoreo de calidad de agua y oportunidades de cooperación* (Chile)

Tema 12. Informes de inspecciones

(212) Alemania presentó el WP 4, *Inspección realizada por Alemania y Sudáfrica, de acuerdo con el artículo VII del Tratado Antártico y el artículo 14 del Protocolo de Protección del Medio Ambiente: Enero 2013* y se refirió al IP 53,

preparado conjuntamente con Sudáfrica. Las inspecciones a Troll (Noruega), Halley VI (Estados Unidos), Princesa Isabel (Bélgica), y las estaciones Maitri (India) del 8 al 29 de enero de 2013 no habían observado infracciones directas del Tratado Antártico o del Protocolo de Madrid aunque las medidas de protección ambiental varían de una estación a otra. Las recomendaciones ambientales del grupo de inspección incluyeron: reemplazar incineradores antiguos y eliminar elementos no funcionales, mejorar la prevención y la respuesta ante derrames de petróleo, monitorear y eliminar las aguas residuales tratadas, implementar medidas para prevenir la introducción de especies no autóctonas y certificar que se obtengan los permisos necesarios. El equipo de inspección también sugirió que en futuras inspecciones se haga uso de informes de inspección previos como punto de referencia.

(213) Sudáfrica mencionó su aprecio por la hospitalidad y cooperación recibidas en todas las estaciones que fueron inspeccionadas y reiteraron el valor de dicha inspección en la promoción de la implementación de las disposiciones del Tratado y del Protocolo. Los miembros cuyas estaciones fueron inspeccionadas agradecieron a Alemania y Sudáfrica su informe, confirmaron que tenían la intención de aplicar las recomendaciones y señalaron que estas inspecciones inspiraron mejoras y fueron controles importantes para los programas antárticos nacionales inspeccionados.

(214) Noruega agradeció a Alemania y Sudáfrica por su exhaustivo informe de inspección y señaló la importancia de las inspecciones en la Antártida, tanto para asegurar el mantenimiento de los principios del Tratado Antártico, como para garantizar el control y equilibrio de los operadores individuales. Noruega señaló que la inspección había proporcionado buenos aportes para el futuro desarrollo de operaciones ambientalmente racionales en la base Troll. Noruega, además, subrayó que se habían obtenido los permisos necesarios y que los científicos noruegos que llevan a cabo trabajos en la ZAEP 142 los portaban consigo, aunque no estaba disponible en la estación Troll una copia de este permiso en el momento de la inspección. En cuanto a las recomendaciones generales de la inspección, Noruega prestó su apoyo, en particular, a la importancia del uso compartido de las instalaciones y la infraestructura desde una perspectiva medioambiental.

(215) Con respecto la estación de Maitri, India comentó que algunos problemas logísticos impidieron a su personal la descarga de varias piezas de maquinaria. India informó acerca de la elaboración de un plan que tiene como objetivo la introducción de mejores estándares ambientales en sus estaciones científicas.

Para la próxima temporada, se propone que la incineradora en Maitri deberá estar provisto de un mecanismo de control de emisiones. La contención de los tanques de combustible se verá reforzada y el tratamiento de las aguas residuales ha mejorado.

(216) Con referencia a la RCTA XXXVI / IP 37 en la estación Halley VI, el Reino Unido confirmó que la nueva estación estaba abierta y en pleno funcionamiento. La OMM recientemente otorgó a esta base un status mayor en el marco de su Programa de Monitoreo Global de la Atmósfera. El Reino Unido reiteró el apoyo de los demás Miembros para el uso compartido de instalaciones con el fin de minimizar impactos ambientales acumulativos.

(217) El Reino Unido presentó el WP 9, *Recomendaciones generales para las inspecciones conjuntas realizadas por el Reino Unido, los Países Bajos y España en virtud del Artículo VII del Tratado Antártico y el Artículo 14 del Protocolo del Medio Ambiente* y se refirió al IP 38, *Report of the Joint Inspections undertaken by the United Kingdom, the Netherlands and Spain under Article VII of the Antarctic Treaty and Article 14 of the Environmental Protocol*, elaborado conjuntamente con los Países Bajos y España. Las inspecciones fueron llevadas a cabo desde el 1 al 14 de diciembre de 2012 en 12 estaciones permanentes, tres estaciones inactivas, tres Sitios y Monumentos Históricos, cuatro cruceros, un yate y un sitio de naufragio. Los autores señalaron que no se habían observado importantes infracciones al Tratado Antártico ni al Protocolo de Madrid. Las recomendaciones ambientales del grupo de inspección incluyeron: que los nuevos desarrollos y actividades deben estar precedidos por una EIA y que las instalaciones y servicios, tales como el almacenamiento de combustible, generación de energía, producción de agua, alojamiento y gestión de los residuos comunes deben ser compartidas entre estaciones en lo posible para reducir los impactos acumulativos de sus actividades.

(218) España y los Países Bajos dieron las gracias al Reino Unido por la organización de la inspección y extendieron su agradecimiento a todas las personas inspeccionadas por su hospitalidad y cooperación. España reiteró la recomendación del informe sobre la supervisión continua de los tanques de almacenamiento de combustible, para verificar posibles pérdidas y corrosión.

(219) Brasil, China, Chile, Polonia, la República de Corea, Argentina y la Federación de Rusia informaron al Comité que cada uno de ellos estaba en el proceso de examen y aplicación de las recomendaciones específicas en relación con sus estaciones, si fuera apropiado.

(220) Aunque reconociendo los beneficios de compartir los servicios y recursos de las estaciones, la Federación de Rusia señaló que esto podría ser difícil de lograr, dados los problemas prácticos y el hecho de que la legislación nacional para aplicar el Protocolo de Madrid difería entre las Partes.

(221) Con respecto a la recomendación relativa a la capacidad máxima de visitantes de los sitios más frecuentemente visitados, la IAATO comentó que consideraba que el tipo de actividades desarrolladas y el comportamiento de los visitantes en un sitio eran factores de mayor relevancia cuando se consideraban posibles impactos ambientales.

(222) Malasia comentó que había sido beneficiario de la cooperación internacional en la Antártida y señaló que, aunque Malasia no tenía su propia estación en la Antártida, los estudiantes malayos habían producido numerosos doctorados y maestrías en campos de la Antártida con el apoyo de otras Partes del Tratado.

(223) La Federación de Rusia presentó el IP 45, *Report of Russia – US joint Antarctic Inspection, November 29 – December 6, 2012*, preparado conjuntamente con los Estados Unidos. Se informó sobre las inspecciones realizadas en las estaciones Maitri (India), Zhongshan (China), Bharati (India), Syowa (Japón), Princesa Isabel (Bélgica) y Troll (Noruega), del 29 de noviembre al 6 de diciembre de 2012. Se encontró que todas las estaciones estaban bien organizadas y en general cumplían con el Tratado Antártico y su Protocolo de Madrid. Las mejoras recomendadas incluyeron garantizar que el personal de la estación entendiera el Anexo 1 del Protocolo sobre la EIA y que los programas antárticos nacionales consideren la realización de monitoreo ambiental de los impactos potenciales de las actividades de sus estaciones, como parte de sus programas científicos.

(224) Estados Unidos agradeció a la Federación de Rusia su cooperación y extendió su agradecimiento a todo el personal involucrado en la inspección.

(225) Todas las Partes inspeccionadas expresaron su agradecimiento a la Federación de Rusia y EE.UU. por la inspección exhaustiva llevada a cabo por las dos Partes. India explicó que estaba llevando a cabo un plan para hacer frente a todas las recomendaciones del informe y que informaría al Comité sobre los progresos realizados. Japón confirmó que estaba abordando los problemas de gestión de residuos mencionados en el informe. Noruega observó con interés la recomendación de hacer del seguimiento de los impactos de las operaciones de la estación, como parte de los programas científicos.

(226) La ASOC señaló que los aspectos negativos que se muestran en el informe son muy similares a los mostrados en el pasado. Le preocupaba que había una brecha entre Partes que implementaron el protocolo rigurosamente y otras que no lo hicieron. La ASOC observó que la práctica actual de las inspecciones podría contribuir a mejorar el nivel de aplicación del Protocolo.

(227) China llamó la atención del Comité sobre el hecho de que el grupo de inspección llegó el día de reabastecimiento de su estación, y que por lo tanto todo el personal, había estado ocupado en esta tarea. Señaló que algunas otras cuestiones planteadas en el informe se habían abordado mientras tanto.

(228) Uruguay presentó el WP 51 rev.1, *Disponibilidad complementaria de información sobre listas de Observadores de las Partes Consultivas a través de la Secretaría del Tratado Antártico*, preparado conjuntamente con Argentina, que recomendaba que las Partes Consultivas informaran a la Secretaría, además de la notificación por vía diplomática, cuando asignaran Observadores para llevar a cabo Inspecciones. Además, recomendó que la STA incluyera esta información en su base de datos, que estará disponible en los informes pre-temporada de las Partes, incluidos en el Sistema de Intercambio de Información.

(229) Italia llamó la atención del Comité sobre el IP 77 *Italy answer to the US / Russian Inspection at Mario Zucchelli Station in 2012* (Italia) y el IP 16 *Status of the fluid in the EPICA borehole at Concordia Station: an answer to the US / Russian Inspection in 2012* (Francia e Italia), que respondió a algunas preguntas planteadas por la inspección conjunta ruso-estadounidense que tuvo lugar en 2012, principalmente relacionadas con la inclusión de las normas regulatorias en su derecho interno y con el estado del fluido de perforación en el pozo EPICA en la Estación Concordia. Italia destacó que esto representa un buen ejemplo de cómo las inspecciones pueden ser una herramienta eficaz también para aumentar la concientización política a nivel interno.

Tema 13. Asuntos generales

(230) El SCAR presentó el IP 83, *The International Bathymetric Chart of the Southern Ocean (IBCSO): First Release,* e instó a todas las Partes a que sigan contribuyendo a la base de datos del IBCSO. El mapa y los datos están disponibles para su descarga, y se pueden encontrar más detalles en: *www. ibcso.org.*

(231) En la presentación del IP 104 *Colombia en la Antártida*, Colombia describió el desarrollo de nuevas organizaciones para apoyar su trabajo en la Antártida. Colombia expresó que pronto estaría en condiciones de ratificar el Protocolo de Madrid, y de unirse a otros países en el desarrollo de la investigación activa.

(232) Turquía explica su creciente interés y actividades en el ámbito de la Antártida, y expuso su intención de establecer una base antártica. Turquía expresó su deseo de colaborar estrechamente con otros Miembros a este respecto.

(233) Portugal destacó la importancia de la educación y la difusión como un potencial tema para el debate en el CPA XVII. En respuesta, Bélgica destacó la feria de ciencias "Trayendo los polos a Bruselas" que se estaba llevando a cabo el 25 y 26 de mayo 2013 en el Palacio de la Academia, organizado por la Asociación de Jóvenes Científicos Polares.

(234) Brasil reconoció la importancia de la educación y la divulgación en el CPA. Las actividades de educación y difusión de APECS Bélgica del fin de semana del 25 y 26 de mayo de 2013 son un ejemplo a seguir. Estas actividades incluirán charlas científicas y educativas de los científicos de renombre procedentes de Bélgica, Portugal y Brasil, promueven la capacitación de jóvenes científicos, así como otras actividades educativas para el público en general. Brasil señaló que tiene como objetivo llevar a cabo estas actividades en la próxima Reunión del CPA/RCTA en Brasilia, como así también establecer una plataforma para otros países en los próximos años. Varios miembros propusieron incluir los temas de educación y divulgación en el orden del día de CPA XVII.

(235) Otros documentos presentados en relación con este tema del programa fueron:

- IP 7, *Estado de la Gestión Ambiental de Japón en la Antártida en relación con las prácticas de otros Programas Nacionales Antárticos* (Japón).

Tema 14. Elección de autoridades

(236) El Comité eligió a la Dra. Polly Penhale de los Estados Unidos como vicepresidenta y la felicitó por su nombramiento en la función.

(237) El Comité agradeció calurosamente a la Sra. Verónica Vallejos de Chile por el término de su servicio como vicepresidenta.

Tema 15. Preparativos para la próxima reunión

(238) El Comité aprobó el programa provisional para el CPA XVII (Apéndice 2).

Tema 16. Aprobación del informe

(239) El Comité aprobó su Informe.

Tema 17. Clausura de la reunión

(240) El Presidente clausuró la Reunión el viernes 24 de mayo de 2013.

Anexo 1

Programa y resumen de documentos
de la XVI Reunión del CPA

1. Apertura de la reunión	

2. Adopción de la agenda	
SP 1 Rev. 2	*Agenda y programa de la XXXVI RCTA y XVI CPA*
SP 12	*XVI CPA Resumen de documentos*

3. Debate estratégico sobre el trabajo futuro del CPA	
WP 7 Francia	*Plan de trabajo quinquenal del CPA adoptado en la XV Reunión del CPA en Hobart.* Este documento presenta el Plan de trabajo quinquenal del CPA como fue adoptado en la XV CPA para que pueda ser considerado y actualizado en la XVI CPA.
WP 28 Australia, Bélgica, Nueva Zelandia, Noruega y SCAR	*Portal medioambiental de la Antártida: informe del progreso.* En el XV CPA, Nueva Zelandia, SCAR y Australia introdujeron el concepto del Portal medioambiental Antártico. Este documento proporciona una actualización del desarrollo del portal, trata asuntos surgidos durante los debates informales entre sesiones, y señala los siguientes pasos del proyecto.
WP 58 Argentina	*Contribuciones a los debates sobre el acceso a información relativa al medio ambiente y su gestión dentro del marco de trabajo del Sistema del Tratado Antártico.* Argentina sostiene que cualquier información que se comunique relativamente o relacionada con el Comité para la Protección del Medio Ambiente o el Tratado Antártico, o la forma en que se comunica, debe respetar el espíritu de consenso en el que se realizan estos foros, especialmente si el objetivo final de la información es dar apoyo en el proceso de toma de decisiones.
IP 61 ASOC	*Impacto humano en el Ártico y la Antártida: descubrimientos claves relevantes para la RCTA y el CPA.* Este documento informa de los dos proyectos lanzados en la Conferencia de Oslo de IPY en 2010, en la que se exploraba el tema del impacto humano y los escenarios futuros para el medio ambiente Antártico. ASOC informa de que la amplia mayoría de los casos futuros están de acuerdo en que las prácticas actuales de gestión medioambiental y el sistema actual de gobierno son insuficientes para cumplir las obligaciones del Protocolo medioambiental para proteger el medio ambiente antártico.

4. Funcionamiento del CPA

5. Cooperación con otras organizaciones

WP 49 Bélgica, Alemania y Países Bajos	*El papel del Sistema del Tratado Antártico en el desarrollo de una red exhaustiva de Áreas Marinas Protegidas.* Este documento analiza la responsabilidad de las Partes frente a la protección ambiental y la conservación de los recursos vivos marinos de acuerdo con los acuerdos internacionales en el marco del Sistema del Tratado Antártico, así como la relación entre ambos. El documento de trabajo toma nota de la labor desarrollada hasta hoy con respecto al establecimiento de un sistema representativo de Áreas Marinas Protegidas en la zona de la Convención CCRVMA, e invita al CPA a reconocer este trabajo y a facilitar su conclusión rápida y positiva.
IP 3 COMNAP	*Informe anual para 2012 del Consejo de Administradores de los Programas Nacionales Antárticos (COMNAP).* Este documento presenta los destaques del COMNAP y los logros así como los productos y herramientas desarrollados en 2012.
IP 4 SCAR	*Comité Científico de Investigación Antártica (SCAR) Informe anual 2012/13.* Este documento informa sobre los nuevos programas científicos de investigación aprobados en la Reunión de delegados del SCAR realizada en 2012 y anuncia varias reuniones principales del SCAR que serán realizadas durante este próximo año.
IP 6 CCAMLR	*Informe del observador de CC-CAMLR de la XVI Reunión del Comité para la Protección del Medio Ambiente.* Este informe se centra en los cinco asuntos de interés común del CPA y CC-CAMLR: el cambio climático y el medio ambiente marino antártico; la biodiversidad y las especies no autóctonas en el medio ambiente marino antártico; las especies antárticas que requieren protección especial; gestión espacial marina y de áreas protegidas; supervisión del ecosistema y del medio ambiente.
IP 15 Bélgica	*CCAMLR taller técnico para Áreas Marinas Protegidas.* Este documento informa del taller realizado en septiembre de 2012 y su objetivo es proporcionar un inicio al proceso de la planificación de las áreas marinas protegidas de los dominios 3 (mar Weddell), 4 (Bouvet-Maud) y 9 (Amundsen-Bellingshausen) para el que no ha habido trabajo activo hacia el desarrollo de áreas marinas protegidas.
IP 52 SCAR	*Acidificación del océano: planes futuros del SCAR.* Este documento informa sobre el plan de trabajo futuro del SCAR del Grupo de trabajo internacional sobre la acidificación del océano, cuyo informe final se lanzará en la Conferencia científica abierta de SCAR en agosto de 2014.

IP 105 Chile	*INFORME DEL OBSERVADOR DE **CPA** A LA **XXXII** REUNIÓN DE LOS DELEGADOS DE **SCAR**.* En 2012, SCAR invitó al Comité de protección medioambiental para asistir como observador a la reunión realizada en Estados Unidos ese año. Este documento presenta los aspectos más relevantes de la reunión, para informar al CPA.
BP 20 SCAR	*EL COMITÉ CIENTÍFICO DE INVESTIGACIÓN ANTÁRTICA **(SCAR)** SELECCIONÓ LOS DESTAQUES CIENTÍFICOS **2012/13**.* Este documento de base destaca algunos documentos científicos clave publicados desde la última reunión del tratado y deben leerse junto con el IP 4.
BP 21 SCAR	*CAMBIO CLIMÁTICO ANTÁRTICO Y MEDIOAMBIENTAL: UNA ACTUALIZACIÓN.* Este documento es el documento completo "Cambio climático antártico y medioambiental: una actualización" recientemente publicado en el *Polar Record*. Debe leerse en conjunto con el WP 38 que resume los puntos clave.

6. RESTAURAR Y REMEDIAR LOS DAÑOS MEDIOAMBIENTALES

WP 27 Nueva Zelandia	*RESTAURAR Y REMEDIAR LOS DAÑOS MEDIOAMBIENTALES: INFORME DEL **CPA** DEL GRUPO CONTACTO INTERSESIONAL.* Este documento informa de los debates del GCI que se consideran asuntos medioambientales relativos a la practicidad de la reparación o remediación de los daños medioambientales en las circunstancias de la Antártida, para apoyar a la RCTA en la adopción de una decisión informada en 2015, relativa a la reanudación de las negociaciones sobre la responsabilidad.
WP 32 Australia y Reino Unido	*MANUAL DE LIMPIEZA ANTÁRTICO: INFORME DE DEBATES ENTRE SESIONES.* Este documento informa sobre los debates informales entre sesiones sobre la propuesta hecha originalmente por el XV CPA para un Manual de limpieza antártico. Australia y el Reino Unido recomiendan que el CPA respalde el manual revisado, anime a los miembros y a los observadores a desarrollar guías prácticas y dar apoyo a los recursos para incluirlos en el manual, y envían a la RCTA el borrador de la resolución adjunto y el manual para su aprobación.
WP 42 Francia e Italia	*NECESIDAD DE TENER EN CUENTA LOS COSTES DE DESMANTELAMIENTO DE LAS ESTACIONES EN LAS EVALUACIONES MEDIOAMBIENTALES GLOBALES **(CEE)** RELATIVAS A SU CONSTRUCCIÓN.* Este documento informa sobre una estimación teórica del coste y duración necesarios para el desmantelamiento de la estación Concordia. El documento sugiere que los resultados también serán aplicables a las estaciones costeras y que una estimación de los costes de desmantelamiento se tenga en cuenta de forma sistemática al preparar un CEE para la construcción de una nueva estación.

IP 36 Francia	*LIMPIEZA DEL LOCAL DE CONSTRUCCIÓN DE UNA PISTA DE ATERRIZAJE SIN USAR "PISTE DU LION", TIERRA ADELIA, ANTÁRTIDA.* Este documento informa del procedimiento puesto en marcha para retirar las instalaciones de la pista en Ile du Lion; describe el proceso de planificación, actividades de limpieza y supervisión, así como las actividades aprendidas de la actividad.
IP 68 ASOC	*REUTILIZACIÓN DE UN SITIO DESPUÉS DE SU REMEDIACIÓN. UN CASO DE ESTUDIO DEL CABO EVANS, ISLA ROSS.* Mediante el uso de un caso de estudio de un pequeño sitio en el cabo Evans, este documento examina el uso de un sitio remediado por un operador diferente al que realizó las actividades de remediación, y hace una serie de sugerencias relevantes para la evaluación de los impactos acumulativos, evaluación de la efectividad de la remediación y gestión de los sitios remediados.
IP 70 Brasil	*REPARACIÓN DEL DAÑO MEDIOAMBIENTAL: DESMANTELAMIENTO DE LA ESTACIÓN FERRAZ, BAHÍA DEL ALMIRANTAZGO (BAHÍA LASSERRE), ANTÁRTIDA.* En este documento, Brasil presenta la estructura del plan de gestión medioambiental que orientó el desmantelamiento de la estación Comandante Ferraz, destruida por un incendio en febrero de 2012.

7. IMPLICACIONES DEL CAMBIO CLIMÁTICO PARA EL MEDIO AMBIENTE: ENFOQUE ESTRATÉGICO	
WP 38 SCAR	*INFORME SOBRE EL CAMBIO CLIMÁTICO EN LA ANTÁRTIDA Y EL MEDIO AMBIENTE (INFORME ACCE): UNA ACTUALIZACIÓN CLAVE.* Este documento representa una actualización mayor del documento original de Informe de SCAR. Resume los posteriores avances en el conocimiento, relativos a cómo han cambiado los climas de la Antártida y el Océano Austral en el pasado y cómo puede que cambien en el futuro, y examina el impacto asociado en la biota marina y terrestre.
SP 7 Secretaría	*ACCIONES REALIZADAS POR EL CPA Y LA RCTA SOBRE LAS RECOMENDACIONES DE LA RETA SOBRE EL CAMBIO CLIMÁTICO.* Este documento presenta una actualización de las acciones realizadas por la RCTA y el CPA sobre las 30 recomendaciones del cambio climático en la RETA sobre el cambio climático de 2009.
IP 32 COMNAP	*ANÁLISIS DEL COSTE/ENERGÍA DE LOS TRANSPORTES DEL PROGRAMA NACIONAL ANTÁRTICO.* Este documento presenta los resultados de un análisis de los costes de transporte y la energía que se ha realizado por orden del Centro Alfred Wegener Institute–Helmholtz para la investigación polar y marina. Se centra en el análisis del transporte de personas y de mercancías tanto por medios marítimos como aéreos.

IP 34 COMNAP	*MEJORES PRÁCTICAS PARA LA GESTIÓN ENERGÉTICA: GUÍAS Y RECOMENDACIONES.* Considerando la Recomendación 2 de la ATME, este documento presenta una actualización a la información presentada el año pasado e incluye resultados actualizados de la encuesta de los miembros de COMNAP y un informe sobre la evolución de la implementación voluntaria de las directrices y recomendaciones realizadas por COMNAP en 2007 basadas en las respuestas a la encuesta.
IP 62 ASOC	*TARJETA INFORME DEL CAMBIO CLIMÁTICO ANTÁRTICO.* Este documento resume los recientes resultados de la investigación en áreas de cambios medioambientales y del ecosistema y resuelve que se están produciendo cambios en una diversidad de áreas, desde el nivel de pH del agua del mar hasta la estabilidad de la capa de hielo de la Antártida occidental.
IP 65 ASOC	*CARBONO NEGRO Y OTROS CONTAMINANTES CLIMÁTICOS DE CORTA VIDA: IMPACTO EN LA ANTÁRTIDA.* En este documento la ASOC propone que el análisis de la extensión del carbono negro y la emisión de otros contaminantes climáticos de corta vida, especialmente de fuentes locales, debe ser una prioridad de investigación constante y que debe ser incluido en el plan estratégico de trabajo.
IP 69 ASOC	*ACTUALIZACIÓN: EL FUTURO DE LA CAPA DE HIELO DE LA ANTÁRTIDA OCCIDENTAL.* Este documento proporciona actualizaciones significativas sobre el *futuro de la capa de hielo de la Antártida occidental: cambios observados y predicciones, puntos de depósito y consideraciones políticas* (IP07 en la ATME sobre el cambio climático de 2010).
IP 101 IAATO	*GRUPO DE TRABAJO DE LA IAATO SOBRE EL CAMBIO CLIMÁTICO: INFORME DEL PROGRESO.* Este documento informa sobre el desarrollo del Grupo de Trabajo de la IAATO sobre el cambio climático al incluir esfuerzos adicionales para aumentar la sensibilidad sobre el cambio climático en la Antártida resultante de las actividades humanas en todo el mundo y una lista con las formas en que los miembros operadores de la IAATO gestionan sus emisiones de carbono.
BP 21	*CAMBIO CLIMÁTICO ANTÁRTICO Y MEDIOAMBIENTAL: UNA ACTUALIZACIÓN.* Este documento es el documento completo "Cambio climático antártico y medioambiental: una actualización" recientemente publicado en el *Polar Record.* Debe leerse en conjunto con el WP 38.

8. EVALUACIÓN DEL IMPACTO AMBIENTAL
a) Borrador de las evaluaciones exhaustivas del medio ambiente

b) **Otros asuntos de EIA**	
WP 24 Federación de Rusia	*ENFOQUES PARA EL ESTUDIO DE LA CAPA DE AGUA DE LOS LAGOS SUBGLACIALES EN LA ANTÁRTIDA.* Este documento informa sobre las tecnologías que se usan en las actividades de perforación en el lago Vostok y sobre las futuras actividades que se llevarán a cabo. La Federación de Rusia informa de que el trabajo realizado ha demostrado la validez de las medidas propuestas y propone el uso de este principio en futuros estudios sobre la capa de agua del lago.
IP 49 Federación de Rusia	*RESULTADO DE LOS ESTUDIOS DEL LAGO SUBGLACIAL VOSTOK Y OPERACIONES DE PERFORACIÓN EN AGUJEROS PROFUNDOS EN EL HIELO EN LA ESTACIÓN VOSTOK EN LA TEMPORADA 2012-2013.* Este papel presenta información adicional sobre los procedimientos técnicos y los resultados preliminares de actividades científicas realizadas en el lago Vokstok durante la temporada de verano pasada.
SP 5 Secretaría	*LISTA ANUAL DE EVALUACIONES MEDIOAMBIENTALES INICIALES (IEE) Y EVALUACIONES MEDIOAMBIENTALES GLOBALES (CEE) PREPARADAS ENTRE EL 1 DE ABRIL 2012 Y EL 31 DE MARZO DE 2013.* Este documento informa sobre la evaluación del impacto medioambiental preparado durante el periodo reciente de información.
IP 21 China	*EVALUACIÓN MEDIOAMBIENTAL INICIAL PARA LA CONSTRUCCIÓN DE UN CAMPAMENTO DE VERANO EN LA TIERRA DE LA PRINCESA ISABEL, EN LA ANTÁRTIDA.* En esta IEE, China informa de que los objetivos principales del campamento propuesto son proporcionar apoyo fiable para la logística de la investigación de la estación Kunlun y las montañas Grove, para proporcionar protección y rescate de emergencia para las actividades de investigación terrestres en la Antártida oriental, y para apoyar la observación local de la glaciología, meteorología, geofísica y la aviación remota con sensores en la capa de hielo de la Antártida oriental. China informa de que el campamento puede no tener más que un impacto menor y transitorio sobre el medio Antártico y que el inicio del proyecto es totalmente justificable.
IP 24 República de Corea	*PROGRESO DE LA ESTACIÓN JANG BOGO DURANTE LA PRIMERA TEMPORADA DE CONSTRUCCIÓN, 2012/13.* Este documento informa sobre las actividades de construcción de la estación Jang Bogo, que comenzaron en diciembre de 2012 y continuarán durante dos temporadas antárticas. El documento informa sobre el transporte de material, las actividades de construcción, gestión de desechos y supervisión medioambiental así como sobre accidentes e incidentes que se han producido. El documento también informa sobre las actividades a realizar en la temporada 2013/14.

IP 25 República de Corea	*MEDIDAS DE MITIGACIÓN DEL IMPACTO MEDIOAMBIENTAL PROVOCADAS POR LA CONSTRUCCIÓN DE JANG BOGO DURANTE LA TEMPORADA **2012/2013.*** Este documento informa sobre la implementación de las medidas de mitigación del impacto ambiental propuestas en la CEE de 2011 y sugeridas a las partes, para reducir el impacto medioambiental provocado por la actividad de construcción de la estación Jang Bogo.
IP 42 Federación de Rusia	*PARA DESCUBRIR BACTERIAS DESCONOCIDAS EN EL LAGO VOSTOK.* Este documento describe los procedimientos técnicos y científicos que se han puesto en marcha que han permitido, a finales de febrero de 2013, el descubrimiento de una bacteria hasta ahora desconocida, en el lago subglacial Vostok.
IP 48 Federación de Rusia	*PERMISO PARA LA ACTIVIDAD DE LA EXPEDICIÓN RUSA A LA ANTÁRTIDA EN **2013-17.*** Este documento informa sobre los requisitos legales y los permisos garantizados por la Federación de Rusia, concretamente sobre las evaluaciones del impacto medioambiental para las actividades declaradas. El papel describe concretamente en la IEE preparada para las actividades planificadas para el periodo de cinco años, desde el 1 de enero de 2013 al 31 de diciembre de 2017.
IP 58 Brasil	*TÉRMINOS DE REFERENCIA DE EVALUACIÓN MEDIOAMBIENTAL INICIAL (IEE): DESMANTELAMIENTO DE LA ESTACIÓN FERRAZ (BAHÍA DEL ALMIRANTAZGO (BAHÍA LASSERRE), ANTÁRTIDA).* Este documento informa sobre el proceso de reconstrucción de la estación del Comandante Ferraz. El documento presenta información sobre los procedimientos realizados, incluida la selección del proyecto conceptual para el proyecto de la futura estación y los términos de referencia para la preparación de la IEE.
IP 75 India	*EVALUACIÓN MEDIOAMBIENTAL INICIAL PARA ESTABLECIMIENTO DE LA ESTACIÓN DE TIERRA PARA LOS SATÉLITES DE OBSERVACIÓN DE LA TIERRA EN LA ESTACIÓN INDIA DE INVESTIGACIÓN BHARATI EN LAS COLINAS DE LASERMANN, ANTÁRTIDA ORIENTAL.* Este documento presenta la IEE relativa a las actividades propuestas para la instalación de una estación de tierra para la observación de los satélites. India concluye que el impacto adverso sobre el medio ambiente en el sitio es de categoría baja ya que la IEE no es suficiente para dirigir el asunto.
IP 80 Italia	*PRIMEROS PASOS HACIA LA CREACIÓN DE UNA PISTA DE GRAVA CERCA DE LA ESTACIÓN MARIO ZUCCHELLI: CONSIDERACIONES INICIALES Y POSIBLES BENEFICIOS DE LA ZONA DE LA BAHÍA TERRA NOVA.* En este documento Italia informa de los primeros resultados de encuestas y estudios sobre la viabilidad técnica, económica y medioambiental de una pista de grava en las cercanías de la estación Mario Zucchelli.
BP 2 Nueva Zelandia	*EVALUACIÓN DE LA VULNERABILIDAD DE LOS SUELOS ANTÁRTICOS AL PISOTEO.* Este documento proporciona información sobre los objetivos concretos de gestión en la Zona, propuestos como ZAEA 2 en 2004.

9. Protección de la zona y Plan de Gestión	
a) Planes de gestión	
i.	*Borrador de los Planes de Gestión que han sido revisados por el Grupo subsidiario de Planes de Gestión*
WP 56 Noruega	GRUPO SUBSIDIARIO DE PLANES DE GESTIÓN: INFORME DE 2012/13 TRABAJO ENTRE SESIONES. Durante el periodo entre sesiones de 2012/13 el Grupo subsidiario de Planes de Gestión revisó ocho borradores de planes de gestión de las ZAEP. El GSPG recomendó que el Comité aprobase tres planes de gestión revisados: ZAEP 132, ZAEP 151 y una nueva ZAEP: *cabo Washington y bahía Silverfish, bahía Terra Nova, mar de Ross.* El GSPG también advierte al Comité de que se realizará más trabajo entre sesiones para los cinco planes de gestión entregados para revisión entre sesiones: ZAEP 128, ZAEP 144, ZAEP 145, ZAEP 146 y una nueva ZAEP: *Sitios geotérmicos de elevada altitud de la región del Mar de Ross.*
ii.	*Borrador revisado de los Planes de Gestión que no han sido revisados por el Grupo subsidiario de Planes de Gestión*
WP 2 Estados Unidos de América	PLAN DE GESTIÓN REVISADO PARA ZONA ANTÁRTICA ESPECIALMENTE PROTEGIDA N.° 137 ISLA WHITE NOROESTE, ENSENADA MCMURDO. Dado que las revisiones fueron menores y se han centrado en hacer el formato del plan en línea con la guía para la preparación de los planes de gestión para las Zonas Antárticas Especialmente Protegidas aprobada en la Resolución 2 (2011), Estados Unidos recomienda que el CPA adopte el Plan de gestión revisado para la ZAEP 137.
WP 3 Estados Unidos de América	PLAN DE GESTIÓN REVISADO PARA ZONA ANTÁRTICA ESPECIALMENTE PROTEGIDA N.° 123 VALLES BARWICK Y BALHAM, SUR DE LA TIERRA VICTORIA. Dado que las revisiones fueron menores y se han centrado en hacer el formato del plan en línea con la guía para la preparación de los planes de gestión para las Zonas Antárticas Especialmente Protegidas aprobada en la Resolución 2 (2011), Estados Unidos recomienda que el CPA adopte el Plan de gestión revisado para la ZAEP 123.
WP 5 Estados Unidos de América	PLAN DE GESTIÓN REVISADO PARA ZONA ANTÁRTICA ESPECIALMENTE PROTEGIDA N.° 138 TERRAZA LINNAEUS, CORDILLERA ASGARD, TIERRA VICTORIA. Dado que las revisiones fueron menores y se han centrado en hacer el formato del plan en línea con la guía para la preparación de los planes de gestión para las Zonas Antárticas Especialmente Protegidas aprobada en la Resolución 2 (2011), Estados Unidos recomienda que el CPA adopte el Plan de gestión revisado para la ZAEP 138.

WP 6 Japón	*REVISIÓN DEL PLAN DE GESTIÓN PARA ZONA ANTÁRTICA ESPECIALMENTE PROTEGIDA N.° 141, VALLE YUKIDORI, LANGHOVDE, BAHÍA LÜTZOW-HOLM.* Dado que este Plan de Gestión ha sido modificado, Japón recomienda que el CPA solicite al Grupo Subsidiario sobre Planes de Gestión que en el periodo entre sesiones revise con más detalle el plan de gestión revisado y que informe a la XVII Reunión del CPA.
WP 11 Reino Unido	*PLAN DE GESTIÓN REVISADO PARA ZONA ANTÁRTICA ESPECIALMENTE PROTEGIDA N.° 108, ISLA GREEN, ISLAS BERTHELOT, PENÍNSULA ANTÁRTICA.* Puesto que no hay alteraciones mayores a la descripción de la Zona o a los planes de gestión, el Reino Unido propone que el CPA apruebe el plan de gestión revisado para la ZAEP 108.
WP 12 Reino Unido	*PLAN DE GESTIÓN REVISADO PARA ZONA ANTÁRTICA ESPECIALMENTE PROTEGIDA N.° 117, ISLA AVIAN, BAHÍA MARGUERITE, PENÍNSULA ANTÁRTICA.* Puesto que solo se requieren alteraciones menores, el Reino Unido propone que el CPA apruebe el Plan de Gestión revisado para la ZAEP 117.
WP 13 Reino Unido	*PLAN DE GESTIÓN REVISADO PARA ZONA ANTÁRTICA ESPECIALMENTE PROTEGIDA N.° 147 VALLE ABLATION Y CUMBRES GANYMEDE, ISLA ALEXANDER.* Puesto que solo se requieren alteraciones menores, el Reino Unido propone que el CPA apruebe el Plan de Gestión revisado para la ZAEP 147.
WP 14 Reino Unido	*PLAN DE GESTIÓN REVISADO PARA ZONA ANTÁRTICA ESPECIALMENTE PROTEGIDA N.° 170, NUNATAKS MARION, ISLA CHARCOT Y PENÍNSULA ANTÁRTICA.* Puesto que solo se requieren alteraciones menores, el Reino Unido propone que el CPA apruebe el Plan de Gestión revisado para la ZAEP 170.
WP 29 Nueva Zelandia	*REVISIÓN DEL PLAN DE GESTIÓN PARA ZONA ANTÁRTICA ESPECIALMENTE PROTEGIDA N.° 154: BAHÍA BOTÁNICA, CABO GEOLOGY, TIERRA VICTORIA.* Nueva Zelandia informa de que todas las revisiones realizadas en el plan de gestión de la ZAEP 154 son menores, con redacción estándar en los casos en que se aplique, y por lo tanto recomiendan que el CPA apruebe el plan de gestión revisado.
WP 30 Nueva Zelandia	*REVISIÓN DEL PLAN DE GESTIÓN PARA ZONA ANTÁRTICA ESPECIALMENTE PROTEGIDA N.° 156: BAHÍA LEWIS, MONTE EREBUS, ISLA ROSS.* Nueva Zelandia informa de que todas las revisiones realizadas en el plan de gestión de la ZAEP 156 son menores, con redacción estándar en los casos en que se aplique, y por lo tanto recomiendan que el CPA apruebe el plan de gestión revisado.

WP 36 Australia	*REVISIÓN DE LOS PLANES DE GESTIÓN PARA LAS ZONAS ANTÁRTICAS ESPECIALMENTE PROTEGIDAS (ZAEP) 135, 143 Y 160.* Australia informa de que solo son necesarias pequeñas alteraciones en los planes de gestión de la ZAEP 135 península Bailey del noreste, ZAEP 143 planicie Marine, y ZAEP 160 islas Frazier, y recomienda que el CPA apruebe los planes de gestión revisados para estas ZAEP.
WP 54 Rev. 1 Brasil, Ecuador, Perú y Polonia	*REVISIÓN DEL PLAN DE GESTIÓN PARA LA ZAEA N.° 1: BAHÍA DEL ALMIRANTAZGO (BAHÍA LASSERRE), ISLA REY JORGE (ISLA 25 DE MAYO), ISLAS SHETLAND DEL SUR.* El grupo de gestión de la Bahía Del Almirantazgo (Bahía Lasserre) ha realizado esta primera revisión quinquenal del plan de gestión para la ZAEA n.° 1 y recomienda que el CPA solicite al grupo subsidiario del planes de gestión que realice una revisión entre sesiones y que informe en la XVI reunión del CPA.
WP 59 Argentina	*PLAN DE GESTIÓN REVISADO PARA LA ZAEP N.° 134 (PUNTA CIERVA E ISLAS OFFSHORE, COSTA DANCO, PENÍNSULA ANTÁRTICA).* Argentina ha realizado la revisión del plan de gestión para la ZAEP 134 y solicita que el CPA evalúe la necesidad de referirse al grupo subsidiario del plan de gestión para la consideración entre sesiones, o, si no se considera necesario, avance con la adopción de este plan de gestión revisado.
WP 60 Italia	*REVISIÓN DEL PLAN DE GESTIÓN PARA LA ZONA ANTÁRTICA ESPECIALMENTE PROTEGIDA N.° 161 BAHÍA DE TERRA NOVA, MAR DE ROSS.* Italia informa de que no han existido cambios sustanciales en las provisiones de plan de gestión existente. Los límites, mapas y descripciones de la zona siguen siendo los mismos, sin cambios. Italia recomienda que el CPA apruebe el plan de gestión revisado para la ZAEP 161.

iii.	*Nuevos borradores de planes de gestión para las áreas protegidas/administradas*
WP 8 China	*PROPUESTA DE UNA NUEVA ZONA ANTÁRTICA ESPECIALMENTE ADMINISTRADA EN LA ESTACIÓN ANTÁRTICA CHINA KUNLUN, DOMO A.* Este documento es un borrador inicial del plan de gestión para la estación Kunlun Domo A cuya intención es proteger el medio del área del Domo A. China propone que el borrador del plan de gestión sea considerado entre las sesiones por el GSPG.
WP 63 Australia, China, India y Federación de Rusia	*BORRADOR DEL PLAN DE GESTIÓN DE LAS ZONAS ANTÁRTICAS ESPECIALMENTE PROTEGIDAS (ZAEP) STORNES, COLINAS DE LARSEMANN, TIERRA DE LA PRINCESA ISABEL.* Este documento propone la adopción de una nueva ZAEP para proteger las características geológicas que son únicas para la Antártida, concretamente los casos de minerales extraños y las rocas poco habituales cuando se encuentren. El documento recomienda que el CPA, según sea apropiado, haga referencia al borrador del plan de gestión en la XXXVI RCTA para su adopción o al Grupo subsidiario sobre planes de gestión para su revisión entre sesiones.

iv.	Otros asuntos relativos a planes de gestión para áreas protegidas/administradas
SP 6 Secretaría	ESTADO DE LOS PLANES DE GESTIÓN DE LAS ZONAS ANTÁRTICAS ESPECIALMENTE PROTEGIDAS Y LAS ZONAS ANTÁRTICAS ESPECIALMENTE ADMINISTRADAS. Este documento presenta información sobre el estado de los planes de gestión de las ZAEP y las ZAEA de acuerdo con los requisitos de revisión del Anexo V al Protocolo.
IP 26 rev. 1 República de Corea	PLAN DE GESTIÓN DEL PUNTO NARĘBSKI (ZAEP N.° 171) DURANTE EL PERIODO 2012/2013. Este documento informa de las actividades realizadas de acuerdo con las provisiones del Plan de Gestión para la ZAEP 171. El documento describe estudios científicos realizados así como actividades administrativas, lecciones aprendidas y recomendaciones.
IP 74 Argentina, Chile, Noruega, España, R.U. y EE.UU.	ZONA ANTÁRTICA ESPECIALMENTE ADMINISTRADA (ZAEA) ISLA DECEPTION INFORME DEL GRUPO ADMINISTRATIVO. Este documento resume las actividades realizadas en la ZAEA 4, y el trabajo del grupo administrativo para cumplir los objetivos y los principios del plan de gestión durante el periodo entre sesiones.

b) Sitios y monumentos históricos	
WP 18 Rev. 1 Alemania	PROPUESTA PARA AÑADIR EL SITIO QUE CONMEMORA LA INCLUSIÓN DE ANTIGUA ESTACIÓN ALEMANA DE INVESTIGACIÓN ANTÁRTICA "GEORG FORSTER" A LA LISTA DE SITIOS Y MONUMENTOS HISTÓRICOS. Alemania propone que el sitio histórico de la estación alemana Georg Forster, marcado con una placa conmemorativa en el oasis Schirmacher en la Tierra de la Reina Maud, sea añadido a la lista de sitios y monumentos históricos aprobada por la RCTA. La placa conmemora la primera base alemana de investigación de uso permanente en la Antártida.
WP 23 Federación de Rusia	PROPUESTA DE AGREGAR EL EDIFICIO DEL COMPLEJO DE PERFORACIÓN PROFESSOR KUDRYASHOV DE LA ESTACIÓN RUSA ANTÁRTICA DE VOSTOK A LA LISTA DE SITIOS Y MONUMENTOS HISTÓRICOS. Este documento propone que se incluya en la lista de SMH el complejo edificio de perforación Professor Kudryashov de la estación rusa antártica de Vostok. Esta propuesta está relacionada con la necesidad de conmemorar el logro único de los perforadores rusos y los glaciólogos en el campo de perforaciones profundas en el hielo, reconstrucción de cambios paleoclimáticos basados en los datos de los núcleos de hielo, estudios microbiológicos de estos núcleos de hielo y limpieza ecológica sin sellar del lago sublgacial Vostok.

WP 62 Reino Unido, Nueva Zelandia y Estados Unidos de América	*NUEVOS SITIOS Y MONUMENTOS HISTÓRICOS CAMPAMENTOS EN EL MONTE EREBUS UTILIZADOS POR UN CONTINGENTE DE LA EXPEDICIÓN DE TERRA NOVA EN DICIEMBRE DE 1912.* Este documento propone dos nuevos SMH en los campamentos en el monte Erebus, utilizados entre el 8 y el 13 de diciembre de 1912 por un equipo de científicos que estuvieron en la Antártida como parte de la Expedición de Terra Nova del Capitán Scott en 1910-1912. Los sitios fueron localizados en diciembre de 2012. La localización de los campos es de interés significativo para los historiadores de la Antártida, y el acceso sin control a los sitios que pueda afectar a cualquier resto histórico adicional, debe ser una de las preocupaciones. El Reino Unido, Nueva Zelandia y Estados Unidos, son por lo tanto de la opinión que estos sitios deben recibir la protección indicada en el Anexo V del Protocolo.
BP 1 Nueva Zelandia	*ACTUALIZACIÓN DEL FONDO DE PATRIMONIO DE LA ANTÁRTIDA 2013.* Este documento es una actualización al documento proporcionado en el XV CPA/XXXV RCTA del proyecto de restauración realizado en las ZAEP 155, 157, 158 en la isla Ross y en la ZAEP 159 en el cabo Adare.

c) Directrices del sitio	
WP 15 R.U, Argentina, Australia y EE.UU.	*POLÍTICAS SURGIDAS DE LA REVISIÓN IN SITU DE LAS DIRECTRICES REALIZADA EN 2013 PARA SITIOS QUE RECIBEN VISITANTES EN LA PENÍNSULA ANTÁRTICA.* Este documento informa sobre una revisión de las directrices del sito realizada en enero de 2013 en el sitio por el Reino Unido, Argentina, Australia, Estados Unidos y la IAATO. El documento trata estos asuntos a la luz de las recientes consideraciones del CPA y los desarrollos en el uso de los visitantes, y hace recomendaciones para la consideración del Comité.
WP 16 R.U, Argentina, Australia y EE.UU.	*DIRECTRICES DEL SITIO PARA I) PUERTO ORNE Y II) ISLAS ORNE.* Además de la revisión documentada en el WP 15, se han preparado nuevas directrices para el sitio para i) puerto Orne y ii) islas Orne. Los proponentes recomiendan que el CPA entregue las dos directrices para el sitio para la aprobación de RCTA.
WP 20 R.U, Argentina, Australia y EE.UU.	*REVISIÓN IN SITU DE LAS DIRECTRICES PARA SITIOS QUE RECIBEN VISITANTES EN LA PENÍNSULA ANTÁRTICA: RESUMEN DEL PROGRAMA Y ALTERACIONES RECOMENDADAS DE ONCE DIRECTRICES.* Junto con el WP 15, este documento proporciona una vista general del trabajo del Reino Unido, Argentina, Australia, Estados Unidos y la IAATO, y propone alteraciones de 11 directrices de sitios para garantizar que se actualizan y que pueden seguir siendo una herramienta efectiva para la gestión de visitantes.

WP 26 Estados Unidos de América	*ALTERACIONES PROPUESTAS PARA LAS DIRECTRICES DEL SITIO DEL TRATADO ANTÁRTICO QUE RECIBE VISITANTES ISLA TORGERSEN.* Este documento propone, como medida preventiva a la vista de los cambios en la población de pingüinos en la isla, una alteración a las directrices del sito para disuadir las visitas durante el principio de la temporada de apareamiento, cuando los pájaros son más sensibles a los skúa depredadores y a la potencial molestia de los humanos.
WP 46 Estados Unidos, Argentina, Chile, Noruega, España, Reino Unido, ASOC e IAATO.	*ALTERACIONES PROPUESTAS PARA LAS DIRECTRICES DEL SITIO DEL TRATADO ANTÁRTICO QUE RECIBE VISITANTES PICO BAILY E ISLA DECEPTION.* Este documento informa sobre una revisión del grupo de trabajo de las directrices del sitio del tratado antártico que recibe visitantes, siguiendo un informe de un descenso significativo de los pingüinos barbijo en apareamiento en el pico Baily. Aunque el descenso está probablemente relacionado con los efectos numerosos y complejos del cambio climático, el grupo ha usado la revisión como una oportunidad para reducir la redundancia entre estas directrices específicas para el sitio que recibe visitantes y las directrices generales para los visitantes de la Antártida.
WP 64 Ecuador	*MAPA ACTUALIZADO DE LA ISLA BARRIENTOS.* Este documento presenta para consideración del Comité y de las Partes un mapa actualizado de la isla Barrientos para contribuir al cumplimiento normativo de la Resolución 5 (2012) y facilitar las actividades de turismo e investigación que se realizan en este sitio.
IP 20 Estados Unidos de América	*INVENTARIO DE SITIO ANTÁRTICO: 1994-2013.* Este documento proporciona una actualización de los resultados del proyecto de inventario del sitio en febrero de 2013, que ha recogido datos biológicos e información descriptiva del sitio en la península antártica desde 1994.
IP 97 IAATO	*INFORME SOBRE USO DE LA IAATO DEL OPERADOR DE LOS SITIOS DE ATERRIZAJE DE LA PENÍNSULA ANTÁRTICA Y DIRECTRICES DE LA RCTA PARA SITIOS DE VISITANTES, TEMPORADA 2012-13.* Este documento presenta los datos recopilados por la IAATO que cubren los sitios de aterrizaje y las directrices de uso de los sitios para la temporada 2012-13.
IP 102 IAATO	*EROSIÓN DE LOS CAMINOS DE LA ISLA BARRIENTOS.* Este documento informa a la IAATO de la investigación interna de la erosión de la vegetación de los caminos en la isla Barrientos presentada en la reunión XV del CPA por Ecuador y España.

d) Huella humana y valores salvajes	
WP 35 Nueva Zelandia	*POSIBLE MATERIAL ORIENTADOR PARA AYUDAR A LAS PARTES A TOMAR CONCIENCIA DE LOS VALORES DE VIDA SILVESTRE EN LAS EVALUACIONES DEL IMPACTO AMBIENTAL.* Este documento ofrece un informe detallado sobre las discusiones desarrolladas en el período entre sesiones sobre la gestión de los valores de vida silvestre en la Antártida. El documento sugiere una opción para desarrollar más las directrices de la EIA para proporcionar medios estructurados de tener en cuenta los valores de vida silvestre a la hora de preparar las evaluaciones de impacto medioambiental para las actividades propuestas.
IP 39 Nueva Zelandia	*INFORME ENTRE SESIONES SOBRE EL SUMINISTRO DE MATERIAL ORIENTADOR PARA AYUDAR A LAS PARTES A TOMAR CONCIENCIA DE LOS VALORES DE VIDA SILVESTRE EN LAS EVALUACIONES DEL IMPACTO AMBIENTAL* Este informe, relacionado con el WP 35, sugiere material orientador para ayudar a las Partes a tomar conciencia de los valores de vida silvestre en las evaluaciones del impacto ambiental de las actividades propuestas.
IP 33 COMNAP	*ANÁLISIS DEL AUMENTO DE SUMINISTRO CIENTÍFICO DEL PROGRAMA NACIONAL ANTÁRTICO.* Este documento presenta los resultados de un análisis recientemente realizado por el programa nacional antártico de Chile, Instituto Antártico Chileno (INACH) que pretendía reducir el impacto medioambiental a la vez que hacía más ciencia. Este análisis le permitió establecer procedimientos y estrategias para continuar proporcionando más ciencia a la vez que reducía la huella de sus programas antárticos.
IP 60 ASOC	*CARTOGRAFÍA Y MAQUETAS DE LOS VALORES SILVESTRES EN LA ANTÁRTIDA: CONTRIBUCIÓN AL TRABAJO DEL CPA EN EL DESARROLLO DE MATERIAL DE GUÍA PARA PROTECCIÓN DE LOS VALORES SILVESTRES UTILIZANDO HERRAMIENTAS DEL PROTOCOLO.* Este documento resume las recomendaciones del informe "Cartografía y maquetas de los valores silvestres en la Antártida" producido por el instituto de investigación de tierras silvestres, como contribución al trabajo del CPA el desarrollo del material de guía para protección de los valores silvestres utilizando herramientas del Protocolo.

e) Protección y gestión del espacio marino	
BP 17 ASOC	*ACTUALIZACIÓN 1 DEL LEGADO DEL OCÉANO ANTÁRTICO: ASEGURAR LA PROTECCIÓN DURADERA PARA LA REGIÓN DEL MAR DE ROSS.* Este documento resume el informe de actualización del legado del Océano Antártico, revisa por qué debe ser protegida la región, se actualiza con los últimos avances y reclama que la reserva marina del mar de Ross sea designada como una de las piezas clave de un sistema del Océano Austral de áreas marinas protegidas y de reservas marinas.

f) Otros asuntos relacionados con el Anexo V	
WP 10 Reino Unido	*IDENTIFICACIÓN DE REFUGIOS POTENCIALES DE PINGÜINOS EMPERADOR ANTE EL CAMBIO CLIMÁTICO: UN ENFOQUE DE BASE CIENTÍFICA.* En el transcurso del próximo siglo, es posible que el cambio climático afecte la distribución de pingüinos emperador y al éxito de su reproducción en la región de la Península Antártica y en la Antártica en su conjunto. Por lo tanto, el Reino Unido recomienda al CPA que apoye la supervisión de las colonias de pingüinos emperador empleando las técnicas de teledetección para identificar refugios potenciales ante el cambio climático, y alienta a otras Partes a realizar una labor similar en otras regiones de la Antártida.
WP 21 Federación de Rusia	*ANÁLISIS DE LOS VALORES DE LA VIDA SILVESTRE DE LAS **ZAEP** Y **ZAEA**.* Relativamente a la Resolución 2 (2011) de la Guía revisada de la preparación de planes de gestión, la Federación de Rusia recomienda la adopción de una medida ante la necesidad de realizar programas supervisados en la revisión de los planes de gestión de las ZAEP y ZAEA en las que los representantes de naturaleza antártica viviente se designan como valores principales a proteger.
WP 22 Federación de Rusia	*REGIONES BIOGRÁFICAS DE LA **A**NTÁRTIDA **R**USA EN COMPARACIÓN CON LA CLASIFICACIÓN DE **N**UEVA **Z**ELANDIA.* En este documento, teniendo en cuenta la Resolución 6 (2012) sobre las Regiones Biogeográficas de Conservación de la Antártida, la Federación de Rusia propone considerar más desarrollos de regiones biogeográficas relacionadas con la ciencia del paisaje de la Antártida.
WP 39 Bélgica, Sudáfrica, Reino Unido, SCAR	*HUELLA HUMANA EN LA **A**NTÁRTIDA Y CONSERVACIÓN A LARGO PLAZO Y ESTUDIO DE LOS HÁBITATS MICROBIANOS TERRESTRES.* Avances recientes en las técnicas moleculares de biología han revelado la presencia de diversas comunidades microbianas y la existencia de especies endémicas antárticas. El objetivo de este documento es destacar las amenazas potenciales tanto para la conservación de los ecosistemas microbianos terrestres en la Antártida, como para las futuras investigaciones científicas que requieran el estudio de estos ecosistemas.
WP 55 España	*RECUPERACIÓN DE COMUNIDADES DE MUSGO EN LOS CAMINOS DE LA ISLA **B**ARRIENTOS Y UNA PROPUESTA PARA GESTIÓN DE TURISMO.* Este documento informa sobre los resultados de un programa de supervisión de visitas a la isla, una evaluación de la cobertura de vegetación y como resultado, una propuesta para gestionar las visitas.

IP 35 Argentina, España y Reino Unido	LA HIERBA NO AUTÓCTONA *POA PRATENSIS* EN EL PUNTO *CIERVA*, *COSTA DANCO*, *PENÍNSULA ANTÁRTICA: INVESTIGACIONES ACTUALES Y FUTUROS PLANES DE ERRADICACIÓN*. Este documento describe la investigación realizada por Argentina, España y el Reino Unido durante la temporada 2012/13 en el punto Cierva para erradicar la hierba no autóctona *Poa pratensis*.
IP 46 Australia, China, India y Federación de Rusia	INFORME DE LA *ZONA ANTÁRTICA ESPECIALMENTE ADMINISTRADA N.° 6 COLINAS LASERMANN GRUPO DE GESTIÓN*. Este documento hace un breve informe sobre las actividades del grupo de gestión durante 2012-13. Este documento informa de los objetivos del grupo de gestión para finalizar la revisión del plan administrativo en su próxima reunión en julio de 2013, y para someter un plan de gestión revisado a la consideración del XVII CPA.
IP 73 Reino Unido y Noruega	PRUEBA ANTÁRTICA DE *WWF EVALUACIÓN RÁPIDA DE LA HERRAMIENTA DE RESILIENCIA DEL ECOSISTEMA QUE RODEA AL ÁRTICO (RACER): DESCUBRIMIENTOS INICIALES*. Este documento proporciona una breve actualización del progreso de la prueba de RACER, una herramienta del Ártico para evaluar la resiliencia y la importancia de las áreas de conservación, y la posible aplicación de RACER en la Antártida.
IP 111 Reino Unido y España	GESTIÓN DE LAS *ZONAS ANTÁRTICAS ESPECIALMENTE PROTEGIDAS: PRÁCTICAS DE PERMISOS, VISITAS E INTERCAMBIO DE INFORMACIÓN*. Este documento presenta la investigación sobre la práctica de intercambio entre las Partes de información relativa a las visitas a las ZAEP. Se recomienda mejorar el suministro y la interpretación formal de las visitas a las ZAEP para permitir una gestión más coordinada y efectiva de las actividades en las ZAEP.
BP 10 Estados Unidos y Nueva Zelandia	ACTUALIZACIÓN DEL DESARROLLO DE PROTECCIÓN PARA ÁREA GEOTÉRMICA: CUEVAS VOLCÁNICAS DE HIELO EN EL MONTE *EREBUS* E ISLA *ROSS*. Este documento presenta una actualización del progreso del desarrollo de protección de las cuevas geotérmicas de hielo en la cumbre del monte Erebus, e informa de los planes para el periodo entre sesiones 2013-14.

10. CONSERVACIÓN DE LA FLORA Y FAUNA ANTÁRTICA

a) Cuarentena y especies no autóctonas

WP 19 Alemania	INFORME DEL PROYECTO DE INVESTIGACIÓN "*EL IMPACTO DE LAS ACTIVIDADES HUMANAS EN LOS ORGANISMOS DEL SUELO DE LA ANTÁRTIDA MARÍTIMA Y LA INTRODUCCIÓN DE ESPECIES NO AUTÓCTONAS EN LA ANTÁRTIDA*". Alemania presenta los resultados del proyecto de investigación e invita a las Partes y al CPA a considerar los resultados del proyecto y las recomendaciones relativas a las medidas de bioseguridad contra la transferencia e introducción de organismos del suelo no autóctonos, y decidir según sea adecuado.

IP 55 Alemania	*INFORME FINAL DEL PROYECTO DE INVESTIGACIÓN "EL IMPACTO DE LAS ACTIVIDADES HUMANAS EN LOS ORGANISMOS DEL SUELO DE LA ANTÁRTIDA MARÍTIMA Y LA INTRODUCCIÓN DE ESPECIES NO AUTÓCTONAS EN LA ANTÁRTIDA".* Este documento presenta el informe final del Proyecto.
IP 28 Reino Unido	*ESTADO DE COLONIZACIÓN DE ESPECIES NO AUTÓCTONAS CONOCIDAS EN EL MEDIO AMBIENTE TERRESTRE DE LA ANTÁRTIDA (ACTUALIZADO EN 2013).* Este documento es una actualización de la información presentada durante los tres últimos años. El Reino Unido informa de que durante este último año se han producido más desarrollos en el entendimiento del potencial de colonización y la biología de algunas especies no autóctonas descritas previamente, y hay pruebas de una nueva especie no autóctona en la ZAEP 128.
IP 35 Argentina, España y Reino Unido	*LA HIERBA NO AUTÓCTONA POA PRATENSIS EN EL PUNTO CIERVA, COSTA DANCO, PENÍNSULA ANTÁRTICA: INVESTIGACIONES ACTUALES Y FUTUROS PLANES DE ERRADICACIÓN.* Este documento describe la investigación realizada por Argentina, España y el Reino Unido durante la temporada 2012/13 en el punto Cierva para erradicar la hierba no autóctona *Poa pratensis*.
BP 9 Australia	*NUEVO CARGO ANTÁRTICO DE AUSTRALIA E INSTALACIÓN DE OPERACIONES DE BIOSEGURIDAD.* Este documento informa del nuevo cargo y de la instalación de operaciones de bioseguridad establecida en Hobart por la división antártica de Australia para dar apoyo a las operaciones de la Antártida.

b) Especies Especialmente Protegidas

c) Otros asuntos relacionados con el Anexo II

WP 10 Reino Unido	*IDENTIFICACIÓN DE REFUGIOS POTENCIALES DE PINGÜINOS EMPERADOR ANTE EL CAMBIO CLIMÁTICO: UN ENFOQUE DE BASE CIENTÍFICA.* En el transcurso del próximo siglo, es posible que el cambio climático afecte la distribución de pingüinos emperador y al éxito de su reproducción en la región de la Península Antártica y en la Antártica en su conjunto. Por lo tanto, el Reino Unido recomienda al CPA que apoye la supervisión de las colonias de pingüinos emperador empleando las técnicas de teledetección para identificar refugios potenciales ante el cambio climático, y alienta a otras Partes a realizar una labor similar en otras regiones de la Antártida.
IP 31 COMNAP	*USO DE HIDROPÓNICOS POR LOS PROGRAMAS NACIONALES ANTÁRTICOS.* Los programas nacionales antárticos de Australia, Nueva Zelandia y Estados unidos poseen instalaciones hidropónicas en la Antártida. Cada programa ha revisado el potencial impacto medioambiental de los hidropónicos y tiene medidas de gestión de riesgo in situ.

11. CONTROL MEDIOAMBIENTAL E INFORMES	
WP 37 Bélgica y SCAR	*WWW.BIODIVERSITY.AQ: LA NUEVA RED DE INFORMACIÓN SOBRE BIODIVERSIDAD ANTÁRTICA.* Este documento informa sobre el renovado portal internacional de biodiversidad antártica que se construye a partir del legado de la red de información sobre la biodiversidad marina antártica de SCAR y la instalación de información sobre la biodiversidad antártica, que proporciona acceso a datos sobre la biodiversidad antártica tanto marina como terrestre.
IP 5 SCAR	*INFORME 2012 DEL SISTEMA DE OBSERVACIÓN DEL OCÉANO DEL SUR (SOOS).* Este informe destaca los logros de SOOS en 2012, y las actividades planificadas para 2013.
IP 19 SCAR	*1.ER ESCÁNER DEL HORIZONTE DE LA CIENCIA SCAR ANTÁRTICA Y DEL OCÉANO DEL SUR.* El plan estratégico del SCAR 2011-2016 pide que se establezca una actividad "Escáner del horizonte" a realizar cada 4 o 5 años, para dar apoyo a la visión de liderazgo y de cooperación internacional del SCAR en la ciencia antártica y del Océano Austral y para ayudar a lograr su misión de excelencia en ciencia y en consejo científico a quienes establecen las políticas. El Escáner reunirá a 50 de los principales científicos de la Antártida, a quienes realizan las políticas, a líderes y visionarios para identificar las cuestiones científicas más importantes que serán o deberían ser realizadas en su investigación por y desde las regiones del Polo Sur durante las dos próximas décadas.
IP 27 Rep. de Corea y Alemania	*TALLER COREA/ALEMANIA SOBRE LA SUPERVISIÓN MEDIOAMBIENTAL DE LA ISLA DEL REY JORGE.* Este documento informa sobre el taller conjunto realizado en abril de 2012. El documento informa de que fue un intercambio de información muy fructífero sobre los controles previos y los actuales y sobre las actividades de investigación en la zona de la bahía Maxwell, y que los participantes llegaron a un acuerdo sobre el diálogo exitoso entre Corea y Alemania considerando que debería ser realizado regularmente, por ejemplo, en reuniones anuales.
IP 29 Reino Unido	*TELEDETECCIÓN PARA SUPERVISIÓN DE ZONAS ANTÁRTICAS ESPECIALMENTE PROTEGIDAS: PROGRESO EN EL USO DE DATOS MULTIESPECTRALES E HIPERESPECTRALES PARA EL CONTROL DE LA VEGETACIÓN DE LA ANTÁRTIDA.* Este documento es una actualización del desarrollo y la aplicación de nuevas técnicas remotas de sensores para supervisar la vegetación de las Zonas Antárticas Especialmente Protegidas y el medio silvestre Antártico.
IP 59 ASOC	*ACTUALIZACIÓN A LOS INCIDENTES DE BUQUES EN AGUAS DE LA ANTÁRTIDA.* Este documento proporciona información adicional y análisis de incidentes de buques en las aguas de la Antártida, incluido un mapa de incidentes de buques y casos de estudio de varios incidentes recientes en el contexto del desarrollo del Código Polar que señala un número de deficiencias en el borrador actual del Código Polar.

IP 66 ASOC	*Descarga de aguas residuales y aguas grises desde los buques en aguas del Tratado Antártico* Este documento proporciona información sobre las descargas de aguas negras (aguas residuales) y aguas grises desde los buques, expresa su preocupación relativa a que el sistema actual de gestión de flujos de aguas residuales y aguas grises no sea suficiente para proporcionar protección adecuada para los ecosistemas Antárticos y la vida silvestre, y resume la regulación actual.
IP 67 ASOC	*Implicaciones de gestión del comportamiento del turismo.* Este documento examina los aspectos del comportamiento del turismo antártico en el contexto de las actuales tendencias turísticas y debate las implicaciones de la regulación y gestión del turismo.
IP 76 Italia	*Informe sobre el accidente que se produjo con un vehículo excavadora en la estación Mario Zucchelli, mar de Ross, Antártida.* Este documento informa sobre la excavadora que calló al mar frente a la estación Mario Zucchelli en diciembre de 2012.
IP 107 Chile	*Centro Antártico de investigación y supervisión medioambiental, CIMAA: avances en la supervisión de la calidad del agua y oportunidades de cooperación.* Este documento presenta los resultados obtenidos por el Centro antártico de investigación y supervisión medioambiental, CIMAA, en la base chilena Bernardo O'Higgins durante la temporada 2012-2013. Además, informa sobre nuevas actividades de cooperación internacional para verificar la operación de plantas de tratamiento de aguas residuales.

12. Informes de inspección	
WP 4 Alemania y Sudáfrica	*Inspección realizada por Alemania y Sudáfrica de acuerdo con el artículo VII del Tratado Antártico y el artículo 14 del Protocolo de Protección del Medio Ambiente; enero 2013* En este documento, Alemania y Sudáfrica informan de las inspecciones realizadas por cuatro estaciones en Tierra de la Reina Maud, del 9 al 29 de enero de 2013, de acuerdo las disposiciones aplicables del Tratado Antártico y el Protocolo de Madrid.
IP 53 Alemania y Sudáfrica	*Inspección realizada por Alemania y Sudáfrica de acuerdo con el artículo VII del Tratado Antártico y el artículo 14 del Protocolo de Protección del Medio Ambiente; enero 2013.* Este documento es el informe completo de la inspección que describe las operaciones y las conclusiones del equipo conjunto Alemania-Sudáfrica de inspección antártica.

WP 9 Reino Unido, Países Bajos y España	*RECOMENDACIONES GENERALES PARA LAS INSPECCIONES CONJUNTAS REALIZADAS POR EL REINO UNIDO, PAÍSES BAJOS Y ESPAÑA EN VIRTUD DEL ARTÍCULO VII DEL TRATADO ANTÁRTICO Y EL ARTÍCULO 14 DEL PROTOCOLO DEL MEDIO AMBIENTE.* Este documento informa de que las inspecciones fueron realizadas conjuntamente por el Reino Unido, los Países Bajos y España en la región de la península antártica en diciembre de 2012. Los observadores indicaron una serie de recomendaciones generales producto de su Programa de inspección cuya relevancia posiblemente vaya más allá de dichas bases, estaciones, lugares y embarcaciones inspeccionados.
IP 38 Reino Unido, Países Bajos y España	*INFORME DE LAS INSPECCIONES CONJUNTAS REALIZADAS POR EL REINO UNIDO, PAÍSES BAJOS Y ESPAÑA EN VIRTUD DEL ARTÍCULO VII DEL TRATADO ANTÁRTICO Y EL ARTÍCULO 14 DEL PROTOCOLO DEL MEDIO AMBIENTE.* Informe completo de la inspección conjunta descrita en el WP 9.
WP 51 rev. 1 Uruguay y Argentina	*DISPONIBILIDAD ADICIONAL DE INFORMACIÓN EN LISTAS DE OBSERVADORES DE LAS PARTES CONSULTIVAS A TRAVÉS DE LA SECRETARÍA DEL TRATADO ANTÁRTICO.* Este documento sugiere que la Secretaría del Tratado Antártico puede ser una fuente complementaria de información para las Partes mediante el nombramiento de observadores de acuerdo con el Artículo 7 del Tratado Antártico y el Artículo 14 del Protocolo. Esta información puede estar disponible mediante acceso restringido, en la sección de información previa a las sesiones del EIES.
IP 16 Francia e Italia	*ESTADO DEL FLUIDO EN LA PERFORACIÓN EPICA EN LA ESTACIÓN CONCORDIA: UNA RESPUESTA A LA INSPECCIÓN EE.UU./RUSIA DE 2012.* En el XV CPA, EE.UU. y la Federación de Rusia informaron sobre los resultados de su inspección conjunta en la estación Concordia en enero de 2012. Entre los comentarios, surgió una duda de una posible fuga de fluido de la perforación EPOCA y se proporcionó información poco precisa sobre la naturaleza de este fluido de perforación. El objetivo de este documento informativo es responder a estas cuestiones.
IP 45 Federación de Rusia y Estados Unidos	*INFORME DE INSPECCIÓN ANTÁRTICA CONJUNTA DE RUSIA Y EE.UU. DEL 29 DE NOVIEMBRE AL 6 DE DICIEMBRE DE 2012.* Este documento informa de la segunda fase de la inspección conjunta de siete estaciones antárticas. El documento también informa de las principales conclusiones de esta segunda fase.
IP 77 Italia	*RESPUESTAS DE ITALIA A LA INSPECCIÓN EE.UU./RUSIA EN LA ESTACIÓN MARIO ZUCCHELLI EN 2012.* Este documento presenta información más detallada sobre la capacidad de Italia para implementar totalmente los estándares normativos relativos al protocolo medioambiental, en respuesta a las preocupaciones expresadas en el informe de la inspección de 2012.

13. ASUNTOS GENERALES	
IP 7 Japón	*ESTADO DE LA GESTIÓN AMBIENTAL JAPONESA EN LA ANTÁRTIDA, CON REFERENCIA A LAS PRÁCTICAS DE OTROS PROGRAMAS NACIONALES ANTÁRTICOS.* Este documento informa de que el Ministerio de Medio Ambiente de Japón ha decidido investigar el estado de la conservación ambiental de las estaciones antárticas de cada país como referencia para identificar posibles mejoras futuras en la conservación del medio ambiente.
IP 83 SCAR	*TABLA BATIMÉTRICA INTERNACIONAL DEL OCÉANO AUSTRAL (IBSCO): PRIMERA PUBLICACIÓN.* Este documento informa sobre el proyecto iniciado en 2006, concretamente sobre el repositorio de datos y el mapa publicado por el instituto Alfred-Wegener-Institute en Alemania.
IP 104 Colombia	*IP 104. COLOMBIA EN LA ANTÁRTIDA.* Este documento informa sobre una decisión de Colombia para tomar un papel más activo en la Antártida mediante una mayor participación en la ciencia antártica, intercambio de información, cooperación internacional e intercambio de información. Colombia anuncia que está planificando una expedición a la Antártida para la temporada de verano 2014 o 2015 y que ha iniciado el proceso para ratificar el protocolo medioambiental.

14. ELECCIÓN DE AUTORIDADES

15. PREPARACIÓN DE LA PRÓXIMA REUNIÓN

16. ADOPCIÓN DEL INFORME

17. CIERRE DE LA REUNIÓN

‘

Apéndice 1

Plan de trabajo quinquenal del CPA

Cuestión / Medidas de presión Ambiental	Prioridad del CPA	*Período intersesional*	XVII Reunión del CPA 2014	*Período intersesional*	XVIII Reunión del CPA 2015	*Período intersesional*	XIX Reunión del CPA 2016	*Período intersesional*	XX Reunión del CPA 2017
Introducción de especies no autóctonas Medidas: 1. Continuar desarrollando directrices y recursos prácticos para todos los operadores en la Antártida. 2. Continuar avanzando en las recomendaciones de la RETA sobre cambio climático. 3. Considerar las evaluaciones de riesgo espacialmente explícitas y diferenciadas según las actividades, para mitigar los riesgos que implican las especies no autóctonas terrestres. 4. Desarrollar una estrategia de vigilancia para las áreas con alto riesgo de establecimiento de especies no autóctonas. 5. Prestar especial atención a los riesgos que implica la transferencia intraantártica de propágulos.	1	Debates informales entre sesiones (Alemania)Miembros interesados, expertos, trabajo de los PAN sobre las medidas respuesta y erradicación.	Analizar otras medidas de vigilancia para incluirlas en el Manual sobre especies no autóctonas, incluida una estrategia de vigilancia para áreas con alto riesgo de establecimiento. Debatir otras medidas de respuesta para incluir en el manual NNS.	Preparar la revisión del manual- considerar un grupo informal de debate	Revisar el Manual sobre especies no autóctonas				
Actividades turísticas y de ONG **Medidas:** 1. Proporcionar asesoramiento a la RCTA según se requiera. 2. Presentar las recomendaciones de la RETA sobre turismo marítimo	1	Partes para colaborar en la preparación del material en respuesta a las recomendaciones 3 y 6 del estudio de turismo	Proporcionar una respuesta provisional a la RCTA sobre las recomendaciones 3 y 6 del estudio de turismo. Considerar el formato de las directrices en respuesta a la recomendación 8 del WP 15 (2013).						
Presión global: Cambio climático Medidas: 1. Considerar las implicaciones del cambio climático en la gestión del medio ambiente antártico 2. Presentar las recomendaciones de la RETA sobre cambio climático.	1	GCI para avanzar con las recomendaciones de la RETA.	Informe provisional del GCI. Tema permanente del programa. El SCAR proporciona actualización.	GCI sigue avanzando con las recomendaciones de la RETA	Informe del GCI. Tema permanente del programa. El SCAR proporciona actualizaciones	Continuar avanzando en las recomendaciones de la RETA	Tema permanente del programa. El SCAR proporciona actualizaciones	Continuar avanzando en las recomendaciones de la RETA	Tema permanente del programa. El SCAR proporciona actualizaciones

175

Cuestión / Medidas de presión Ambiental	Prioridad del CPA	Período intersesional	XVII Reunión del CPA 2014	Período intersesional	XVIII Reunión del CPA 2015	Período intersesional	XIX Reunión del CPA 2016	Período intersesional	XX Reunión del CPA 2017
Procesamiento de planes de gestión para zonas protegidas y administradas nuevos y revisados	1	GSPG / realiza el trabajo según el plan de trabajo acordado.	Consideración del GSPG / informe.	GSPG / realiza el trabajo según el plan de trabajo acordado. Desarrollar directrices para la preparación de las ZAEA.	Consideración del GSPG / informe	GSPG / realiza el trabajo según el plan de trabajo acordado.	Consideración del GSPG / informe		
Medidas: 1. Refinar el proceso de revisión de planes de gestión nuevos y revisados. 2. Actualizar las directrices existentes. 3. Presentar las recomendaciones de la RETA sobre cambio climático 4. Desarrollar directrices para la preparación de ZAEA. 5. Considerar la necesidad de mejorar el proceso de designación de nuevas ZAEP y ZAEA.									
Gestión y protección del espacio marino	1								
Medidas: 1. Cooperar con la CCRVMA en la biorregionalización del Océano Austral, y otros intereses comunes y principios acordados. 2. Identificar y aplicar procesos de protección espacial marina. 3. Presentar las recomendaciones de la RETA sobre cambio climático.									
Funcionamiento del CPA y planificación estratégica	1		Tema permanente Revisar y enmendar el plan de trabajo, según corresponda		Preparación del 25 aniversario Tema permanente Revisar y enmendar el plan de trabajo, según corresponda		25 aniversario del protocolo. Revisar y enmendar el plan de trabajo, según corresponda		
Medidas: 1. Actualizar del Plan quinquenal sobre la base de las circunstancias susceptibles de cambios y los requisitos de la RCTA. 2. Identificar oportunidades de mejora del CPA. 3. Considerar objetivos a largo plazo para la Antártida (para un plazo de entre 50 y 100 años).									

176

Cuestión / Medidas de presión Ambiental	Prioridad del CPA	*Período intersesional*	XVII Reunión del CPA 2014	*Período intersesional*	XVIII Reunión del CPA 2015	*Período intersesional*	XIX Reunión del CPA 2016	*Período intersesional*	XX Reunión del CPA 2017
Reparación o remediación del daño al medioambiente	1		Considerar actualizar el Manual de limpieza según sea apropiado. Considerar otras peticiones de la RCTA.		Se solicita a la Secretaría la elaboración y el mantenimiento de un inventario. Considerar otras peticiones de la RCTA para recomendaciones finales.				
Medidas: 1. Desarrollar asesoramiento en respuesta a la solicitud de la Decisión 4 de la RCTA (2010) 2. Establecer un inventario de sitios de actividad anterior de toda la Antártida. 3. Considerar directrices para la reparación y corrección. 4. Preparar Manual de orientación sobre la limpieza									
Gestión de huella humana y vida silvestre	2	Continuar los debates informales entre sesiones, incluidos los que tratan asuntos microbiológicos.							
Medidas: 1. Elaborar un concepto común de los términos "huella" y "vida silvestre". 2. Elaborar métodos para una mejor protección de la vida silvestre en virtud de los Anexos I y V.									
Seguimiento y estado de la elaboración de informes medioambientales	2		Informar al CPA según corresponda						
Medidas: 1. Identificar los indicadores e instrumentos medioambientales clave. 2. Establecer un proceso para informar a la RCTA. 3. El SCAR aportará información respaldatoria para el COMNAP y el CPA.									
Conocimientos sobre biodiversidad	2				Debate sobre la actualización del SCAR sobre ruido subacuático.				
Medidas: 1. Mantener la conciencia sobre las amenazas que enfrenta la biodiversidad actual. 2. Avanzar en las recomendaciones de la RETA sobre cambio climático									

Cuestión / Medidas de presión Ambiental	Prioridad del CPA	Período intersesional	XVII Reunión del CPA 2014	Período intersesional	XVIII Reunión del CPA 2015	Período intersesional	XIX Reunión del CPA 2016	Período intersesional	XX Reunión del CPA 2017
Directrices específicas para sitios que reciben turistas	2	R.U. coordina un proceso informal para buscar y reunir información sobre el uso de los Operadores Nacionales de las directrices de los sitios.	Tema permanente del programa; las Partes informarán sobre sus revisiones de las directrices de sitios. Informe al CPA con los resultados de vigilancia de la isla Barrientos, islas Aitcho.		Tema permanente del programa; las Partes informarán sobre sus revisiones de las directrices de sitios		Tema permanente del programa; las Partes informarán sobre sus revisiones de las directrices de sitios		Tema permanente del programa; las Partes informarán sobre sus revisiones de las directrices de sitios
Medidas: 1. Revisar las directrices específicas para sitios según se requiera. 2. Proporcionar asesoramiento a la RCTA según se requiera. 3. Revisar el formato de las directrices de los sitios									
Perspectiva global del sistema de zonas protegidas	2		Debate sobre las posibles implicancias de un análisis de brecha basado en el ADA y las regiones biogeográficas de conservación de la Antártida.						
Medidas: 1. Aplicar el análisis de dominios ambientales (ADA) y las regiones biogeográficas de conservación de la Antártida para mejorar el sistema de zonas protegidas. 2. Avanzar en las recomendaciones de la RCTA sobre cambio climático. 3. Mantener y desarrollar la base de datos de Zonas Protegidas.									
Divulgación y educación	2								
Acción: 1. Revisar los ejemplos actuales e identificar oportunidades para mayor educación y divulgación. 2. Animar a los miembros a intercambiar información relativa a sus experiencias en esta área. 3. Establecer una estrategia y directrices para intercambiar información entre Miembros sobre educación y divulgación con perspectivas a largo plazo.									
Mantener la lista de Sitios y Monumentos Históricos	3	Lista de SMH actualizada por la Secretaría	Elemento permanente	Lista de SMH actualizada por la Secretaría	Elemento permanente	Lista de SMH actualizada por la Secretaría	Elemento permanente	Lista de SMH actualizada por la Secretaría	Elemento permanente
Acciones: 1. Mantener la lista y considerar nuevas propuestas cuando surjan. 2. Considerar asuntos estratégicos según sea necesario, incluidos los asuntos relativos a la designación de edificios como SMH vs. Provisiones de limpieza del Protocolo.									

Cuestión / Medidas de presión Ambiental	Prioridad del CPA	*Periodo intersesional*	XVII Reunión del CPA 2014	*Periodo intersesional*	XVIII Reunión del CPA 2015	*Periodo intersesional*	XIX Reunión del CPA 2016	*Periodo intersesional*	XX Reunión del CPA 2017
Intercambio de información **Medidas:** 1. Asignar a la Secretaría. 2. Supervisar y facilitar el uso de los SEII.	3		Informe de la Secretaría		Informe de la Secretaría		Informe de la Secretaría		Informe de la Secretaría
Aplicar y mejorar las disposiciones de EIA contenidas en el Anexo I **Medidas:** 1. Refinar el proceso para considerar CEE y asesorar de conformidad a la RCTA. 2. Elaborar directrices para evaluar el impacto acumulativo. 3. Someter a revisión las Directrices para EIA. 4. Considerar la aplicación de evaluaciones medioambientales estratégicas en la Antártida. 5. Avanzar en las recomendaciones de la RETA sobre cambio climático	3	Establecer un GCI para revisar los proyectos de CEE según se requiera	Consideración de los informes del CGI sobre los proyectos de CEE, según se requiera	Iniciar una revisión de las directrices de EIA, incluyendo la huella humana, aspectos silvestres, desmantelamiento de estaciones, etc. Establecer un GCI para revisar los proyectos de CEE según se requiera	Consideración de los informes del CGI sobre los proyectos de CEE, según se requiera	Establecer un GCI para revisar los proyectos de CEE según se requiera	Consideración de los informes del CGI sobre los proyectos de CEE, según se requiera	Establecer un GCI para revisar los proyectos de CEE según se requiera	Consideración de los informes del CGI sobre los proyectos de CEE, según se requiera
Especies especialmente protegidas **Medidas:** 1. Considerar propuestas relacionadas con las especies especialmente protegidas.	3		Considerar propuesta según sea necesario						
Medidas de respuesta ante emergencias y planificación de contingencias **Medidas:** 1. Presentar las recomendaciones de la RETA sobre turismo marítimo	3	Debate		Debate					
Actualización del Protocolo y revisión de los Anexos **Medidas:** 1. Considerar la necesidad y animar a una revisión de los Anexos al Protocolo.	3								

179

Cuestión / Medidas de presión Ambiental	Prioridad del CPA	*Período intersesional*	XVII Reunión del CPA 2014	*Período intersesional*	XVIII Reunión del CPA 2015	*Período intersesional*	XIX Reunión del CPA 2016	*Período intersesional*	XX Reunión del CPA 2017
Inspecciones (Artículo 14 del Protocolo)	3		Tema permanente		Tema permanente		Tema permanente		Tema permanente
Medidas:									
1. Revisar los informes de inspecciones según se requiera.									
Residuos	3	El COMNAP revisa la información del taller sobre tratamiento de residuos realizado en 2006							
Medidas:									
1. Elaborar directrices para la mejor práctica en la eliminación de residuos, incluidos los residuos humanos.									
Gestión energética	4								
Medidas:									
1. Elaborar directrices para la mejor práctica en la gestión energética en las estaciones y bases.									

Apéndice 2

Programa Preliminar de la XVII Reunión del CPA

1. Apertura de la Reunión
2. Aprobación del programa
3. Deliberaciones estratégicas sobre el trabajo futuro del CPA
4. Funcionamiento del CPA
5. Cooperación con otras organizaciones
6. Reparación o corrección del daño al medioambiente
7. Implicaciones del cambio climático para el medio ambiente: Enfoque estratégico
8. Protección de zonas y planes de gestión

    a. Proyectos de evaluación medioambiental global

    b. Otros temas relacionados con la evaluación del impacto ambiental
9. Protección de zonas y planes de gestión

    a. Planes de Gestión

    b. Sitios y monumentos históricos

    c. Directrices para Sitios

    d. La huella humana y los valores silvestres

    e. Protección y gestión del espacio marino

    f. Otros asuntos relacionados con el Anexo V
10. Conservación de la flora y fauna antárticas

    a. Cuarentena y especies no autóctonas

    b. Especies especialmente protegidas

    c. Otros asuntos relacionados con el Anexo II
11. Vigilancia ambiental e informes sobre el estado del medio ambiente
12. Informes de inspecciones
13. Asuntos generales
14. Elección de los funcionarios
15. Preparativos para la próxima reunión
16. Aprobación del informe
17. Clausura de la reunión

3. Apéndices

Comunicado de la RCTA XXXVI

Del 20 al 29 de mayo de 2013, Bélgica ha acogido la XXXVI Reunión Consultiva del Tratado Antártico (RCTA) y el XVI Comité para la Protección del Medio Ambiente (CPA). Las reuniones fueron organizadas conjuntamente por los Departamentos Federales de Asuntos Exteriores, Medio Ambiente y Política Científica. Las Partes Consultivas dieron la bienvenida a la República Checa como 29.ª Parte del Tratado.

Desde 1959, el Tratado Antártico ha sido el eje de la cooperación internacional para conservar el carácter único de la Antártida como reserva natural dedicada a la paz y a la ciencia mediante el intercambio de información, consulta y formulación de Medidas, Decisiones y Resoluciones.

Más de 450 delegados en representación de las 50 Partes, incluidos funcionarios oficiales, científicos de renombre, expertos y observadores internacionales han asistido a esta reunión anual con un objetivo común: promover la cooperación internacional efectiva sobre desafíos y amenazas emergentes que afectan a la Antártida.

La ciencia se ha mantenido en el centro de los debates. Las partes destacaron el papel estratégico de la ciencia en el desarrollo de políticas sobre los estudios de los efectos del cambio climático y otras amenazas para el medio ambiente.

La cooperación internacional es el núcleo del Tratado y fue una vez más un tema clave en las declaraciones oficiales y en los debates entre los delegados.

Uno de los principales logros de la RCTA de este año fue la adopción de un plan de trabajo estratégico que identifica las prioridades que deben ser alcanzadas en 3 áreas clave para reforzar la cooperación a la hora de garantizar un Sistema del Tratado Antártico robusto y efectivo, fortaleciendo la protección del medio ambiente antártico y la gestión y regulación efectiva de las actividades humanas en la Antártida.

Para orientar el potencial daño medioambiental, el CPA ha identificado una serie de asuntos políticos cruciales y ha incluido un manual de limpieza para la zona. Siguiendo el informe del Comité Científico de Investigación Antártica (SCAR) sobre el cambio climático y su impacto en el medio ambiente, el CPA decidió desarrollar un plan de trabajo prioritario para responder al cambio climático. La RCTA ha adoptado, por advertencia del CPA, 17 planes de gestión para Zonas Antárticas Especialmente Protegidas y 16 Directrices de la zona para visitantes.

Las partes apoyaron mayor cooperación internacional en ciencia antártica y logística. La reunión contó con un día completo dedicado a la sesión especial de Búsqueda y Rescate en la Antártida y las Partes decidieron seguir colaborando activamente para compartir las mejores prácticas, para cooperar con la Organización Marítima Internacional (OMI) y la

Organización Internacional de Aviación Civil (ICAO) y para animar a los cinco Centros de Coordinación de Rescate en la región antártica a realizar ejercicios ente ellos y con otras entidades relevantes.

El turismo sigue siendo un tema de atención. En respuesta a ello, las Partes han adoptado una decisión de intercambio de información y han acordado prestar especial atención al turismo basado en tierra y al turismo de aventura en la próxima reunión.

Los participantes han expresado su agradecimiento por la hospitalidad de Bélgica, una de las doce Partes fundadoras del Tratado Antártico, asimismo han dado la enhorabuena al Gobierno de Bélgica por la excelente organización y el buen desarrollo de las reuniones. Brasil acogerá la siguiente RCTA en Brasilia, provisionalmente del 12 al 21 de mayo de 2014.

Bruselas, 29 de mayo de 2013

Programa provisional de la XXXVII RCTA

1. Apertura de la Reunión

2. Elección de autoridades y formación de los grupos de trabajo

3. Aprobación del programa y asignación de temas

4. Funcionamiento del Sistema del Tratado Antártico: Informes de partes, observadores y expertos

5. Funcionamiento del Sistema del Tratado Antártico: Asuntos generales

6. Funcionamiento del Sistema del Tratado Antártico: Asuntos relativos a la Secretaría

7. Plan de trabajo estratégico plurianual

8. Informe del Comité para la Protección del Medio Ambiente

9. Responsabilidad: Aplicación de la Decisión 4 (2010)

10. Seguridad de las operaciones en la Antártida

11. El turismo y las actividades no gubernamentales en el Área del Tratado Antártico

12. Inspecciones en virtud del Tratado Antártico y el Protocolo sobre Protección del Medio Ambiente

13. Asuntos científicos, Cooperación y facilitación científica

14. Implicaciones del cambio climático para la gestión del Área del Tratado Antártico

15. Temas educacionales

16. Intercambio de información

17. La prospección biológica en la Antártida

18. Preparativos para la 37ª Reunión

19. Otros asuntos

20. Aprobación del Informe Final

21. Clausura de la Reunión

SEGUNDA PARTE

Medidas, Decisiones y Resoluciones

1. Medidas

Zona Antártica Especialmente Protegida N.° 108
(Isla Green, Islas Berthelot, Península Antártica): Plan de gestión revisado

Los Representantes,

Recordando los Artículos 3, 5 y 6 del Anexo V al Protocolo sobre protección medioambiental del Tratado Antártico, que establecen la designación de Zonas Antárticas Especialmente Protegidas (ZAEP) y la aprobación de Planes de Gestión para esas áreas;

Recordando

- La Recomendación IV-9 (1966), que designó Isla Green, Islas Berthelot, Península Antártica como Zona Especialmente Protegida (ZEP) 9;

- La Recomendación XVI-6 (1991), que anexó un Plan de Gestión para la Zona;

- La Decisión 1 (2002), que renombró y reenumeró el ZEP 9 como ZAEP 108;

- La Medida 1 (2002), que adoptó un plan de gestión revisado para la ZAEP 108;

Recordando que la Recomendación IV-9 (1966) fue designada como obsoleta por la Decisión 1 (2011);

Recordando que la Recomendación XVI-6 (1991) no se ha hecho efectiva;

Señalando que el Comité para la Protección del Medio Ambiente ha aprobado un Plan de Gestión revisado para la ZAEP 108;

Deseando sustituir el Plan de Gestión existente para la ZAEP 108 con el Plan de Gestión revisado;

Recomiendan a sus gobiernos la siguiente medida para aprobación de acuerdo con el Párrafo 1 del Artículo 6 del Anexo V al Protocolo de Protección del Medio Ambiente del Tratado Antártico:

Que:

1. el Plan de Gestión revisado para la Zona Antártica Especialmente Protegida N.° 108 (Isla Green, Islas Berthelot, Península Antártica), que está anexo a esta Medida, sea aprobado, y

2. el Plan de Gestión para la ZAEP 108 anexo a la Medida 1 (2002) deje de ser efectivo.

Zona Antártica Especialmente Protegida N.° 117
(Isla Avian, Bahía Marguerite, Península Antártica):
Plan de gestión revisado

Los Representantes,

Recordando los Artículos 3, 5 y 6 del Anexo V al Protocolo sobre protección medioambiental del Tratado Antártico, que establecen la designación de Zonas Antárticas Especialmente Protegidas (ZAEP) y la aprobación de Planes de Gestión para esas áreas;

Recordando

- La Recomendación XV-6 (1989), que designó la Isla Avian, Bahía Marguerite, Península Antártica como Sitio de Especial Interés Científico (SEIC) N.° 30 y anexó un Plan de Gestión para el sitio;

- La Recomendación XVI-4 (1991), que designó el SEIC N.° 21 como Zona Especialmente Protegida (ZEP) N.° 21 y anexó un Plan de Gestión para la Zona;

- La Decisión 1 (2002), que renombró y reenumeró el ZEP 21 como ZAEP 117;

- Medida 1 (2002), que adoptó un plan de gestión revisado;

Recordando que la Resolución XV-6 (1989) y la Resolución XVI-4 (1991) no se hicieron efectivas y fueron designadas como obsoletas por la Decisión 1 (2011);

Señalando que el Comité de Protección Ambiental ha aprobado un Plan de Gestión revisado para la ZAEP 117;

Deseando sustituir el Plan de Gestión existente para la ZAEP 117 con el Plan de Gestión revisado;

Recomiendan a sus gobiernos la siguiente medida para aprobación de acuerdo con el Párrafo 1 del Artículo 6 del Anexo V al Protocolo de Protección del Medio Ambiente del Tratado Antártico:

Que:

1. el Plan de Gestión revisado para la Zona Antártica Especialmente Protegida N.° 117 (Isla Avian, Bahía Marguerite, Península Antártica), que está anexo a esta Medida, sea aprobado, y

2. el Plan de Gestión para la ZAEP 117 anexo a la Medida 1 (2002) deje de ser efectivo.

Zona Antártica Especialmente Protegida N.° 123
(Valles Barwick y Balham, sur de la Tierra Victoria):
Plan de gestión revisado

Los Representantes,

Recordando los Artículos 3, 5 y 6 del Anexo V al Protocolo sobre protección medioambiental del Tratado Antártico, que establecen la designación de Zonas Antárticas Especialmente Protegidas (ZAEP) y la aprobación de Planes de Gestión para esas áreas;

Recordando

- La Recomendación VIII-4 (1975), que designó el Valle Barwick, la Tierra Victoria como Sitio de Especial Interés Científico (SEIC) N.° 3 y anexó un Plan de Gestión para el sitio;

- La Recomendación X-6 (1979), Recomendación XII-5 (1983), Recomendación XIII-7 (1985), Resolución 7 (1995) y la Medida 2 (2000), que amplió la fecha de vencimiento del SEIC 3;

- La Decisión 1 (2002), que renombró y reenumeró el SEIC 3 como ZAEP 123;

- La Medida 1 (2002) y la Medida 6 (2008), que adoptaron los Planes de gestión revisados para la ZAEP 123;

Recordando que la Recomendación VIII-4 (1975), la Recomendación X-6 (1979), la Recomendación XII-5 (1983), la Recomendación XIII-7 (1985) y la Resolución 7 (1995) fueron declaradas obsoletas por la Decisión 1 (2011);

Recordando que la Medida 2 (2000) no se ha hecho efectiva y fue retirada por la Medida 5 (2009);

Señalando que el Comité para la Protección del Medio Ambiente ha aprobado un Plan de Gestión revisado para la ZAEP 123;

Deseando sustituir el Plan de Gestión existente para la ZAEP 123 con el Plan de Gestión revisado;

Recomiendan a sus gobiernos la siguiente Medida para su aprobación de acuerdo con el párrafo 1 del Artículo 6 del Anexo V al Protocolo de Protección del Medio Ambiente del Tratado Antártico:

Que:

1. el Plan de Gestión revisado para la Zona Antártica Especialmente Protegida N.° 123 (Valles Barwick y Balham, Sur de la Tierra Victoria), que está anexo a esta Medida, sea aprobado, y

2. el Plan de Gestión para la ZAEP 123 anexo a la Medida 6 (2008) deje de ser efectivo.

Zona Antártica Especialmente Protegida N.° 132
(Península Potter, Isla Rey Jorge (isla 25 de Mayo), Islas Shetland del Sur): Plan de gestión revisado

Los Representantes,

Recordando los artículos 3, 5 y 6 del Anexo V del Protocolo sobre Protección del Medio Ambiente del Tratado Antártico, que permiten la designación de Zonas Antárticas Especialmente Protegidas ("ZAEP") y la aprobación de planes de gestión para estas Zonas;

Recordando

- La Recomendación XIII-8 (1985), que designó Península Potter, Isla Rey Jorge (isla 25 de Mayo), Islas Shetland del Sur como Sitio de Especial Interés Científico ("SEIC") N.° 13 y que anexó un Plan de Gestión del sitio ;

- La Medida 3 (1997), que anexó un Plan de Gestión revisado para la SEIC N.° 13;

- La Decisión 1 (2002), que cambió el nombre y el número del SEIC 13 que pasó a ser ZAEP 132;

- La Medida 2 (2005), que aprobó un Plan de Gestión revisado de la ZAEP 132;

Recordando que la Medida 3 (1997) no ha entrado en vigor aún;

Señalando que el Comité de Protección del Medio Ambiente ha refrendado un plan de gestión revisado de la ZAEP 132;

Deseando reemplazar el Plan de Gestión actual de la ZAEP No 132 por el Plan de Gestión revisado,

Recomiendan a sus Gobiernos la siguiente Medida para su aprobación de conformidad con el párrafo 1 del artículo 6 del Anexo V del Protocolo sobre Protección del Medio Ambiente del Tratado Antártico:

Que:

1. el Plan de Gestión revisado para la Zona Antártica Especialmente Protegida N.° 132 (Peninsula Potter, Isla Rey Jorge (Isla 25 de Mayo), Islas Shetland del Sur), que se anexa a la presente Medida sea aprobado, y

2. el Plan de Gestión de la ZAEP 132 anexo a la Medida 2 (2005) deje de ser efectivo.

Zona Antártica Especialmente Protegida N.° 134
(Punta Cierva e islas frente a la costa, Costa Danco, Península Antártica): Plan de gestión revisado

Los Representantes,

Recordando los artículos 3, 5 y 6 del Anexo V del Protocolo sobre Protección del Medio Ambiente del Tratado Antártico, que permiten la designación de Zonas Antárticas Especialmente Protegidas ("ZAEP") y la aprobación de planes de gestión para estas Zonas;

Recordando

- La Recomendación XIII-8 (1985), que designó Punta Cierva e islas litorales, Costa Danco, Península Antártica, como Sitio de Especial Interés Científico ("SEIC") N.° 15 y que anexó un plan de gestión del sitio;

- La Resolución 7 (1995), que prorrogó la fecha de vencimiento del SEIC 15;

- La Medida 3 (1997), que anexó un Plan de Gestión revisado para la SEIC N.° 15;

- La Decisión 1 (2002), que cambió el nombre y el número del SEIC 15 que pasó a ser ZAEP 134;

- La Medida 1 (2006), que aprobó un Plan de Gestión revisado de la ZAEP 134;

Recordando que la Resolución 7 (1995) fue designada como no vigente por la Decisión 1 (2011);

Recordando que la Medida 3 (1997) no ha entrado en vigor aún;

Señalando que el Comité para la Protección del Medio Ambiente ha refrendado un Plan de Gestión revisado de la ZAEP 134;

Deseando reemplazar el Plan de Gestión actual de la ZAEP 134 con el Plan de Gestión revisado,

Recomiendan a sus Gobiernos la siguiente Medida para su aprobación de conformidad con el Párrafo 1 del Artículo 6 del Anexo V del Protocolo sobre Protección del Medio Ambiente del Tratado Antártico:

Que:

1. el Plan de Gestión revisado para la Zona Antártica Especialmente Protegida No 134 (Punta Cierva e islas frente a la costa, Costa Danco, Península Antártica), que se anexa a la presente Medida sea aprobado y

2. el Plan de Gestión de la ZAEP 134 anexo a la Medida 1 (2006) deje de ser efectivo.

Zona Antártica Especialmente Protegida N.° 135
(Noreste de la Península Bailey, Costa Budd, Tierra de Wilkes): Plan de gestión revisado

Los Representantes,

Recordando los Artículos 3, 5 y 6 del Anexo V al Protocolo sobre protección medioambiental del Tratado Antártico, que establecen la designación de Zonas Antárticas Especialmente Protegidas (ZAEP) y la aprobación de Planes de Gestión para esas áreas;

Recordando

- La Recomendación XIII-8 (1985), que designó el Noreste de la Península Bailey, Costa Budd, Tierra de Wilkes como Sitio de Especial Interés Científico (SEIC) N.° 16 y anexó un Plan de Gestión para el sitio;

- La Resolución 7 (1995) y Medida 2 (2000), con ampliación de la fecha de vencimiento del SEIC 16;

- La Decisión 1 (2002), que renombró y reenumeró el SEIC 16 como ZAEP 135;

- La Medida 2 (2003) y la Medida 8 (2008), que adoptaron los Planes de gestión revisados para la ZAEP 135;

Recordando que la Resolución 7 (1995) fue designada como obsoleta por la Decisión 1 (2011);

Recordando que la Medida 2 (2000) no se ha hecho efectiva y fue retirada por la Medida 5 (2009);

Señalando que el Comité para la Protección del Medio Ambiente ha aprobado un Plan de Gestión revisado para la ZAEP 135;

Deseando sustituir el Plan de Gestión existente para la ZAEP 135 con el Plan de Gestión revisado;

Recomiendan a sus gobiernos la siguiente Medida para su aprobación de conformidad con el párrafo 1 del Artículo 6 del Anexo V al Protocolo de Protección del Medio Ambiente del Tratado Antártico:

Que:

1. el Plan de Gestión revisado para la Zona Antártica Especialmente Protegida N.º 135 (Noreste de la Península Bailey, Costa Budd, Tierra de Wilkes), que está anexo a esta Medida, sea aprobado, y

2. el Plan de Gestión para la ZAEP 135 anexo a la Medida 8 (2008) deje de ser efectivo.

Zona Antártica Especialmente Protegida N.° 137
(parte noroeste de la isla White, base McMurdo): Plan de gestión revisado

Los Representantes,

Recordando los Artículos 3, 5 y 6 del Anexo V al Anexo V del Protocolo sobre Protección del Medio Ambiente al Tratado Antártico con respecto a la designación de Zonas Antárticas Especialmente Protegidas ("ZAEP") y la aprobación de los Planes de gestión para dichas Zonas;

Recordando

- La Recomendación XIII-8 (1985), que designó la parte noroeste de la Isla White, base de McMurdo Sitio de Especial Interés Científico ("SEIC") N.° 18 y adjuntó un Plan de gestión para dicho sitio;

- La Recomendación XVI-7 (1991) y Medida 3 (2001), que amplió la fecha de vencimiento del SEIC 18;

- La Decisión 1 (2002), que nombró y numeró de nuevo el SEIC 18 como ZAEP 137;

- La Medida 1 (2002), que adoptó un Plan de gestión revisado para la ZAEP 137;

Recordando que la Medida 3 (2001) y la Recomendación XVI-7 (1991) no han entrado en vigor y que la Recomendación XVI-7 (1991) se estimó como no vigente en virtud de la Decisión 1 (2011);

Señalando que el Comité para la Protección del Medio Ambiente ha apoyado un Plan de gestión revisado para la ZAEP 137;

Deseando sustituir el Plan de gestión existente para la ZAEP 137 con el Plan de gestión revisado;

Recomiendan a sus Gobiernos la siguiente Medida para su aprobación de conformidad con el Párrafo 1 del Artículo 6 del Anexo V al Protocolo sobre Protección del Medio Ambiente al Tratado Antártico:

Que:

1. se apruebe el Plan de gestión revisado para la Zona Antártica Especialmente Protegida N.° 137 (parte noroeste de la Isla White, base de McMurdo), que se adjunta a la presente Medida; y que

2. el Plan de gestión para la ZAEP 137 adjunto a la Medida 1 (2002) deje de estar en vigor.

Zona Antártica Especialmente Protegida N.° 138
(Terraza Linnaeus, cordillera Asgard, Tierra Victoria): Plan de gestión revisado

Los Representantes,

Recordando los Artículos 3, 5 y 6 del Anexo V al Anexo V del Protocolo sobre Protección del Medio Ambiente al Tratado Antártico con respecto a la designación de Zonas Antárticas Especialmente Protegidas ("ZAEP") y la aprobación de los Planes de gestión para dichas Zonas;

Recordando

- La Recomendación XIII-8 (1985), que designó Terraza Linnaeus, cordillera Asgard, Tierra Victoria Sitio de Especial Interés Científico ("SEIC") N.° 19 y adjuntó un Plan de gestión para dicho sitio;

- La Resolución 7 (1995) que amplió la fecha de vencimiento del SEIC;

- La Medida 1 (1996), que adjuntó un Plan de gestión revisado para la ZAEP 19;

- La Decisión 1 (2002), que nombró y numeró de nuevo el SEIC 19 como Zona Antártica Especialmente Protegida N.° 138;

- La Medida 10 (2008), que adoptó un Plan de gestión revisado para la ZAEP 138;

Recordando que la Resolución 7 (1995) se estimó como no vigente en virtud de la Decisión 1 (2011);

Recordando que la Medida 1 (1996) no entró en vigor y que fue retirada por la Medida 10 (2008);

Señalando que el Comité para la Protección del Medio Ambiente ha apoyado un Plan de gestión revisado para la ZAEP 138;

Deseando sustituir el Plan de gestión existente para la ZAEP 138 con el Plan de gestión revisado;

Recomiendan a sus Gobiernos la siguiente Medida para su aprobación de conformidad con el Párrafo 1 del Artículo 6 del Anexo V al Protocolo sobre Protección del Medio Ambiente al Tratado Antártico:

Que:

1. se apruebe el Plan de gestión revisado para la Zona Antártica Especialmente Protegida N.º 138 (Terraza Linnaeus, cordillera Asgard, Tierra Victoria), que se adjunta a la presente Medida; y que

2. el Plan de gestión para la ZAEP 138 adjunto a la Medida 10 (2008) deje de estar en vigor.

Zona Antártica Especialmente Protegida N.° 143
(Llanura Marine, Península Mule, Cerros Vestfold, Tierra de la Princesa Isabel): Plan de gestión revisado

Los Representantes,

Recordando los artículos 3, 5 y 6 del Anexo V del Protocolo sobre Protección del Medio Ambiente del Tratado Antártico, que permiten la designación de Zonas Antárticas Especialmente Protegidas ("ZAEP") y la aprobación de planes de gestión para estas Zonas;

Recordando

- La Recomendación XIV-5 (1987), que designó la Llanura Marine, Península Mule, Cerros Vestfold, Tierra de la Princesa Isabel como Sitio de Especial Interés Científico ("SEIC") N.° 25 y se anexó un Plan de Gestión del sitio;

- La Resolución 3 (1996), que prorrogó la fecha de vencimiento del SEIC;

- La Medida 2 (2000), la cual prorrogó la fecha de vencimiento del Plan de Gestión del SEIC;

- La Decisión 1 (2002), que cambió el nombre y el número del SEIC 25 que pasó a ser ZAEP 143;

- La Medida 2 (2003), que aprobó un Plan de Gestión revisado de la ZAEP 143;

Recordando que la Resolución 3 (1996) fue designada como no vigente por la Decisión 1 (2011);

Recordando que la Medida 2 (2000) no ha sido efectiva y fue revocada por la Medida 5 (2009);

Tomando nota de que el Comité de Protección del Medio Ambiente ha refrendado un Plan de Gestión revisado de la ZAEP 143;

Deseando reemplazar el Plan de Gestión actual de la ZAEP No 143 por el Plan de Gestión revisado,

Recomiendan a sus Gobiernos la siguiente Medida para su aprobación de conformidad con el Párrafo 1 del Artículo 6 del Anexo V del Protocolo sobre Protección del Medio Ambiente del Tratado Antártico

Que:

1. el plan de gestión revisado para la Zona Antártica Especialmente Protegida No 143 (Llanura Marine, Península Mule, Cerros Vestfold, Tierra de la Princesa Isabel) que se anexa a la presente Medida sea aprobado, y

2. el Plan de Gestión de la ZAEP 143 anexo a la Medida 2 (2003) deje de ser efectivo.

Zona Antártica Especialmente Protegida N.° 147
(Valle Ablación y Cumbres Ganymede, Isla Alexander): Plan de gestión revisado

Los Representantes,

Recordando los Artículos 3, 5 y 6 del Anexo V al Protocolo sobre protección medioambiental del Tratado Antártico, que establecen la designación de Zonas Antárticas Especialmente Protegidas (ZAEP) y la aprobación de Planes de Gestión para esas áreas;

Recordando

- La Recomendación XV-6 (1989), que designó el Valle Ablación y Cumbres Ganymede, Isla Alexander como Sitio de Especial Interés Científico (SEIC) N.° 29 y anexó un Plan de Gestión para el sitio;

- La Resolución 3 (1996), con ampliación de la fecha de vencimiento del SEIC 29;

- La Medida 2 (2000), con ampliación de la fecha de vencimiento del Plan de Gestión para el SEIC 29;

- La Decisión 1 (2002), que renombró y renumeró el SEIC 29 como ZAEP 147;

- La Medida 1 (2002), que adoptó un plan de gestión revisado para la ZAEP 147;

Recordando que la Resolución XV-6 (1989) y la Resolución 3 (1996) fueron designadas como obsoletas por la Decisión 1 (2011).

Recordando que la Medida 2 (2000) no se ha hecho efectiva y fue retirada por la Medida 5 (2009);

Señalando que el Comité para la Protección del Medio Ambiente ha aprobado un Plan de Gestión revisado para la ZAEP 147;

Deseando sustituir el Plan de Gestión existente para la ZAEP 147 con el Plan de Gestión revisado;

Recomiendan a sus gobiernos la siguiente Medida para su aprobación de acuerdo con el párrafo 1 del Artículo 6 del Anexo V al Protocolo de Protección del Medio Ambiente del Tratado Antártico:

Que:

1. el Plan de Gestión revisado para la Zona Antártica Especialmente Protegida N.° 147 (Valle Ablación y Cumbres Ganymede, Isla Alexander), que está anexo a esta Medida, sea aprobado, y

2. el Plan de Gestión para la ZAEP 147 anexo a la Medida 1 (2002) deje de ser efectivo.

Zona Antártica Especialmente Protegida N.° 151
(Lions Rump, Isla Rey Jorge (isla 25 de Mayo), Islas Shetland del Sur): Plan de gestión revisado

Los Representantes,

Recordando los Artículos 3, 5 y 6 del Anexo V del Protocolo sobre Protección del Medio Ambiente del Tratado Antártico, que permiten la designación de Zonas Antárticas Especialmente Protegidas ("ZAEP") y la aprobación de planes de gestión para estas Zonas;

Recordando

- La Recomendación XVI-2 (1991), que designó Lions Rump, Isla Rey Jorge (isla 25 de Mayo), Islas Shetland del Sur como Sitio de Especial Interés Científico ("SEIC") N.° 34 y que anexó un Plan de Gestión del sitio;

- La Medida 1 (2000), que anexó un Plan de Gestión revisado para la SEIC N.° 34;

- La Decisión 1 (2002), que cambió el nombre y el número del SEIC 23 que pasó a ser ZAEP 151;

Recordando que la Recomendación XVI-2 (1991) y la Medida 1 (2000) no se han hecho efectivas;

Señalando que el Comité para la Protección del Medio Ambiente ha refrendado un Plan de Gestión revisado de la ZAEP 151;

Deseando reemplazar el Plan de Gestión actual de la ZAEP No 151 con el Plan de Gestión revisado,

Recomiendan a sus Gobiernos la siguiente Medida para su aprobación de conformidad con el Párrafo 1 del Artículo 6 del Anexo V del Protocolo sobre Protección del Medio Ambiente del Tratado Antártico:

Que:

1. el Plan de Gestión revisado para la Zona Antártica Especialmente Protegida N.° 151((Lions Rump, Isla Rey Jorge (isla 25 de Mayo), Islas Shetland del Sur), que se anexa a la presente Medida sea aprobado y

2. el Plan de Gestión de la ZAEP 151 anexo a la Medida 1 (2000) que no se ha hecho efectivo, sea revocado.

Zona Antártica Especialmente Protegida N.° 154
(Bahía Botany, Cabo Geology, Tierra Victoria): Plan de gestión revisado

Los Representantes,

Recordando los Artículos 3, 5 y 6 del Anexo V al Protocolo sobre protección medioambiental del Tratado Antártico, que establecen la designación de Zonas Antárticas Especialmente Protegidas (ZAEP) y la aprobación de Planes de Gestión para esas áreas;

Recordando

- La Medida 3 (1997), que designó la Bahía Botany, Cabo Geology y la Tierra Victoria como Sitio de Especial Interés Científico (SEIC) N.° 37 y anexó un Plan de Gestión para el sitio;

- La Decisión 1 (2002), que renombró y renumeró el SEIC 37 como ZAEP 154;

- La Medida 2 (2003) y la Medida 11 (2008), que adoptaron los Planes de gestión revisados para la ZAEP 154;

Recordando que la Medida 3 (1997) no se ha hecho efectiva;

Señalando que el Comité para la Protección del Medio Ambiente ha aprobado un Plan de Gestión revisado para la ZAEP 154;

Deseando sustituir el Plan de Gestión existente para la ZAEP 154 con el Plan de Gestión revisado;

Recomiendan a sus gobiernos la siguiente Medida para aprobación de acuerdo con el párrafo 1 del Artículo 6 del Anexo V al Protocolo de Protección del Medio Ambiente del Tratado Antártico:

Que:

1. el Plan de Gestión revisado para la Zona Antártica Especialmente Protegida N.° 154 (Bahía Botany, Cabo Geology, Tierra Victoria), que está anexo a esta Medida, sea aprobado, y

2. el Plan de Gestión para la ZAEP 154 anexo a la Medida 11 (2008) deje de ser efectivo.

Zona Antártica Especialmente Protegida N.° 156
(Bahía Lewis, Monte Erebus, Isla Ross):
Plan de gestión revisado

Los Representantes,

Recordando los Artículos 3, 5 y 6 del Anexo V al Protocolo sobre protección medioambiental del Tratado Antártico, que establecen la designación de Zonas Antárticas Especialmente Protegidas (ZAEP) y la aprobación de Planes de Gestión para esas áreas;

Recordando

- La Medida 2 (1997), que designó la Bahía Lewis, Monte Erebus, Isla Ross como Zona Especialmente Protegida (ZEP) N.° 26 y adoptó un Plan de Gestión para la Zona;

- La Decisión 1 (2002), que renombró y renumeró el ZEP 26 como ZAEP 156;

- La Medida 2 (2003), que adoptó un plan de gestión revisado para la ZAEP 156;

Recordando que el Comité para la Protección del Medio Ambiente (CPA) XI (2008) revisó y continuó sin cambios el Plan de Gestión para la ZAEP 156 que está adjunto a la Medida 2 (2003);

Recordando que la Medida 2 (1997) no se ha hecho efectiva y fue retirada por la Medida 8 (2010);

Señalando que el CPA ha aprobado un Plan de Gestión revisado para la ZAEP 156;

Deseando sustituir el Plan de Gestión existente para la ZAEP 156 con el Plan de Gestión revisado;

Recomiendan a sus gobiernos la siguiente Medida para su aprobación de acuerdo con el párrafo 1 del Artículo 6 del Anexo V al Protocolo de Protección del Medio Ambiente del Tratado Antártico:

Que:

1. el Plan de Gestión revisado para la Zona Antártica Especialmente Protegida N.° 156 (Bahía Lewis, Monte Erebus, Isla Ross), que está anexo a esta Medida, sea aprobado, y

2. el Plan de Gestión para la ZAEP 156 anexo a la Medida 2 (2003) deje de ser efectivo.

Zona Antártica Especialmente Protegida N.° 160
(Islas Frazier, Islas Windmill, Tierra Wilkes, Antártida Oriental): Plan de gestión revisado

Los Representantes,

Recordando los Artículos 3, 5 y 6 del Anexo V del Protocolo sobre Protección del Medio Ambiente del Tratado Antártico, que permiten la designación de Zonas Antárticas Especialmente Protegidas ("ZAEP") y la aprobación de planes de gestión para estas Zonas;

Recordando

- La Medida 2 (2003) que designó las Islas Frazier, las Islas Windmill, Tierra Wilkes, Antártica Oriental como ZAEP 160 y adoptó un Plan de Gestión para la Zona;

- La Medida 13 (2008), que aprobó un Plan de Gestión revisado de la ZAEP 160;

Señalando que el Comité para la Protección del Medio Ambiente ha refrendado un Plan de Gestión revisado de la ZAEP 160;

Deseando reemplazar el Plan de Gestión actual de la ZAEP No 160 con el Plan de Gestión revisado;

Recomiendan a sus Gobiernos la siguiente Medida para su aprobación de conformidad con el Párrafo 1 del Artículo 6 del Anexo V del Protocolo sobre Protección del Medio Ambiente del Tratado Antártico:

Que:

1. el Plan de Gestión revisado para la Zona Antártica Especialmente Protegida No 160 (Islas Frazier, Islas Windmill, Tierra Wilkes, Antártida Oriental) que se anexa a la presente Medida sea aprobado y

2. el Plan de Gestión de la ZAEP 160 anexo a la Medida 13 (2008) deje de ser efectivo.

Zona Antártica Especialmente Protegida N.° 161
(Bahía Terra Nova, Mar de Ross): Plan de gestión revisado

Los Representantes,

Recordando los Artículos 3, 5 y 6 del Anexo V del Protocolo sobre Protección del Medio Ambiente del Tratado Antártico, que permiten la designación de Zonas Antárticas Especialmente Protegidas ("ZAEP") y la aprobación de planes de gestión para estas Zonas;

Recordando

- La Medida 2 (2003) que designó Bahía Terra Nova como ZAEP 161 y adoptó un Plan de Gestión para la Zona;

- La Medida 14 (2008), que aprobó un Plan de Gestión revisado de la ZAEP 161;

Señalando que el Comité de Protección del Medio Ambiente ha refrendado un plan de gestión revisado de la ZAEP 161;

Deseando reemplazar el Plan de Gestión actual de la ZAEP No 161 por el Plan de Gestión revisado;

Recomiendan a sus Gobiernos la siguiente Medida para su aprobación de conformidad con el párrafo 1 del artículo 6 del Anexo V del Protocolo sobre Protección del Medio Ambiente del Tratado Antártico:

Que:

1. el Plan de Gestión revisado para la Zona Antártica Especialmente Protegida N.° 161 (Bahía Terra Nova, Mar de Ross), que se anexa a la presente Medida sea aprobado y

2. el Plan de Gestión de la ZAEP 161 anexo a la Medida 14 (2008) deje de ser efectivo.

Zona Antártica Especialmente Protegida N.° 170
(Nunataks Marion, Isla Charcot, Península Antártica): Plan de gestión revisado

Los Representantes,

Recordando los Artículos 3, 5 y 6 del Anexo V al Protocolo sobre protección medioambiental del Tratado Antártico, que establecen la designación de Zonas Antárticas Especialmente Protegidas (ZAEP) y la aprobación de Planes de Gestión para esas áreas;

Recordando la Medida 4 (2008) que designó los Nunataks Marion, Isla Charcot, Península Antártica como ZAEP 170 y adoptó un Plan de Gestión para la Zona;

Señalando que el Comité para la Protección del Medio Ambiente ha aprobado un Plan de Gestión revisado para la ZAEP 170;

Deseando sustituir el Plan de Gestión existente para la ZAEP 170 con el Plan de Gestión revisado;

Recomiendan a sus Gobiernos la siguiente Medida para aprobación de acuerdo con el párrafo 1 del Artículo 6 del Anexo V al Protocolo de Protección del Medio Ambiente del Tratado Antártico:

Que:

1. el Plan de Gestión revisado para la Zona Antártica Especialmente Protegida N.° 170 (Nunataks Marion, Isla Charcot, Península Antártica), que está anexo a esta Medida, sea aprobado, y

2. el Plan de Gestión para la ZAEP 170 anexo a la Medida 4 (2008) deje de ser efectivo.

Zona Antártica Especialmente Protegida N.° 173
(Cabo Washington y Bahía Silverfish, Bahía Terra Nova, Mar de Ross): Plan de gestión

Los Representantes,

Recordando los Artículos 3, 5 y 6 del Anexo V del Protocolo sobre Protección del Medio Ambiente del Tratado Antártico, que permiten la designación de Zonas Antárticas Especialmente Protegidas ("ZAEP") y la aprobación de Planes de Gestión para estas Zonas;

Señalando que el Comité para la Protección del Medio Ambiente ha aprobado la propuesta de una nueva ZAEP en el cabo Washington y Bahía Silverfish, Bahía Terra Nova, Mar de Ross y que aprobó el Plan de Gestión anexo a la presente Medida;

Señalando además la aprobación de la Comisión para la Conservación de los Recursos Vivos Marinos Antárticos, en su trigésimo primera reunión, del proyecto de plan de gestión para una nueva ZAEP en el Cabo Washington y Bahía Silverfish, Bahía Terra Nova, Mar de Ross;

Reconociendo que esta zona posee valores ambientales, científicos, históricos, estéticos o silvestres, o de investigación científica en curso o en proyecto y se beneficiaría de una protección especial;

Deseando designar Cabo Washington y Silverfish Bay, Bahía Terra Nova y Mar de Ross como ZAEP y aprobar el Plan de Gestión para esta zona;

Recomiendan a sus Gobiernos la siguiente Medida para su aprobación de conformidad con el Artículo 1, del Artículo 6, del Anexo V del Protocolo sobre Protección del Medio Ambiente del Tratado Antártico.

Que:

1. Cabo Washington y Silverfish Bay, Bahía Terra Nova, Mar de Ross se designen como Zona Antártica Especialmente Protegida N.° 173; y

2. el Plan de Gestión, que se anexa a la presente Medida, sea aprobado.

Sitios y monumentos históricos antárticos:

Ubicación de la primera estación de investigación alemana permanente ocupada en la Antártida, "Georg Forster", en el oasis Schirmacher, Tierra de la Reina Maud

Los Representantes,

Recordando los requisitos del Artículo 8 del Anexo V del Protocolo sobre Protección del Medio Ambiente al Tratado Antártico de mantener una lista de los sitios y monumentos históricos actuales, y que estos sitios no sean dañados, retirados o destruidos;

Recordando la Medida 3 (2003), en la que se revisó y actualizó la "Lista de sitios y monumentos históricos";

Deseando añadir un nuevo sitio histórico a la "Lista de sitios y monumentos históricos";

Recomiendan a sus Gobiernos la siguiente Medida para su aprobación, en virtud del Párrafo 2 del Artículo 8 del Anexo V al Protocolo sobre Protección del Medio Ambiente al Tratado Antártico:

Que el siguiente sitio histórico se añada a la "Lista de sitios y monumentos históricos" adjunta a la Medida 3 (2003):

"N.º 87: Ubicación de la primera estación de investigación alemana permanente ocupada en la Antártida, "Georg Forster", en el oasis Schirmacher, Tierra de la Reina Maud

El sitio original se sitúa en el oasis de Schirmacher y se señaló mediante una placa de bronce conmemorativa que reza en idioma alemán:

Antarktisstation
Georg Forster
70° 46' 39" S
11° 51' 03" E
von 1976 bis 1996

La placa se encuentra bien conservada y está fijada a la pared de una roca en el extremo sur de la ubicación. Esta estación de investigación antártica se inauguró el 21 de abril de 1976 y se cerró en 1993. Todo el lugar ha sido limpiado por completo una vez desmantelada correctamente la estación el 12 de febrero de 1996. El lugar se encuentra aproximadamente a 1,5 km al este de la actual estación de investigación rusa Novolazarevskaya en la Antártida".

Ubicación: Lat. 70° 46' 39" S, Long. 11° 51' 03" E; Elevación: 141 metros sobre el nivel del mar.

Parte de la propuesta original: Alemania

Parte encargada de la gestión: Alemania

Sitios y monumentos históricos antárticos:
Edificio del complejo de perforación del Profesor Kudryashov, Estación Vostok

Los Representantes,

Recordando los requisitos del Artículo 8 del Anexo V del Protocolo sobre Protección del Medio Ambiente al Tratado Antártico de mantener una lista de los sitios y monumentos históricos actuales, y que estos sitios no sean dañados, retirados o destruidos;

Recordando la Medida 3 (2003), en la que se revisó y actualizó la "Lista de sitios y monumentos históricos";

Deseando añadir un nuevo monumento histórico a la "Lista de sitios y monumentos históricos";

Recomiendan a sus Gobiernos la siguiente Medida para su aprobación, en virtud del Párrafo 2 del Artículo 8 del Anexo V al Protocolo sobre Protección del Medio Ambiente al Tratado Antártico:

Que el siguiente monumento histórico se añada a la "Lista de sitios y monumentos históricos" adjunta a la Medida 3 (2003):

"N.° 88: Edificio del complejo de perforación del Profesor Kudryashov

El edificio del complejo se construyó en la temporada estival de 1983-84. Bajo la dirección del Profesor Boris Kudryashov, Se obtuvieron muestras de hielo de la antigua tierra firme".

Ubicación: Lat. 78° 28' S, Long. 106° 48' E, y altura sobre el nivel del mar: 3.488 m.

Parte de la propuesta original: Federación Rusa

Parte encargada de la gestión: Federación Rusa

Sitios y monumentos históricos antárticos:
Parte superior del "Campamento Cumbre", monte Erebus

Los Representantes,

Recordando los requisitos del Artículo 8 del Anexo V del Protocolo sobre Protección del Medio Ambiente al Tratado Antártico de mantener una lista de los sitios y monumentos históricos actuales, y que estos sitios no sean dañados, retirados o destruidos;

Recordando la Medida 3 (2003), en la que se revisó y actualizó la "Lista de sitios y monumentos históricos";

Deseando añadir un nuevo sitio histórico a la "Lista de sitios y monumentos históricos";

Recomiendan a sus Gobiernos la siguiente Medida para su aprobación, en virtud del Párrafo 2 del Artículo 8 del Anexo V al Protocolo sobre Protección del Medio Ambiente al Tratado Antártico:

Que el siguiente sitio histórico se añada a la "Lista de sitios y monumentos históricos" adjunta a la Medida 3 (2003):

"N.° 89: Expedición a Terra Nova 1910-12, Campamento utilizado durante el estudio del monte Erebus, en diciembre de 1912.

La ubicación del campamento incluye parte de un círculo de rocas, que probablemente se utilizaron para pesar las valencias de las tiendas. El campamento fue utilizado por una partida científica en la Expedición a Terra Nova del Capitán Scott, que realizó un trazado y una recogida de especímenes geológicos en el monte Erebus en diciembre de 1912.

Ubicación: Lat. 77° 30.348' S, Long. 167° 10.223' E (a unos 3.410 m sobre el nivel del mar)

Partes de la propuesta original: Nueva Zelanda, Reino Unido y Estados Unidos

Partes encargadas de la gestión: Nueva Zelanda, Reino Unido y Estados Unidos

Sitios y monumentos históricos antárticos:
Parte inferior del "Campamento E", monte Erebus

Los Representantes,

Recordando los requisitos del Artículo 8 del Anexo V del Protocolo sobre Protección del Medio Ambiente al Tratado Antártico de mantener una lista de los sitios y monumentos históricos actuales, y que estos sitios no sean dañados, retirados o destruidos;

Recordando la Medida 3 (2003), en la que se revisó y actualizó la "Lista de sitios y monumentos históricos";

Deseando añadir un nuevo sitio histórico a la "Lista de sitios y monumentos históricos";

Recomiendan a sus Gobiernos la siguiente Medida para su aprobación en virtud del Párrafo 2 del Artículo 8 del Anexo V al Protocolo sobre Protección del Medio Ambiente al Tratado Antártico:

Que el siguiente sitio histórico se añada a la "Lista de sitios y monumentos históricos" adjunta a la Medida 3 (2003):

"N.° 90: Expedición a Terra Nova 1910-12, Parte inferior del "Campamento E" utilizado durante el estudio del monte Erebus, en Diciembre de 1912.

La ubicación del campamento está formada por una zona de grava ligeramente elevada e incluye algunas rocas alineadas que quizá puedan haberse utilizado para pesar las valencias de las tiendas. El campamento fue utilizado por una partida científica en la Expedición a Terra Nova del Capitán Scott, que realizó un trazado y una recogida de especímenes geológicos en el monte Erebus en diciembre de 1912".

Ubicación: Lat. 77° 30.348' S, Long. 167° 9.246' E (a unos 3.410 m sobre el nivel del mar)

Partes de la propuesta original: Nueva Zelanda, Reino Unido y Estados Unidos

Partes encargadas de la gestión: Nueva Zelanda, Reino Unido y Estados Unidos

2. Decisiones

Reconocimiento de la República Checa como Parte Consultiva

Los Representantes,

Recordando la Decisión 4 (2005);

Recordando que la República Checa accedió al Tratado Antártico el 1 de enero de 1993 de acuerdo con el artículo XIII;

Recordando que la República Checa presentó su documento de acceso al Protocolo de Protección del Medio Ambiente del Tratado Antártico ("el Protocolo") el 25 de agosto de 2004, y el Protocolo entró en vigor para la República Checa el 24 de septiembre de 2004;

Señalando que la República Checa por lo tanto cumple los requisitos del Artículo 22.4 del Protocolo;

Señalando que la República Checa notificó al Gobierno Depositario el 18 de abril de 2013 su parecer de que había reunido todos los requisitos del Artículo IX(2) del Tratado Antártico realizando sustanciales investigaciones científicas en la Antártida;

Señalando que la República Checa notificó al Gobierno Depositario el 10 de mayo de 2013 su intención de aprobar las Recomendaciones y Medidas adoptadas en las Reuniones Consultivas del Tratado Antártico ("RCTA") en cumplimiento del Tratado y posteriormente aprobadas por todas las Partes Contratantes estaban capacitadas para participar en estas Reuniones, y para considerar la aprobación de otras Recomendaciones y Medidas.

Deciden:

1. que la República Checa ha cumplido los requisitos establecidos en el Artículo IX(2) del Tratado Antártico;

2. que la República Checa debe estar capacitada desde 1 de abril de 2014 y hasta ese momento continúa en conformidad con el Artículo IX(2) del Tratado Antártico para demostrar su interés en la Antártida realizando sustanciales investigaciones científicas en el territorio, para nombrar a representantes que participen en la Reunión Consultiva del Tratado Antártico señalada en el Artículo IX(1) del Tratado Antártico;

3. invitar a la República Checa a proporcionar información para la RCTA XXXVII sobre el progreso de su aprobación de las Recomendaciones y Medidas adoptadas en la RCTA; y

4. dar una calurosa bienvenida a la República Checa como parte consultiva en las RCTA.

Nuevo nombramiento del Secretario Ejecutivo

Los Representantes,

Recordando el Artículo 3 de la Medida 1 (2003) con respecto al nombramiento de un Secretario Ejecutivo para dirigir la Secretaría del Tratado Antártico;

Recordando la Decisión 5 (2009), que nombró al Dr Manfred Reinke Secretario Ejecutivo de la Secretaría del Tratado Antártico por un plazo de cuatro años a partir del 1 de septiembre de 2009;

Recordando el Reglamento 6.1 de las Disposiciones de personal de la Secretaría del Tratado Antártico;

Deciden:

1. volver a nombrar Secretario Ejecutivo de la Secretaría del Tratado Antártico al Dr. Manfred Reinke por otro plazo de cuatro años, en virtud de los términos y condiciones establecidos en la carta del Presidente de la XXXVI Reunión Consultiva del Tratado Antártico adjunta a la presente Decisión; y

2. que el nuevo nombramiento empezará el 1 de septiembre de 2013.

Dr. Manfred Reinke
Secretario Ejecutivo
Secretaría del Tratado Antártico

Estimado Dr. Reinke:

Nuevo nombramiento para el cargo de Secretario Ejecutivo

Como Presidente de la XXXVI Reunión Consultiva del Tratado Antártico (RCTA) y según la Decisión x (2013) de la XXXVI RCTA, me complace ofrecerle el nuevo nombramiento para el cargo de Secretario Ejecutivo de la Secretaría del Tratado Antártico (la Secretaría).

A continuación, se establecen los términos y condiciones de su nuevo nombramiento. En caso de que acepte esta oferta, por favor, firme su aceptación en la copia adjunta a esta carta y devuélvamela.

Términos y condiciones del nombramiento

1. Con su aceptación del nuevo nombramiento, se compromete con el fiel cumplimiento de sus deberes y a actuar teniendo en cuenta únicamente los intereses de la RCTA. Su aceptación del cargo de Secretario Ejecutivo incluye una declaración por escrito de su conocimiento y aceptación de las condiciones establecidas en las Normativas del personal adjuntas, así como de cualquier cambio eventual que puedan sufrir dichas Normativa de personal.

2. Los deberes del Secretario Ejecutivo son: designar, dirigir y supervisor a otros miembros del personal y asegurarse de que la Secretaría cumpla las funciones estipuladas en el Artículo 2 de la Medida 1 (2003).

3. Según la Decisión x (2013), su nuevo nombramiento comenzará el 1 de septiembre de 2013.

4. El plazo de su mandato será de cuatro años.

5. El nuevo nombramiento es para la categoría de personal ejecutivo. Su salario se establecerá en el Nivel 1B, Paso 5, como se detalla en el Anexo A de las Normativas de personal adjuntas a la Decisión 3 (2003) y sus modificaciones.

6. El salario anterior incluye la base salarial (Nivel 1A, Paso 5, Anexo A) con un 25% adicional de gastos de sueldos (plan de pensiones y primas de seguros, subsidios de instalación y repatriación, asignaciones de escolarización, etc.) y será el salario total al que tenga derecho según la Normativa 5.1 de las Normativas del personal. Asimismo, tendrá derecho a asignaciones por viajes y gastos de reubicación en virtud de la Normativa 9 de las Normativas de personal.

7. La RCTA puede rescindir este nuevo nombramiento mediante una previa notificación por escrito con una antelación mínima de tres meses, según la Normativa 10.3 de las Normativas de personal. Puede renunciar en cualquier momento proporcionando una notificación por escrito con tres meses de antelación o en un plazo inferior autorizado por la RCTA.

Le saluda atentamente,

{rúbrica}

Embajador Marc Otte

Presidente de la XXXVI Reunión Consultiva del Tratado Antártico

Por la presente, acepto el nombramiento descrito en esta carta sujeto a las condiciones especificadas en la misma y declaro que conozco y acepto las condiciones estipuladas en las Normativas de personal y cualquier cambio eventual que puedan sufrir.

———

29 de mayo de 2013

{rúbrica}
Dr. Manfred Reinke

Sr. Héctor Timmermann
Ministro de Asuntos Exteriores y Culto
República Argentina
Buenos Aires

Estimado Ministro Timmermann:

Me dirijo a usted en mi condición de Presidente de la XXXVI Reunión Consultiva del Tratado Antártico (RCTA) en referencia al Artículo 21 del Acuerdo de Sede para la Secretaría del Tratado Antártico, adjunto a la Medida 1 (2003), la carta de la República Argentina al Presidente de la RCTA del 16 de junio de 2003 y la notificación de la República Argentina al Gobierno depositario del 19 de mayo de 2004.

Según los requisitos del Artículo 21, por la presente, notifico al Gobierno de la República Argentina, el nuevo nombramiento por parte de la XXXVI RCTA del Dr. Manfred Reinke para el cargo de Secretario Ejecutivo por un plazo adicional de cuatro años, que entrará en vigor el 1 de septiembre de 2013.

Aprovecho esta oportunidad para reiterarle el testimonio de mi más alta consideración.

Le saluda atentamente,

{rúbrica}
Embajador Marc Otte
Presidente de la XXXVI Reunión Consultiva del Tratado Antártico

Renovación del Contrato del Auditor Externo de la Secretaría

Los Representantes,

Recordando las Disposiciones financieras del Tratado Antártico ("la Secretaría") adjuntas a la Decisión 4 (2003) y, específicamente, el Reglamento 11 (Auditoría externa);

Conscientes de que la Secretaría realiza la mayor parte de sus transacciones financieras en Argentina, y que las normas detalladas para el mantenimiento y la contabilidad de los libros son específicos de cada país;

Teniendo en cuenta la propuesta de Argentina de nombrar a la Sindicatura General de la Nación auditor externo de la Secretaría;

Deciden:

1. nombrar a la Sindicatura General de la Nación ("SIGEN") auditor externo de la Secretaría del Tratado Antártico ("la Secretaría") para los años financieros que finalizan entre 2014 y 2017, según el Reglamento 11.1 de las Disposiciones financieras de la Secretaría; y

2. autorizar al Secretario Ejecutivo para negociar un contrato con la SIGEN con el propósito de efectuar las auditorías externas nacionales para los años anteriormente mencionados en virtud del Reglamento 11.3, el Anexo a esta Decisión y los límites presupuestarios establecidos por la Reunión Consultiva del Tratado Antártico ("RCTA").

Tareas correspondientes al auditor externo

Proporcionar los informes de auditoría externa para los años financieros finalizados en 2014, 2015, 2016 y 2017, según la Normativa 11.3 de las Normativas financieras adjuntas a la Decisión 4 (2003).

El informe de auditoría deberá abarcar:

– La implementación de las normativas adoptadas por la RCTA;

– Controles internos: Normativas y Procedimientos;

– Supervisión interna de los procesos administrativos, pagos, custodia de fondos y activos;

– Presupuestos;

– Informes presupuestarios comparativos;

– El análisis de eficiencia del gasto;

– Supervisión de la ejecución del presupuesto;

– Análisis del establecimiento de nuevas unidades de área;

– Control e información sobre contribuciones;

– Establecimiento y supervisión del Fondo general, el Fondo de capital de explotación, el Fondo para futuras reuniones, el Fondo de sustitución de personal, el Fondo de rescisión de personal y otros fondos de que la Secretaría es titular;

– Cuentas de ingresos y gastos;

– Fondos fiduciarios;

– Custodia de fondos: Inversiones;

– Supervisión de la contabilidad según la Normativa 10 de la Decisión 4 (2003);

– Elaboración de un informe de auditor externo;

– Otros asuntos que puedan ser necesarios para garantizar la correcta gestión financiera de la Secretaría del Tratado Antártico.

El informe financiero provisional de cada año financiero debe ser presentado por el Secretario Ejecutivo a la SIGEN antes del 1 de junio del año en que concluya el año financiero y el informe auditado final debe ser presentado por la SIGEN al Secretario Ejecutivo antes del 1 de septiembre del año en que concluya el año financiero.

Informe de la Secretaría, programa y presupuesto

Los Representantes,

Recordando la Medida 1 (2003) sobre el establecimiento de la Secretaría del Tratado Antártico ("la Secretaría").

Recordando la Decisión 2 (2012) sobre el establecimiento del Grupo de Contacto Intersesional abierto sobre asuntos económicos que deben ser convocados por el país anfitrión de la próxima Reunión Consultiva del Tratado Antártico.

Teniendo en cuenta las Disposiciones Financieras de la Secretaría anexas a la Decisión 4 (2003).

Deciden:

1. aprobar el Informe financiero auditado para 2011/12, anexo a esta Decisión (Anexo 1);

2. tomar nota del Informe de la Secretaría 2012/13 (SP 2), que incluye el Informe Provisional Financiero (2012/13), anexo a esta Decisión (Anexo 2);

3. aprobar el Programa de la Secretaría (SP 3 rev. 1), que incluye el Presupuesto para 2013/14 y el Presupuesto proyectado para 2014/15, anexo a esta Decisión (Anexo 3); e

4. invitar al país anfitrión a la próxima Reunión Consultiva del Tratado Antártico (RCTA) para solicitar al Secretario Ejecutivo que abra el foro de la RCTA para el Grupo de Contacto Intersesional (GCI) y proporcione asistencia al GCI.

Informe financiero auditado 2011/12

Presidencia de la Nación
Sindicatura General de la Nación

Anexo I

DICTAMEN DEL AUDITOR

XXXVI Reunión Consultiva del Tratado Antártico 2013, Bruselas, Bélgica

1. Informe de los Estados Financieros

Hemos auditado los Estados Financieros de la Secretaría del Tratado Antártico que se acompañan, los cuales incluyen: Estado de Ingresos y Gastos, Estado de Situación Financiera, Estado de Evolución de Activo Neto, Estado de Flujo de Fondos y Notas a los Estados Financieros por el período comenzado el 1° de abril de 2011 y finalizado el 31 de marzo de 2012.

2. Responsabilidad de la Dirección en los Estados Financieros

La Secretaría del Tratado Antártico es responsable de la preparación y razonable presentación de estos Estados Financieros de acuerdo con las Normas Internacionales de Contabilidad y Normas específicas de las Reuniones Consultivas del Tratado Antártico. Esta responsabilidad incluye: diseño, implementación y mantenimiento de control interno con respecto a la preparación y presentación de los Estados Financieros de modo que los mismos, estén libres de tergiversación, sea por fraude o error; selección e implementación de políticas contables apropiadas, y elaboración de estimaciones contables que sean razonables a las circunstancias.

3. Responsabilidad del Auditor

Nuestra responsabilidad es expresar una opinión sobre estos Estados Financieros basados en la auditoría efectuada.

La auditoría se realizó conforme Normas Internacionales de Auditoría y el Anexo a la Decisión 3 (2008) de la XXXI Reunión Consultiva del Tratado Antártico en el cual se describen las tareas a ser llevadas a cabo por la auditoría externa.

Dichas normas requieren el cumplimiento de requisitos éticos y un planeamiento y ejecución de auditoría para obtener la seguridad razonable que los Estados Financieros no contienen declaraciones inexactas.

Una auditoría incluye la ejecución de procedimientos para obtener evidencias sobre los montos y exposición en los Estados Financieros. Los procedimientos seleccionados dependen del juicio del auditor, incluyendo la evaluación de los riesgos de afirmación material inexacta en los estados financieros, sea por fraude o por error.

Al efectuar dicha evaluación de riesgos, el auditor considera el control interno relevante a la preparación y razonable presentación por la organización de los Estados

251

Presidencia de la Nación
Sindicatura General de la Nación

financieros a fin de diseñar los procedimientos adecuados que resulten apropiados a las circunstancias.

Una auditoría incluye también la evaluación de lo apropiado, de los principios contables utilizados y que las estimaciones contables efectuadas por la gerencia sean razonables, así como la evaluación de la presentación general de los Estados Financieros.

Creemos que la evidencia auditada que hemos obtenido es suficiente y apropiada para proveer una base para nuestra opinión como auditores.

4. Opinión

En nuestra opinión, los Estados Financieros auditados presentan razonablemente, en todos los aspectos materiales, el Estado Financiero de la Secretaría del Tratado Antártico al 31 de marzo de 2012 y su desempeño Financiero por el período entonces concluido de acuerdo con las Normas Internacionales de Contabilidad y normas específicas de las Reuniones Consultivas del Tratado Antártico.

Dr. Edgardo de Rose
Contador Público
T°182 F°195 CPCECABA

Buenos Aires, 10 de abril de 2013

Sindicatura General de la Nación
Av. Corrientes 389, Buenos Aires
República Argentina

1. Estado de Ingresos y Gastos de todos los fondos correspondientes al periodo 1ro de abril 2011 al 31 de marzo 2012.

		Presupuesto	
INGRESOS	31/03/2011	31/03/2012	31/03/2012
Contribuciones (Nota 10)	899.942	1.339.600	1.339.600
Otros ingresos (Nota 2)	528	70	1.623
Total de ingresos	900.470	1.339.670	1.341.223

GASTOS

Salarios y remuneraciones	469.948	578.100	577.637
Servicios de traducción e interpretación	159.270	365.825	367.846
Viaje y alojamiento	61.325	52.815	56.022
Tecnología informática	37.615	42.500	39.147
Impresión, edición y copiado	15.964	14.000	27.025
Servicios generales	38.886	44.060	47.547
Comunicaciones	12.207	13.368	14.580
Gastos de oficina	8.217	11.984	14.060
Administración	4.582	4.698	11.580
Gastos de representación	3.143	4.500	6.676
Mudanza (Nota 9)	0	50.000	24.803
Financiación	8.477	0	7.326
Total de gastos	819.635	1.181.850	1.194.250

APROPIACION DE FONDOS

Fondo para cesantías de personal	25.974	42.502	54.332
Fondo para reemplazo de personal	8.333	18.246	23.490
Fondo capital de trabajo	62.260	67.072	31.615
Fondo para contingencias	0	30.000	30.000
Total apropiación de fondos	96.567	157.820	139.436
Total de gastos y apropiaciones	916.202	1.339.670	1.333.686
(Déficit) / Superávit del periodo	(15.732)	0	7.537

Este estado debe ser leído en forma conjunta con Notas 1 al 10 adjuntas

253

2. **Estado de Situación Financiera al 31 de marzo 2012, y comparativa con el ejercicio anterior**

ACTIVO	31/03/2011	31/03/2012
Activo corriente		
Caja y efectivo equivalente (Nota 3)	818.991	798.946
Contribuciones adeudadas (Nota 10)	23.257	89.457
Otros deudores (Nota 4)	23.606	47.893
Otros activos corrientes (Nota 5)	26.658	59.644
Total activo corriente	892.512	995.940
Activo no corriente		
Activo fijo (Nota 1.3 y 6)	68.727	73.506
Total activo no corriente	68.727	73.506
Total del Activo	961.239	1.069.446

PASIVO	31/03/2011	31/03/2012
Pasivo corriente		
Proveedores (Nota 7)	26.345	40.659
Contribuciones cobradas por anticipado (Notas 10)	618.929	549.493
Remuneración y contribuciones a pagar (Nota 8)	11.298	22.873
Total pasivo corriente	656.572	613.026
Pasivo no corriente		
Fondo para cesantías de personal (Nota 1.4)	64.755	119.087
Fondo para reemplazo de personal (Nota 1.5)	26.510	50.000
Fondo para contingencias (Nota 1.7)	0	30.000
Fondo reemplazo de activo fijo (Nota 1.8)	2.430	7.210
Total pasivo no corriente	93.696	206.296
Total del Pasivo	750.268	819.322
ACTIVO NETO	210.971	250.123

Este estado debe ser leído en forma conjunta con Notas 1 al 10 adjuntas

3. **Estado de evolución de Activo Neto al 31 de marzo de 2012 y 2011**

Representado por	Activo neto 31/03/2011	Ingresos	Gastos y Apropiaciones	Intereses ganados	Activo neto 31/03/2012
Fondo general	19.319	1.339.600	(1.332.295)	232	26.856
Fondo capital de trabajo (Nota 1.6)	191.652		31.615		223.267
Activo neto	210.971				250.123

Este estado debe ser leído en forma conjunta con Notas 1 al 10 adjuntas

4. **Estado de flujo de fondos para el periodo 1ro de abril 2011 al 31 de marzo 2012**

Variaciones en efectivo y efectivo equivalente

Efectivo y efectivo equivalente al inicio		818.991	
Efectivo y efectivo equivalente al cierre		798.946	
Disminución neta del efectivo y efectivo equivalente			(20.044)

causas de las variaciones del efectivo y efectivo equivalente

Actividades operativas

Contribuciones cobradas	654.477		
Pago de sueldos	(569.637)		
Pago de servicios de traducción	(367.846)		
Pago de viajes, alojamiento, etc.	(46.484)		
Pago impresión, edición y copiado	(27.025)		
Pago mudanza oficina	(78.634)		
Otros pagos	(106.891)		

Flujo neto del E. y E.E. generados por actividades operativas (542.042)

Actividades de inversión

Compra de activo fijo	(18.164)		
Contribución especifica Argentina (Nota 9)	53.800		

Flujo neto del E. y E.E. generados por actividades de inversión 35.636

Actividades de financiación

Contribuciones recibidas por anticipado	549.493		
Cobro pt. 5.6 Reglamento de Personal	95.736		
Pago pt. 5.6 Reglamento de Personal	(119.574)		
Pago adelantados RCTA XXXV	(31.968)		

Flujo neto del E. y E.E. generados por actividades de financiación 493.687

Actividades en moneda extranjera

Perdida neta	(7.326)		

Flujo neto del E. y E.E. generados por moneda extranjera (7.326)

Disminución neta del efectivo y efectivo equivalente (20.044)

Este estado debe ser leído en forma conjunta con Notas 1 al 10 adjuntas

NOTAS a los ESTADOS CONTABLES al 31 MARZO 2012

1 BASES PARA LA ELABORACION DE LOS ESTADOS CONTABLES

Los presentes estados contables, están expresados en dólares estadounidenses, siguiendo los lineamientos establecidos en el Reglamento Financiero, Anexo a la Decisión 4 (2003). Dichos estados fueron preparados de acuerdo con las Normas Internacionales de Información Financiera (NIIF) del Consejo de Normas Internacionales de Contabilidad (del ingles IASB).

1,1 Costo Histórico

Los estados contables han sido preparados de acuerdo a la convención de costo histórico, excepto lo indicado en contrario.

1,2 Oficina

La oficina de la Secretaria está provista por el Ministerio de Relaciones Exteriores, Comercio Exterior y Culto de la República Argentina. Su uso es libre de gastos de alquiler como de los gastos comunes.

1,3 Activo fijo

Los bienes están valuados a su costo histórico, menos la correspondiente depreciación acumulada. La depreciación es calculada por el método de la línea recta aplicando tasas anuales suficientes para extinguir sus valores al final de la vida útil estimada. El valor residual de los bienes de uso en su conjunto, no supera su valor de utilización económica.

1,4 Fondo para cesantías de personal ejecutivo

De acuerdo al Reglamento del Personal artículo 10.4, el fondo contara con los fondos necesarios para indemnizar al personal Ejecutivo a razón de un mes de sueldo base por cada año de servicio.

1,5 Fondo para reemplazo de personal

El fondo sirve para solventar los gastos de traslado del personal ejecutivo de la Secretaria hacia y desde la sede de la Secretaria.

1,6 Fondo capital de trabajo

De acuerdo al Reglamento Financiero articulo 6.2 (a), este no deberá ser superior a un sexto (1/6) del presupuesto del corriente ejercicio.

1,7 Fondo para contingencias

De acuerdo a la Decisión 4 (2009), se creó el Fondo para sufragar los gastos de traducción, que puedan ser ocasionados por el aumento imprevisto del volumen de documentos presentados a la RCTA para ser traducidos.

1,8 Fondo reemplazo de activo fijo

De acuerdo a las NIC los activos cuya vida útil excede a un ejercicio deberán ser expuestos como un activo en el Estado de Situación Financiera. Hasta marzo 2010, la contrapartida era un ajuste al Fondo General. A partir de abril 2010 la contrapartida de estos activos será reflejada en el pasivo bajo este concepto.

NOTAS a los ESTADOS CONTABLES al 31 MARZO 2012

		31/03/2011	31/03/2012
2	**Otros Ingresos**		
	Intereses ganados	255	232
	Descuentos obtenidos	273	1.391
	Total	528	1.623
3	**Caja y bancos**		
	Efectivo dólares	1.338	1.638
	Efectivo pesos Argentinos	544	46
	BNA cuenta especial en dólares	755.882	756.983
	BNA cuenta en pesos Argentinos	61.227	40.279
	Total	818.991	798.946
4	**Otros deudores**		
	Reglamento de personal pt. 5.6	23.606	47.893
5	**Otros activos corrientes**		
	Pagos por adelantado	13.675	38.296
	IVA a cobrar	12.726	20.912
	Otros gastos a recuperar	256	435
	Total	26.658	59.644
6	**Activo fijo**		
	Libros y subscripciones	4.515	4.515
	Aparatos de oficina	30.787	6.592
	Muebles	23.092	45.466
	Equipos y software de computación	54.164	66.744
	Total costo original	112.558	123.318
	Depreciación acumulada	(43.831)	(49.812)
	Total	68.727	73.506
7	**Proveedores**		
	Comerciales	7.700	2.272
	Gastos devengados	17.978	37.229
	Otros	667	1.158
	Total	26.345	40.659
8	**Remuneración y contribuciones a pagar**		
	Remuneraciones	0	8.000
	Contribuciones	11.298	14.873
	Total	11.298	22.873

9 Mudanza

El gobierno de la Republica Argentina efectuó una contribución especifica de $ 53,800 para compensar los gastos ocasionados por la mudanza de oficina de la Secretaria. La erogación total de la mudanza y arreglos fue de $ 53,831. El saldo junto con aquellos erogaciones para equipar la nueva oficina se exponen en esta línea.

NOTAS a los ESTADOS CONTABLES al 31 MARZO 2012

10 Contribuciones adeudadas, comprometidas, canceladas y recibidas por adelantadas.

Contribuciones Partes	Adeudadas 31/03/2011	Compro-metidas	Canceladas $	Adeudadas 31/03/2012	Adelantadas 31/03/2013
Argentina		60.346	60.346	0	0
Australia		60.346	60.346	0	60.346
Bélgica	36	40.110	40.129	18	0
Brasil	12	40.110	40.090	32	0
Bulgaria		34.039	34.028	11	0
Chile		46.181	31.024	15.157	31.024
China		46.181	46.181	0	0
Ecuador		34.039	34.039	0	0
Finlandia		40.110	40.110	0	40.110
Francia		60.346	60.346	0	0
Alemania	62	52.251	52.302	11	52.251
India	124	46.181	46.293	12	0
Italia		52.251	52.251	0	0
Japón	-1	60.346	60.345	0	0
Corea		40.110	40.110	0	0
Países Bajos		46.181	46.181	0	46.181
Nueva Zelandia		60.346	60.320	26	60.346
Noruega	30	60.346	60.346	30	0
Perú	22.867	34.039	22.868	34.038	0
Polonia		40.110	40.110	0	0
Rusia		46.181	46.181	0	46.181
Sudáfrica		46.181	46.181	0	46.181
España	115	46.181	46.296	0	0
Suecia		46.181	46.181	0	46.181
Ucrania	12	40.110	0	40.122	0
Reino Unido		60.346	60.346	0	60.346
Estados Unidos		60.346	60.346	0	60.346
Uruguay		40.110	40.110	0	0
Total	23.257	1.339.605	1.273.406	89.457	549.493

Dr, Manfred Reinke
Secretario Ejecutivo

Roberto A. Fennell
Responsable Finanzas

Informe financiero provisional 2012/13

Estimación de ingresos y gastos de todos los fondos para el período 1 de abril de 2012 a 31 de marzo de 2013

PARTIDAS PRESUPUESTARIAS	Declaración 2011/12	Presupuesto 2012/13	Declaración prov. 2012/13
INGRESOS			
CONTRIBUCIONES prometidas	**$-1.339.600**	**$-1.339.600**	**$-1.339.600**
Inversiones de renta	$-1.623	$-1.000	$-1.801
Total ingresos	**$-1.341.223**	**$-1.340.600**	**$-1.341.401**
GASTOS			
SALARIOS			
Ejecutivos	$ 305.654	$ 311.323	$ 311.323
Personal general	$ 241.159	$ 294.966	$ 291.527
Personal de apoyo RCTA	$ 11.561	$ 12.750	$ 12.810
Becarios	$ 4.800	$ 4.800	$ 4.000
Horas extra	$ 14.926	$ 10.000	$ 8.443
	$ 577.637	**$ 633.839**	**$ 628.103**
TRADUCCIÓN E INTERPRETACIÓN			
Traducción e Interpretación	**$ 367.846**	**$ 361.000**	**$ 291.052**
VIAJES			
Viajes	**$ 56.022**	**$ 90.000**	**$ 91.766**
TECNOLOGÍAS DE LA INFORMACIÓN			
Hardware	$ 8.211	$ 8.500	$ 8.807
Software	$ 5.344	$ 3.000	$ 2.251
Desarrollo	$ 16.420	$ 16.500	$ 14.233
Asistencia	$ 7.746	$ 13.000	$ 12.264
	$ 39.147	**$ 42.500**	**$ 37.555**
IMPRESIÓN, EDICIÓN Y COPIAS			
Informe final	$ 27.025	$ 16.500	$ 12.765
Directrices para sitios	$ 0	$ 2.500	$ 0
	$ 27.025	**$ 19.000**	**$ 12.765**

PARTIDAS PRESUPUESTARIAS	Declaración 2011/12	Presupuesto 2012/13	Declaración prov. 2012/13
SERVICIOS GENERALES			
Asesoría legal	$ 9.000	$ 4.000	$ 1.374
Auditoría externa	$ 9.304	$ 10.764	$ 10.127
Limpieza, mantenimiento y seguridad	$ 16.118	$ 25.093	$ 26.860
Capacitación	$ 4.758	$ 6.000	$ 5.377
Banca	$ 5.665	$ 5.624	$ 4.226
Alquiler de equipos	$ 2.702	$ 4.752	$ 2.674
	$ 47.547	**$ 56.232**	**$ 50.638**

COMUNICACIONES			
Teléfono	$ 4.381	$ 3.864	$ 4.289
Internet	$ 1.380	$ 2.161	$ 2.063
Alojamiento web	$ 6.089	$ 6.894	$ 9.305
Correos	$ 2.730	$ 2.471	$ 1.230
	$ 14.580	**$ 15.390**	**$ 16.887**

OFICINA			
Material de oficina	$ 3.753	$ 2.200	$ 2.754
Libros y suscripciones	$ 1.403	$ 5.898	$ 2.750
Seguros	$ 1.739	$ 1.958	$ 2.058
Mobiliario	$ 1.373	$ 800	$ 35
Equipo de oficina	$ 4.192	$ 4.000	$ 1.397
Mantenimiento	$ 1.600	$ 2.000	$ 4.595
	$ 14.060	**$ 16.856**	**$ 13.589**

ADMINISTRATIVO			
Material	$ 2.386	$ 2.000	$ 1.662
Transporte local	$ 808	$ 1.000	$ 654
Varios	$ 4.373	$ 2.500	$ 4.019
Suministros (energía)	$ 4.012	$ 8.000	$ 5.218
	$ 11.580	**$ 13.500**	**$ 11.552**

REPRESENTACIÓN			
Representación	**$ 6.676**	**$ 3.000**	**$ 3.096**

TRASLADO			
Traslado Av. Leandro Alem 884 - Maipú 757	**$ 24.803**		

PARTIDAS PRESUPUESTARIAS	Declaración 2011/12	Presupuesto 2012/13	Declaración prov. 2012/13
FINANCIACIÓN			
Pérdida en cambio de divisa	**$ 7.326**	**$ 5.000**	**$ 5.840**
SUBTOTAL DE PARTIDAS	**$ 1.194.250**	**$ 1.256.318**	**$ 1.162.845**

ASIGNACIÓN DE FONDOS

Fondo de contingencia para traducciones	$ 30.000	$ 0	$ 0
Fondo para reemplazo de personal	$ 23.490	$ 0	$ 0
Fondo para cesantías de personal	$ 54.332	$ 28.403	$ 28.424
Fondo de operaciones	$ 31.615	$ 0	$ 0
	$ 139.437	**$ 28.403**	**$ 28.424**

TOTAL PARTIDAS	**$ 1.333.687**	**$ 1.284.721**	**$ 1.191.269**

BALANCE	**$ 7.537**	**$ 55.879**	**$ 150.132**

TOTAL GASTOS	**$ 1.341.224**	**$ 1.340.600**	**$ 1.341.401**

Resumen de fondos

Fondo de contingencia para traducciones	$ 30.000	$ 30.000	$ 30.000
Fondo para reemplazo de personal	$ 50.000	$ 50.000	$ 50.000
Fondo para cesantías de personal	$ 119.087	$ 147.490	$ 147.511
* Fondo de operaciones	$ 223.267	$ 223.267	$ 223.267
Fondos generales	$ 26.856	$ 82.735	$ 176.988

Importe máximo requerido * Fondo de operaciones (Reg. Fin. 6.2)	$ 223.267	$ 223.267	$ 223.267

Programa de la Secretaría 2013/2014

Introducción

Este programa de trabajo destaca las actividades propuestas por la Secretaría en el ejercicio económico 2013/14 (1 de abril de 2013 hasta 31 de marzo de 2014). Las principales áreas de actividad de la Secretaría se tratan en los tres primeros capítulos, que están seguidos de una sección sobre la gestión y una previsión del programa para el ejercicio económico 2013/14.

El presupuesto para el ejercicio económico 2013/14, el presupuesto proyectado para el ejercicio económico 2014/15, y la contribución y escalas salariales que lo acompañan se incluyen en los apéndices.

El programa y sus correspondientes cálculos de presupuestos para 2013/14 están basados en el presupuesto proyectado para el ejercicio económico 2013/14 (Decisión 2 (2012), Anexo 3, Apéndice 1).

El programa se centra en las actividades regulares, como preparación de la RCTA XXXVI y la RCTA XXXVII, publicación de los Informes finales y las diversas tareas específicas asignadas a la Secretaría en la Medida 1 (2003).

1. Apoyo RCTA/CPA
2. Intercambio de información
3. Documentación
4. Información pública
5. Gestión
6. Programa previsto 2013/14

   Apéndice 1: Informe provisional para el ejercicio fnanciero 2012/13, Presupuesto para el ejercicio financiero 2013/14, Presupuesto proyectado para el ejercicio financiero 2014/15.

   Apéndice 2: Escala de contribución para el ejercicio financiero 2014/15

   Apéndice 3: Escala de salarios

1. Respaldo a la RCTA/CPA

RCTA XXXVI

La Secretaría ofrecerá apoyo a la RCTA XXXVI reuniendo y compilando los documentos para la reunión y publicándolos en una sección restringida de la página web de la Secretaría. La sección de delegados también proporcionara un registro en línea para los delegados y dispondrá para descarga una lista actualizada de los delegados.

La Secretaría apoyará el funcionamiento de la RCTA mediante la producción de Documentos de la Secretaría, un Manual para los delegados, y resúmenes de documentos para la RCTA, el CPA y los grupos de trabajo de la RCTA.

La Secretaría organizará los servicios de traducción e interpretación. Es responsable de la traducción anterior y posterior a las sesiones y de los servicios de traducción durante la RCTA. Mantiene el contacto con los proveedores de los servicios de interpretación.

La Secretaría organizará los servicios de ponencias en cooperación con la secretaría del país anfitrión y su responsable de la compilación y edición de los Informes del CPA y la RCTA para su adopción durante el plenario final de la Reunión.

Coordinación y contacto

Además de mantener contacto continuo vía e-mail, teléfono y por otros medios con las Partes y las instituciones internacionales del Sistema del Tratado Antártico, la asistencia a las reuniones es una herramienta importante para mantener la coordinación y la comunicación.

Los viajes a realizar serán los siguientes:

- Reunión General Anual (RGA) del COMNAP, Seúl, República de Corea, del 8 de julio al 10 de julio de 2013. La asistencia a la reunión será una oportunidad para fortalecer más las conexiones y la interacción con COMNAP y SCAR.

- CCRVMA Hobart, Australia, del 23 de octubre al 1 de noviembre de 2013. La reunión de CCRVMA, que se desarrolla aproximadamente entre las sucesivas RCTA, ofrece a la Secretaría la oportunidad de informar a los representantes de la RCTA, muchos de los cuales asisten a la reunión del CCRVMA, sobre desarrollos en el trabajo de la Secretaría. La conexión con la Secretaría del CCRVMA también es importante para la Secretaría del Tratado Antártico, ya que muchas de sus regulaciones están realizadas tomando como modelo las de la Secretaría de CCRVMA.

Desarrollo de la página Web de la Secretaría

La página web sigue siendo mejorada para hacerla más concisa y más fácil de usar, y para aumentar la visibilidad de las secciones y la información más relevante. Las herramientas de búsqueda de la página web, especialmente la base de datos que reúne los documentos y el Sistema Electrónico de Intercambio de Información (SEII), serán más desarrollados.

Apoyo a actividades entre sesiones

Durante los últimos años el CPA y la RCTA han producido una cantidad notable de trabajo entre sesiones, especialmente a través de los Grupos de Contacto Intersesional (GCI). La Secretaría ofrecerá ayuda técnica para la disposición en línea de los GCI como se había acordado en la RCTA XXXVI y el CPA XVI y producirá documentos específicos si son solicitados por la RCTA o el CPA.

La Secretaría actualizará la página web con las medidas adoptadas por la RCTA y con la información producida por el CPA y la RCTA.

Impresos

La Secretaría traducirá, publicará y distribuirá el Informe Final y sus Anexos de la RCTA XXXVI en los cuatro idiomas del Tratado. El texto del Informe Final será publicado en la página web de la Secretaría y será impreso en forma de libro con los anexos publicados como un CD adjunto al informe impreso. El texto completo del Informe Final estará disponible en libro (dos volúmenes) a través de vendedores en línea y también en forma de libro electrónico.

2. Intercambio de información

General

La Secretaría seguirá apoyando a las Partes en la publicación de sus materiales de intercambio de información, así como en la integración de la información sobre Evaluación del impacto ambiental (EIA) en la base de datos de EIA.

Sistema electrónico de intercambio de información

Durante la próxima temporada operativa y dependiendo del las decisiones de la RCTA XXXVI, la Secretaría seguirá realizando los ajustes necesarios para facilitar el uso del sistema electrónico de las Partes, así como también seguirá desarrollando herramientas para compilar y presentar los informes actuales resumidos.

3. Registros y documentos

Documentos de la RCTA

La Secretaría continúa sus esfuerzos para completar su archivo de los Informes Finales y otros registros de la RCTA y otras reuniones del Sistema del Tratado Antártico en los cuatro idiomas del Tratado. El apoyo de las Partes en la búsqueda de sus documentos será esencial para lograr un archivo completo en la Secretaría. La Secretaría ha recibido un conjunto de Documentos de trabajo de RCTA entre 1961 y 1998 de un proyecto conjunto con el instituto Scott Polar Research Institute (Cambridge, RU) y lo ha incorporado a la base de datos del Tratado Antártico. El proyecto continuará en el ejercicio económico 2013/14.

Base de datos del Tratado Antártico

La base de datos de Recomendaciones, Medidas, Decisiones y Resoluciones de la RCTA está actualmente completa en inglés y casi completa en español y francés, a pesar de que la Secretaría aún no dispone de varias copias de informes finales en esos idiomas. En ruso aún faltan más Informes finales.

4. Información pública

La Secretaría y su página web seguirán funcionando como un servicio central de información sobre las actividades de las Partes y los desarrollos relevantes en la Antártida.

5. Administración

Personal

El 1 de abril de 2013 la plantilla de la Secretaría estaba compuesta por el siguiente personal:

Personal ejecutivo

Nombre	Cargo	Desde	Rango	Período
Manfred Reinke	Secretario Ejecutivo	1-09-2009	E1	31-08-2013
José María Acero	Asistente del secretario ejecutivo	1-01-2005	E3	31-12-2014

Personal general

José Luis Agraz	Oficial de información	1-11-2004	G1
Diego Wydler	Oficial de tecnología de información	1-02-2006	G1
Roberto Alan Fennell	Oficial financiero (tiempo parcial)	1-12-2008	G2
Pablo Wainschenker	Editor	1-02-2006	G3
Violeta Antinarelli	Bibliotecaria (tiempo parcial)	1-04-2007	G3
Anna Balok	Auxiliares de grabación de datos (tiempo parcial)	1-10-2010	G5
Viviana Collado	Directora de oficina	15-11-2012	G5

La RCTA XXXVI ha decidido volver a nombrar al Secretario ejecutivo para un periodo de cuatro años que dará comienzo el 1 de septiembre de 2013 (ver Decisión 2 (2013)). Para realizar el nombramiento oportuno de un sucesor hasta completar este periodo, la RCTA puede pretender que la consideración de este asunto sea tratado antes de la RCTA XXXIX.

Asuntos financieros

El presupuesto para el ejercicio económico 2013/14 y el Presupuesto proyectado para el ejercicio económico 2014/15 se muestran en el Apéndice 1.

Traducción e interpretación

En agosto de 2012 la Secretaría emitió una petición internacional de propuestas (RfP) para servicios de traducción e interpretación para la RCTA XXXVI. La empresa maltesa "International Translation Agency Ltd. (ITA)" ganó la competición. El texto completo de la evaluación de RfP está disponible en el Foro STA de "Grupo de Contacto Intersesional sobre asuntos financieros".

Los costes de traducción e interpretación están presupuestados para RCTA XXXVI por un valor de 284.961$.

De acuerdo con la legislación europea, no se aplicará el Impuesto sobre el Valor Añadido (IVA) de Bélgica a ninguno de los servicios ya que ITA Ltd. es una empresa establecida en Malta, que es un Estado Miembro de la UE. De acuerdo con "Ley del Impuesto sobre el Valor Añadido de Malta" la Secretaría no cargará este impuesto, ya que los servicios serán proporcionados:

a. a una organización intergubernamental,

b. cuyas oficinas/sede está localizada fuera del territorio de la República de Malta.

Salarios y costes de viajes

Los costes de la vida han seguido aumentando considerablemente en Argentina durante 2012. Para comparar el desarrollo con años anteriores, la Secretaría ha calculado el aumento del IVS (Índice del Valor Salarial facilitado por el El Instituto Nacional –de Argentina– de Estadística y Censos) ajustado por la devaluación del peso argentino frente al dólar estadounidense durante el mismo periodo. Este método ha sido explicado por el Secretario Ejecutivo en 2009 en la RCTA XXXII (Informe Final p. 238).

En 2012 el IVS aumentó un 24,5%. La devaluación del peso argentino en comparación con el dólar estadounidense resultó en un aumento calculado del coste de vida de 9,2% en dólares estadounidenses.

En años anteriores, el IVS aumentó en 2011 un 29,4%, en 2010 un 26,3% y en 2009 un 16,7%. Esto provocó un aumento calculado del coste de la vida en 2011 de 19,5% en dólares estadounidenses, en 2010 de 19,9% en dólares estadounidenses y en 2009 de 7,9% en dólares estadounidenses.

El Secretario Ejecutivo propone que no se compense el aumento en el coste de la vida, ni al personal general ni al personal ejecutivo.

La regulación 5.10 del Reglamento de personal establece la compensación de los miembros de personal general cuando tengan que trabajar más de 40 horas durante la semana. Se solicitan horas extra durante las reuniones de la RCTA.

Para compensar el aumento en los costes de viajes, la Secretaría ha reducido las tasas de dietas diarias para el personal de la Secretaría al 80% de las tasas de dietas de la Administración Pública Internacional.

Fondos

Fondo de operaciones

De acuerdo con la Regulación financiera 6.2 (a), el Fondo de operaciones debe mantenerse a 1/6 del presupuesto de la Secretaría que asciende a 223.267 dólares estadounidenses en los próximos años. Las contribuciones de las Partes desde la base del cálculo del nivel del Fondo de Operaciones.

Más detalles sobre el Presupuesto preliminar 2013/14

La asignación de las partidas presupuestarias sigue las propuestas del último año. Se han implementado algunos pequeños ajustes de acuerdo con los gastos previstos para el ejercicio económico 2013/2014.

- Desarrollo de software: A partir de debates en el GCI "Intercambio de información y los aspectos medioambientales e impacto del turismo y las actividades no gubernamentales en la Antártida" se esperan algunos cambios en SEII.
- Impresión, edición y copia: Después de la inspección de los emplazamientos turísticos en la Antártida, se esperan 11 guías de sitios revisadas.
- Servicios generales: Se esperan algunas tareas extra de mantenimiento relativas a la reparación del sistema de control de clima de la oficina.
- Administración, instalaciones: Se esperan aumentos significativos de costes en energía.

El Apéndice 1 muestra el presupuesto preliminar para el ejercicio económico 2013/14 y la proyección del presupuesto para el ejercicio económico 2014/15. La escala de salarios se presenta en el Apéndice 3.

Contribución para el ejercicio económico2014/15

Las contribuciones para el ejercicio económico 2014/15 no aumentarán.

El Apéndice 2 muestra las contribuciones de las Partes para el ejercicio económico 2014/15.

6. Programa previsto 2014/15 y 2015/16

Se espera que la mayoría de las actividades actuales de la Secretaría continúen en ele ejercicio económico 2014/15 y durante el ejercicio económico 2015/16 y por lo tanto, a no ser que el programa sufra grandes cambios, no se prevé que haya cambios en los cargos de personal en los próximos años.

Apéndice 1

Estado provisional 2012/13, pronóstico 2013/14, presupuesto 2013/2014 y presupuesto proyectado 2014/2015

PARTIDAS PRESUPUESTARIAS	Declaración Provisional 2012/13*	Previsión 2013/14	Presupuesto 2013/14	Previsión 2014/15
INGRESO				
CONRIBUCIONES comprometidas	$-1 339 600	$-1 339 600	$-1 339 600	$-1 339 600
Fondo especial	$ 0	$ 0	$-13,860	$ 0
Taller de interpretación				
Intereses de inversiones	$-1 801	$-1 000	$-1 000	$-1 000
Total ingresos	$-1 341 401	$-1 340 600	$-1.354.460	$-1 340 600

GASTOS				
SALARIOS				
Ejecutivo	$ 311 323	$ 317 001	$ 317 001	$ 322 658
Personal general	$ 291 527	$ 306 860	$ 303 929	$ 317 013
Personal de apoyo RCTA	$ 12 810	$ 12 750	$ 14 850	$ 15 147
Prácticas	$ 4 000	$ 4 800	$ 4 800	$ 4 800
Horas extra	$ 8 443	$ 10 000	$ 10 000	$ 10 000
	$ 628 103	$ 651 411	$ 650 580	$ 669 618

TRADUCCION E INTERPRETACION

Traducción e interpretación	$ 291 052	$ 400 000	$ 285 961	$ 353 336

VIAJE

Viaje	$ 91 766	$ 80 000	$ 96 000	$ 90 000

TECNOLOGIA DE INFORMACIÓN

Hardware	$ 8 807	$ 10 000	$ 10 000	$ 10 500
Software	$ 2 251	$ 3 000	$ 3 000	$ 3 150
Desarrollo	$ 14 233	$ 16 500	$ 18 500	$ 17 325
Soporte	$ 12 264	$ 13 000	$ 13 000	$ 13 650
	$ 37 555	$ 42 500	$ 44 500	$ 44 625

IMPRESIÓN, EDICIÓN Y COPIA

Informe final	$ 12 765	$ 18 975	$ 18 975	$ 20 721
Guías del sitio	$ 0	$ 2 875	$ 2 875	$ 3 140
	$ 12 765	$ 21 850	$ 21 850	$ 23 860

PARTIDAS PRESUPUESTARIAS	Declaración Provisional 2012/13*	Previsión 2013/14	Presupuesto 2013/14	Previsión 2014/15
SERVICIOS GENERALES				
Asesoría legal	$ 1 374	$ 4 600	$ 4 600	$ 5 023
Auditoría externa	$ 10 127	$ 12 379	$ 12 379	$ 13 518
Limpieza, mantenimiento y seguridad	$ 26 860	$ 16 207	$ 25 207	$ 17 698
Capacitación	$ 5 377	$ 6 000	$ 6 000	$ 6 552
Bancos	$ 4 226	$ 6 467	$ 6 467	$ 7 062
Alquiler de equipos	$ 2 674	$ 5 465	$ 5 465	$ 5 968
	$ 50 638	**$ 51 118**	**$ 60 118**	**$ 55 821**
COMUNICACIÓN				
Teléfono	$ 4 289	$ 4 444	$ 4 444	$ 4 853
Internet	$ 2 063	$ 2 485	$ 2 485	$ 2 714
Alojamiento web	$ 9 305	$ 7 928	$ 7 928	$ 8 657
Correo postal	$ 1 230	$ 2 842	$ 2 842	$ 3 103
	$ 16 887	**$ 17 699**	**$ 17 699**	**$ 19 327**
OFICINA				
Material de oficina y suministros	$ 2 754	$ 2 530	$ 2 530	$ 2 763
Libros y suscripciones	$ 2 750	$ 6 782	$ 6 782	$ 7 406
Seguro	$ 2 058	$ 2 252	$ 2 252	$ 2 459
Mobiliario	$ 35	$ 800	$ 800	$ 874
Equipamiento de oficina	$ 1 397	$ 4 600	$ 4 600	$ 5 023
Mantenimiento	$ 4 595	$ 2 300	$ 2 300	$ 2 512
	$ 13 589	**$ 19 264**	**$ 19 264**	**$ 21 036**
ADMINISTRATIVO				
Suministros	$ 1 662	$ 2 300	$ 2 300	$ 2 512
Transporte local	$ 654	$ 1 150	$ 1 150	$ 1 256
Varios	$ 4 019	$ 2 875	$ 2 875	$ 3 140
Instalaciones (energía)	$ 5 218	$ 10 400	$ 10 400	$ 11 357
	$ 11 552	**$ 16 725**	**$ 16 725**	**$ 18 264**
REPRESENTACIÓN				
Representación	$ 3 096	$ 3 000	$ 3 000	$ 3 000
FINANCIACIÓN				
Pérdida en cambios	$ 5 840	$ 5 000	$ 5 000	$ 5 460
SUBTOTAL APROPIACIONES	**$ 1 162 846**	**$ 1 308 566**	**$ 1 220 697**	**$ 1 304 347**

PARTIDAS PRESUPUESTARIAS	Declaración Provisional 2012/13*	Previsión 2013/14	Presupuesto 2013/14	Previsión 2014/15
ASIGNACIÓN DE FONDOS				
Fondo de contingencia para traducción	$ 0	$ 0	$ 0	$ 0
Fondo de sustitución de personal	$ 0	$ 0	$ 0	$ 0
Fondo de liquidación de personal	$ 28 424	$ 28 880	$ 29 368	$ 29 820
Fondo de operaciones	$ 0	$ 0	$ 0	$ 0
	$ 28 424	**$ 28 880**	**$ 29 368**	**$ 29 820**

TOTAL APROPIACIONES	**$ 1 191 270**	**$ 1 337 446**	**$ 1 250 065**	**$ 1 334 167**

BALANCE	**$ 150 131**	**$ 3 154**	**$ 104.395**	**$ 6 433**

TOTAL GASTOS	**$ 1 341 401**	**$ 1 340 600**	**$ 1.354.460**	**$ 1 340 600**

Sumario de fondos

	Fondo de contingencia para traducción	$ 30 000	$ 30 000	$ 30 000	$ 30 000
	Fondo de sustitución de personal	$ 50 000	$ 50 000	$ 50 000	$ 50 000
	Fondo de liquidación de personal	$ 147 511	$ 175 914	$ 176 879	$ 204 794
**	Fondo de operaciones	$ 223 267	$ 223 267	$ 223 267	$ 223 267
	Fondo general	$ 176 988	$ 91.447	$ 281.382	$ 287.815

* Declaración provisional a 1 de abril de 2013

Importe máximo requerido
** Fondo de operaciones (Fin. Reg. 6.2) $ 223 267 $ 223 267 $ 223 267 $ 223 267

Apéndice 2

Escala de contribuciones 2014/2015

2014/15	Cat.	Mult.	Variable	Fijo	Total
Alemania	B	2,8	$ 28.329,91	$ 23.921,43	$52.251
Argentina	A	3,6	$ 36.424,17	$ 23.921,43	$60.346
Australia	A	3,6	$ 36.424,17	$ 23.921,43	$60.346
Bélgica	D	1,6	$ 16.188,52	$ 23.921,43	$40.110
Brasil	D	1,6	$ 16.188,52	$ 23.921,43	$40.110
Bulgaria	E	1	$ 10.117,82	$ 23.921,43	$34.039
Chile	C	2,2	$ 22.259,21	$ 23.921,43	$46.181
China	C	2,2	$ 22.259,21	$ 23.921,43	$46.181
Ecuador	E	1	$ 10.117,82	$ 23.921,43	$34.039
España	C	2,2	$ 22.259,21	$ 23.921,43	$46.181
Estados Unidos	A	3,6	$ 36.424,17	$ 23.921,43	$60.346
Federación de Rusia	C	2,2	$ 22.259,21	$ 23.921,43	$46.181
Finlandia	D	1,6	$ 16.188,52	$ 23.921,43	$40.110
Francia	A	3,6	$ 36.424,17	$ 23.921,43	$60.346
India	C	2,2	$ 22.259,21	$ 23.921,43	$46.181
Italia	B	2,8	$ 28.329,91	$ 23.921,43	$52.251
Japón	A	3,6	$ 36.424,17	$ 23.921,43	$60.346
Noruega	A	3,6	$ 36.424,17	$ 23.921,43	$60.346
Nueva Zelandia	A	3,6	$ 36.424,17	$ 23.921,43	$60.346
Países Bajos	C	2,2	$ 22.259,21	$ 23.921,43	$46.181
Perú	E	1	$ 10.117,82	$ 23.921,43	$34.039
Polonia	D	1,6	$ 16.188,52	$ 23.921,43	$40.110
Reino Unido	A	3,6	$ 36.424,17	$ 23.921,43	$60.346
República de Corea	D	1,6	$ 16.188,52	$ 23.921,43	$40.110
Sudáfrica	C	2,2	$ 22.259,21	$ 23.921,43	$46.181
Suecia	C	2,2	$ 22.259,21	$ 23.921,43	$46.181
Ucrania	D	1,6	$ 16.188,52	$ 23.921,43	$40.110
Uruguay	D	1,6	$ 16.188,52	$ 23.921,43	$40.110
		66,2	$ 669.800,00	$ 669.800,00	**$1.339.600**

Monto del presupuesto $1.339.600
Tasa base $10.118

Apéndice 3

Escala de sueldos 2013/2014

Programa A
ESCALA DE SALARIO PARA EL PERSONAL DE CATEGORÍA EJECUTIVA
(Dólares estadounidenses)

2013/14 Nivel		PASOS														
		I	II	III	IV	V	VI	VII	VIII	IX	X	XI	XII	XIII	XIV	XV
E1	A	$133.830	$136.320	$138.810	$141.301	$143.791	$146.281	$148.771	$151.262							
E1	B	$167.287	$170.400	$173.512	$176.626	$179.739	$182.851	$185.964	$189.078							
E2	A	$112.692	$114.812	$116.931	$119.050	$121.168	$123.286	$125.404	$127.524	$129.643	$131.761	$133.880	$134.120	$136.210		
E2	B	$140.865	$143.515	$146.164	$148.812	$151.460	$154.107	$156.755	$159.405	$162.054	$164.702	$167.349	$167.650	$170.263		
E3	A	$93.973	$96.016	$98.061	$100.106	$102.151	$104.195	$106.240	$108.285	$110.328	$112.372	$114.417	$115.643	$116.869	$118.886	$120.901
E3	B	$117.466	$120.020	$122.577	$125.133	$127.689	$130.243	$132.800	$135.356	$137.910	$140.465	$143.021	$144.553	$146.086	$148.607	$151.126
E4	A	$77.922	$79.815	$81.710	$83.599	$85.494	$87.386	$89.275	$91.171	$93.065	$94.955	$96.849	$97.377	$99.244	$101.110	$102.977
E4	B	$97.403	$99.768	$102.138	$104.498	$106.868	$109.232	$111.594	$113.964	$116.332	$118.694	$121.062	$121.722	$124.055	$126.388	$128.721
E5	A	$64.604	$66.299	$67.992	$69.685	$71.377	$73.070	$74.763	$76.452	$78.147	$79.841	$81.530	$82.078			
E5	B	$80.755	$82.874	$84.989	$87.106	$89.222	$91.337	$93.454	$95.565	$97.684	$99.801	$101.913	$102.597			
E6	A	$51.143	$52.771	$54.396	$56.025	$57.650	$59.276	$60.905	$62.531	$64.156	$65.146	$65.784				
E6	B	$63.929	$65.963	$67.994	$70.031	$72.062	$74.095	$76.131	$78.164	$80.195	$81.432	$82.230				

Nota: La línea B es el salario base (mostrado en la línea A) con un 25% adicional por costes de salarios (fondo de jubilación y premios de seguro, subsidios de instalación y repatriación, prestaciones de educación, etc.) y es el salario total al que tiene derecho el personal ejecutivo de acuerdo con la regulación 5.1

Programa B
ESCALA SALARIAL PARA EL PERSONAL GENERAL
(Dólares estadounidenses)

Nivel	PASOS														
	I	II	III	IV	V	VI	VII	VIII	IX	X	XI	XII	XIII	XIV	XV
G1	$60.439	$63.258	$66.079	$68.897	$71.836	$74.901									
G2	$50.366	$52.715	$55.066	$57.415	$59.864	$62.417									
G3	$41.970	$43.928	$45.887	$47.845	$49.887	$52.016									
G4	$34.976	$36.608	$38.240	$39.871	$41.573	$43.346									
G5	$28.893	$30.242	$31.590	$32.939	$34.346	$35.814									
G6	$23.684	$24.787	$25.893	$26.998	$28.151	$29.353									

Plan estratégico de trabajo plurianual para la Reunión Consultiva del Tratado Antártico

Los Representantes,

Reafirmando los valores, objetivos y principios contenidos en el Tratado Antártico y su Protocolo de Protección del Medio Ambiente.

Considerando que un plan de trabajo estratégico plurianual ("Plan") puede contribuir positivamente a la Reunión Consultiva del Tratado Antártico (RCTA), de forma que la RCTA se centre en asuntos prioritarios y de primera importancia, trabaje de forma más efectiva y eficaz y organice el trabajo de forma más apropiada.

Recordando la RCTA XXXII en Baltimore (2009), en la que las Partes del Tratado Antártico ("Partes") expresaron su apoyo para el desarrollo de un Plan.

Recordando la Decisión 3 (2012), que establecía el desarrollo de un plan para la RCTA y que adoptaba los Principios para completar y desarrollar el Plan.

Teniendo en cuenta que el Plan es complementario a la agenda de la RCTA y que se anima a las partes y a otros participantes de la RCTA a que contribuyan como siempre con otros asuntos de la agenda de la RCTA.

Deciden:

1. que los siguientes Principios guiarán la implementación y el posterior desarrollo del Plan;

    a. que el Plan reflejará los objetivos y los principios del Tratado Antártico y su Protocolo de Protección del Medio Ambiente;

    b. en conformidad con la operación de la RCTA, la adopción del Plan, inclusión de ítems en el Plan y decisiones relativas al Plan, se realizarán por consenso;

    c. el objetivo del Plan es complementar la agenda por medio de la asistencia a la RCTA para identificar un número limitado de ítems prioritarios y operar de forma más efectiva y eficiente;

    d. se anima a las Partes y otros participantes de la RCTA a contribuir como siempre en otros asuntos en la agenda de la RCTA;

    e. el Plan incluirá un periodo de varios años rotativos, y debe ser revisado en cada RCTA y actualizado según sea necesario para reflejar el trabajo que aún debe ser realizado, los nuevos asuntos y las prioridades cambiantes;

    f. el Plan será dinámico y flexible e incorporará asuntos emergentes a medida que vayan surgiendo;

    g. el Plan identificará asuntos que requieran atención colectiva de la RCTA, y requerirá debate y/o decisiones de la RCTA; y

    h. el plan no debe interferir con el desarrollo normal de la agenda RCTA;

2. para adoptar el Plan anexo a esta Decisión, teniendo en cuenta la necesidad de un desarrollo ulterior del concepto del Plan plurianual;

3. para designar la Decisión 3 (2012) como obsoleta.

Anexo

Plan de Trabajo Estratégico Plurianual de la RCTA

Área de trabajo	Prioridad	2013	Entre sesiones	2014	2015	2016	2017	2018
Garantizar un STA sólido y eficaz	Llevar a cabo una revisión completa de los requisitos existentes para el intercambio de información y para el funcionamiento del Sistema de Intercambio de Información Electrónica, así como la identificación de cualquier requisito adicional.		Preparación por parte de la Secretaría de un resumen con los resultados de las deliberaciones informales del CEP sobre SEII	Discusión dedicada a este tema en el WG Legal e Institucional incluyendo la presentación de la Secretaría sobre el SEII				
			Se invita a las Partes, a los expertos y observadores a que preparen documentos de trabajo y otros documentos	Considerar la actualización de la Resolución 6 (2001)				
				Creación de un GCI, si es necesario, para hacer frente a los problemas no resueltos				
	Considerar una coordinada difusión hacia Estados que no son Parte cuyos nacionales o recursos estén activos en la Antártida		*					
	Compartir y debatir las prioridades estratégicas de la ciencia con el fin de identificar y aprovechar las oportunidades para la colaboración y la creación de capacidades en la ciencia, particularmente en relación con el cambio climático		*	Invitar a las Partes, a los expertos y a los observadores a proporcionar información sobre sus prioridades científicas estratégicas				
Fortalecimiento de la protección del medio ambiente antártico	Considerar el asesoramiento del CPA al hacer frente a la reparación y remediación de los daños ambientales y considerar, por ejemplo, el seguimiento adecuado de las acciones en materia de responsabilidad		*					
	Evaluar el progreso del CPA sobre su trabajo en curso para reflejar las mejores prácticas, mejorar las herramientas existentes y desarrollar nuevas herramientas para la protección del medio ambiente, incluidos los procedimientos de evaluación del impacto ambiental (y considerar, en su caso, el futuro desarrollo de las herramientas)		*					

Área de trabajo	Prioridad	2013	Entre sesiones	2014	2015	2016	2017	2018
La gestión y la regulación efectivas de las actividades humanas	Atender las recomendaciones de la Reunión de Expertos del Tratado Antártico sobre las implicancias del cambio climático para la gestión y administración de la Antártida (CEP-ICG)		*					
	Fortalecer la cooperación entre las Partes sobre las operaciones marítimas y aéreas antárticas actuales específicas y las prácticas de seguridad, e informar de cualquier problema que pueda presentarse a la OMI y la OACI, según corresponda	Grupo de Trabajo Especial sobre Búsqueda y Salvamento	La Secretaría proporcionará una recopilación de las Recomendaciones y Resoluciones de la RCTA existentes sobre cuestiones de seguridad Se invita a las Partes, a los expertos y observadores a que preparen documentos de trabajo y otros documentos Se invita a la OMI a que proporcione una actualización sobre las negociaciones del Código Polar en la RCTA XXXVII Solicitar a la OACI y a la OMI que presenten sus puntos de vista sobre cuestiones de seguridad aérea y marítima	Discusión dedicada a este tema en WG de Operaciones El COMNAP presentará el documento sobre temas de seguridad identificados en el Taller a la RCTA				
	Revisar y evaluar la necesidad de adoptar medidas adicionales con respecto a la gestión de áreas e infraestructura permanente relacionadas con el turismo, así como las cuestiones relacionadas con el turismo terrestre y de aventura y atender las recomendaciones del estudio del turismo del CEP	Grupo de trabajo de turismo	Las Partes, los Observadores y los Expertos preparan y entregan documentos de trabajo y otros documentos sobre turismo terrestre y de aventura al grupo de trabajo intersesional del CEP sobre las Recomendaciones 3 y 6 (sensibilidad en el sitio, metodología y supervisión). La Secretaría elaborará un condensado de los debates previos de la RCTA, Medidas y Resoluciones relativas al turismo terrestre y de aventura.	Debate dedicado a asuntos relativos al turismo terrestre y de aventura en el grupo de trabajo de actividades de turismo y no gubernamentales, teniendo en cuenta asuntos señalados en los documentos entregados, así como asuntos previamente señalados en los grupos de trabajo de turismo y los grupos de contacto entre sesiones. Consideración de cualquier material provisional recibido del CEP.				

* Las Partes, expertos y observadores son invitados a consultar entre ellos en el GCI sobre Cooperación Antártica en la elaboración de estas prioridades en el Plan.

Intercambio de información sobre turismo y actividades no gubernamentales

Los Representantes,

Recordando El artículo III-(1) (a) y el Artículo VII (5) del Tratado Antártico;

Conscientes de las obligaciones establecidas en el Protocolo al Tratado Antártico sobre Protección del Medio Ambiente y sus Anexos con respecto al intercambio de información;

Conscientes además de la Recomendación VIII-6 (1975) y de otros compromisos asumidos por las Partes de mantenerse informadas sobre los intercambios ordinarios o extraordinarios;

Deseando garantizar que el intercambio de información entre las Partes se realice de la manera más eficiente y puntual posible;

Deseando asimismo responder a la Recomendación 1 de 2012 del Comité de Protección Ambiental sobre los aspectos ambientales y los impactos de actividades turísticas y no gubernamentales en la Antártida con el desarrollo de una base de datos centralizada de las actividades turísticas de la Reunión Consultiva del Tratado Antártico ("RCTA");

Recordando asimismo la Resolución 6 (2005) que sugiere el uso de un formulario estándar de visitas de sitios para las actividades turísticas y no gubernamentales en la Antártida;

Reafirmando la Decisión 4 (2012) por la cual las Partes están obligadas a usar el Sistema Electrónico de Intercambio de Información ("EIES"), para cumplir sus obligaciones de intercambio de información bajo el Tratado Antártico y su Protocolo del Medio Ambiente y por la cual las Partes deben continuar trabajando con la Secretaría del Tratado Antártico para perfeccionar y mejorar el SEII;

Deseando complementar el Apéndice 4 del XXIV Informe Final RCTA sobre el intercambio de información para garantizar el informe consistente de los tipos de actividades turísticas tanto de operaciones en barco como en tierra;

Deciden:

1. fortalecer el intercambio de información complementando el Apéndice 4 del Informe Final de la Reunión Consultiva del Tratado Antártico XXIV para incluir:

   a) "tipo de actividad" en Expediciones No Gubernamentales - Requisitos de las operaciones basadas en buques;

   b) el número de visitantes que participan en cada una de las actividades específicas.

   c) Reemplazo del encabezado de 1.1.2.A por "Operaciones basadas en buques"

2. revisar el sistema de intercambio de información electrónica ("SEIA") IES para incluir:

   a) una lista de las actividades de expedición con base en buques y en tierra no gubernamentales de que las Partes pueden seleccionar uno o más para la presentación de informes anuales, alineados con los campos de actividad en el Formulario Posterior al Informe del Sitio que se aprobó en la Resolución 6 (2005), con la flexibilidad necesaria para introducir actividades adicionales, y

   b) el número de visitantes que participan en cada una de las actividades específicas;

3. incluir esta información en el SEII y, como regla general, divulgar la información al público;

Requerimientos para el intercambio de información

1. Información pretemporal

La siguiente información debe ser presentada lo más pronto posible, preferiblemente para el 1° de octubre, y en todo caso no más tarde que la fecha del aviso sobre el comienzo de las actividades.

1.1 Información operacional

1.1.1. Expediciones nacionales

A. Estaciones

Nombres de las estaciones de invernada (indicando la región, latitud y longitud), población máxima y el apoyo médico disponible.

Nombres de las estaciones / bases de verano y campamentos (indicando la región, latitud, longitud), periodo de operación, población máxima y el apoyo médico disponible.

Nombres de los refugios (región, latitud y longitud), facilidades médicas y la capacidad del alojamiento. Otras actividades principales de campo, por ejemplo: travesías científicas (indicando la ubicación).

B. Buques

Nombres de los buques, país de registro de los buques, número de viajes, fechas planeadas de salida, zonas de operación, puertos de salida y llegada a y de la Antártida, propósito del viaje (por ejemplo, despliegue científico, reabastecimiento, recambio, oceanografía, etc.)

C. Aviación

Tipo de avión, número planeado de vuelos, período de vuelos o fechas de salidas planeadas, rutas y objetivo.

D. Cohetes de investigación

Coordenadas del lugar de lanzamiento, tiempo y fecha / período, dirección de lanzamiento, altitud máxima planeada, área del impacto, tipo y especificaciones de los cohetes, objetivo y título del proyecto de investigación.

E. Militar

- Número del personal militar en expediciones, y rangos de todos los oficiales.
- Número y tipos de armamentos poseídos por el personal.

- Número y tipos de armamentos de las naves y la aviación e información sobre los equipos militares si hay, su ubicación en la Zona del Tratado Antártico.

1.1.2. Expediciones no gubernamentales

A. Operaciones basadas en los buques

Nombre del operador, nombre del buque, país de registro de los buques, número de viajes, fechas planeadas de salida, puertos de salida y llegada a y de la Antártida, zonas de operación inclusive los nombres de los sitios propuestos de escalas y las fechas planeadas para las escalas, tipo de actividad, el número de visitantes que participan en cada una de las actividades específicas

B. Operaciones basadas en la tierra

Nombre de la expedición, método de transportación a, de y dentro de la Antártida, tipo de aventura / actividad, ubicación, fechas de expedición, número del personal involucrado, señas de contacto, señas del sitio web.

1.1 Visitas a las Zonas Protegidas

Nombre y número de la zona protegida, número de las personas con permiso para la visita, fecha / período y objetivo.

2. Informe Anual

La siguiente información debe ser presentada lo más pronto posible después del fin de la temporada del verano austral pero en todo caso antes del 1 de octubre, con el período de presentación del 1 de abril al 30 de marzo.

2.1 Información científica

2.1.1. Planes a la perspectiva

Detalles de planes científicos estratégicos o de varios años o puntos de contacto para la versión impresa.

Lista de las participaciones plancadas en programas / proyectos científicos mayores internacionales y de colaboración.

2.1.2. Actividades científicas durante el año anterior

Lista de los proyectos de investigación realizados durante el año anterior según una disciplina científica (indicando la ubicación y al investigador principal).

2.2 Información operacional

2.2.1. Expediciones nacionales

Actualización de la información presentada bajo el inciso 1.1.1.

2.2.2. Expediciones no gubernamentales

Actualización de la información presentada bajo el inciso 1.1.2.

2.3 Información sobre el permiso

2.3.1. Visitas a las zonas protegidas

Actualización de la información presentada bajo el inciso 1.2.

2.3.2. Toma e interferencia dañina en la flora y fauna

Especies, ubicación, cantidad, sexo, edad y el objetivo.

2.3.3. Introducción de especies no autóctonas

Especies, ubicación, cantidad y el objetivo.

2.4 Información medioambiental

2.4.1. Cumplimiento del Protocolo

Medidas nuevas adoptadas durante el año pasado de conformidad con el Artículo 13 del Protocolo sobre Protección del Medio Ambiente al Tratado Antártico con la descripción de la medida, fecha de entrada en vigor.

2.4.2. Lista de las IEE y CEE

Lista de las IEE/CEE realizadas durante el año indicando la actividad propuesta, ubicación, nivel de evaluación y la decisión tomada.

2.4.3. Informe del monitoreo de las actividades

Nombre de la actividad, ubicación, procedimientos aplicados, significante información obtenida, acciones tomadas como su consecuencia.

2.4.4. Planes de la gestión de residuos

Planes de la gestión de residuos emitidos durante el año indicando el título incluso el nombre de la estación / buque / ubicación.

Informe sobre la implementación de los planes de la gestión de residuos durante el año.

2.5 Legislación nacional pertinente

Legislación adoptada durante el año para dar efecto al Tratado Antártico y a las obligaciones que surgen de las medidas, decisiones y resoluciones de la Reunión Consultiva del Tratado Antártico, con una descripción de la medida y fecha de entrada en vigor.

2.6 Otra información

2.6.1. Informe de la inspección

Informe de cualquier inspección realizada de conformidad con el Artículo VII del Tratado Antártico y los Artículos 14 y 10 (Anexo V) del Protocolo Medioambiental durante el año indicando la fecha de inspección, la(s) persona(s) que la conducen, la nacionalidad de inspector(es), ubicaciones inspeccionadas, donde fue ubicado el informe de la inspección.

2.6.2. Aviso de las actividades emprendidas en caso de emergencias

Descripción de la emergencia, ubicación (latitud y longitud) y la acción tomada.

3. Información permanente

La siguiente información debe ser presentada de acuerdo con las exigencias del Tratado Antártico y del Protocolo sobre Protección del Medio Ambiente al Tratado Antártico. La información puede ser actualizada a cualquier tiempo.

3.1 Facilidades científicas

3.1.1. Estaciones / observatorios de registro automático

Nombre del sitio, coordenadas (latitud y longitud), elevación (m), parámetros registrados, frecuencia de observación, número de referencia (por ejemplo, no. OMM).

3.2 Información operacional

A. Estaciones

Nombre de las estaciones de invernada (indicando la región, latitud y longitud, y la población máxima), fecha establecida y alojamiento y facilidades médicas.

Nombre de las estaciones / bases de verano y campamentos (indicando la región, latitud, longitud, período de operación y población máxima).

Nombres de los refugios (región, latitud y longitud), facilidades médicas y la capacidad del alojamiento.

B. Buques

Nombres de los buques, estado de la bandera, capacidad de rompehielos, longitud, bao, tonelaje bruto (se puede brindar un enlace a los datos del COMNAP).

C. Aviación

Número y tipo de aviones manejados.

D. Facilidades para el aterrizaje de la aviación

E. Facilidades y frecuencias de comunicación

3.3 Planes de gestión de residuos

Título del plan, copia (PDF) o punto de contacto para la versión impresa y un informe breve sobre la implementación.

3.4 Planes de contingencia

El título de (los) Plan(es) para derrames de petróleo y otras emergencias, copias (PDFs) o puntos de contacto para las versiones impresas. Un informe breve sobre la implementación.

3.5 Inventario de las actividades anteriores

Nombre de estación / base / campamento / traversa / avión averiado / etc., coordenadas (latitud y longitud), período durante el cual fue emprendida la actividad; descripción / objetivo de las actividades realizadas, descripción de equipos o facilidades restantes.

3.6 Legislación nacional pertinente

Descripción de la ley, regulación, acción administrativa u otra medida, fecha del efecto / entrada en vigor, una copia (PDF) o punto de contacto para la versión impresa.

Disponibilidad complementaria de información sobre listas de Observadores de las Partes Consultivas a través de la Secretaría del Tratado Antártico

Los Representantes,

Recibiendo con beneplácito la propuesta de utilizar a la Secretaría del Tratado Antártico (la Secretaria) en el marco de sus funciones, como herramienta complementaria de información para las Partes, en este caso de los Observadores designados por ellas;

Teniendo en cuenta que desde la entrada en vigencia del Tratado Antártico y la creación de la Secretaría se han desarrollado nuevas formas de remisión de información, y que resulta de gran utilidad tener una base de datos de los Observadores designados en el sitio web de la Secretaría, disponible para consulta;

Considerando que la distribución de información a través de la Secretaría está enmarcada en sus funciones;

Reconociendo que el envío de esta información a la Secretaría es complementario de la notificación que las Partes hacen a través de los canales diplomáticos;

Recordando las disposiciones del Artículo VII del Tratado Antártico y el Artículo 14 del Protocolo al Tratado Antártico sobre protección del medio ambiente, así como el Artículo 2 de la Medida 1 (2003)

Deciden:

1) Que las Partes Consultivas del Tratado Antártico deben informar a la Secretaría del Tratado Antártico, de forma complementaria a la notificación a través de los canales diplomáticos acerca de la designación de Observadores para desarrollar inspecciones, la fecha de designación, así como de término de dichas designaciones; y se requerirá a la Secretaría que notifique a todos los

contactos de las Partes Consultivas, como se notifica en la Recomendación XIII-1, Párrafo 6, por correo electrónico; y

2) Que la Secretaría incluya dicha información, notificada por el Párrafo 1con acceso restringido en su base de datos de Contactos y la ponga a disposición de las Partes. La base de datos de contactos sólo incluirá a los Observadores notificados por vía diplomática, de conformidad con el artículo VII del Tratado Antártico y el artículo 14 del Protocolo sobre Protección del Medio Ambiente del Tratado Antártico.

3. Resoluciones

Seguridad aérea en la Antártida

Los Representantes,

Recordando la Recomendación XV-20 (1989).

Señalando, con valoración, el Informe de la Reunión del expertos en seguridad aérea en la Antártida, celebrada en París desde el 2 al 5 de mayo de 1989.

Reconociendo la importancia de garantizar la seguridad de las operaciones aéreas en la Antártida, y que el principal cuerpo de conocimiento y experiencia de las operaciones aéreas de la Antártida y sus desafíos actuales, corresponde a los operadores de Programas Nacionales Antárticos.

Deseando contribuir a la seguridad aérea en la Antártida mediante las recomendaciones actualizadas.

Recomiendan que:

1. Para el objetivo de garantizar que las medidas para la mejora de la seguridad aérea se apliquen a todos los vuelos de la Antártida, las medidas para mejorar su seguridad se establecen en los párrafos 2-8 a continuación deben elaborarse de acuerdo con los criterios de la OACI, teniendo en cuenta las características específicas de la Antártida así como las prácticas y servicios existentes.

2. Para garantizar la seguridad de las operaciones aéreas en el área del Tratado Antártico, las Partes deben intercambiar, preferentemente el 1 de septiembre y no más tarde del 15 de noviembre cada año, información sobre sus operaciones aéreas planificadas de acuerdo con el formato estandarizado del Sistema Electrónico de Intercambio de Información (SEII).

3. Con la intención de mejorar la seguridad aérea en la Antártida, los programas nacionales antárticos que manejan aviones en la Antártida y sus tripulaciones aéreas deben tener un compendio continuamente actualizado producido por el

Consejo de Directores de los Programas Antárticos Nacionales (COMNAP) ahora conocido como el Manual de información sobre vuelos antárticos (AFIM) que describe las instalaciones en tierra, los aviones (helicópteros incluidos) y los procedimientos operativos de los aviones y las instalaciones de comunicación asociadas que se utilizan en cada programa nacional antártico (del uso del cual no surgirán cuestiones de responsabilidad) y, por lo tanto deberían:

(a) facilitar la revisión actual de la AFIM de sus operadores del Programa Nacional Antártico mediante acción colectiva a través del COMNAP;

(b) adoptar un formato en el que la información proporcionada por cada operador nacional se mantiene de una forma que facilita la actualización de la información;

(c) solicitar a sus operadores nacionales antárticos que faciliten información con el objetivo de mantener la AFIM.

4. Para el objetivo de garantizar la conciencia mutua de las operaciones aéreas actuales y el intercambio de información sobre las mismas, las Partes deberían designar:

(a) Estaciones Primarias de Información Aérea (PAIS, por su sigla en inglés) que coordinen su propia información aérea e información de sus Estaciones secundarias de información aérea (si existen) con el objetivo de notificar las operaciones aéreas actuales a otras PAIS. Estas PAIS deben contar con instalaciones de comunicación adecuadas capaces de transmitir información por medios apropiados y acordados; y

(b) Estaciones Secundarias de Información Aérea (SAIS, por su sigla en inglés) que comprenden estaciones/bases (incluidos campos base y barcos) que proporcionan información aérea a su PAIS coordinadora.

5. Con el objetivo de evitar accidentes aéreos en áreas más allá del rango de cobertura de radio VHF de las estaciones primarias y secundarias, los aviones fuera de las áreas cubiertas por las estaciones primarias y secundarias deberían utilizar una frecuencia de radio específica para aplicar el procedimiento TIBA presentado en el Anexo 11 de la Convención internacional sobre aviación civil.

6. Para garantizar su conformidad con el Artículo VII, párrafo 5 del Tratado Antártico y también la Recomendación X-8, Parte IV, las Partes deben

mantenerse informados unos a otros sobre los vuelos no gubernamentales y debe proporcionarse un recordatorio sobre la AFIM a todos los pilotos para que completen un plan de vuelo para los vuelos a la Antártida.

7. Para contribuir para la mejora de la colección de, y para el intercambio en la Antártida de datos meteorológicos e información relevante para la seguridad de las operaciones aéreas antárticas, las Partes deben:

    (a) alentar a la Organización Meteorológica Mundial en su trabajo hacia este fin;

    (b) dar pasos para mejorar los servicios meteorológicos disponibles en la Antártida, concretamente para cumplir los requisitos de la aviación; y

    (c) tener en cuenta el The International Antarctic Weather Forecasting Handbook.

8. Con la intención de garantizar las comunicaciones efectivas entre PAIS, las Partes deben garantizar que su PAIS tiene las instalaciones adecuadas para comunicarse con otras PAIS.

9. Las Partes consideran la Recomendación XV-20 (1989) obsoleta.

Manual sobre limpieza de la Antártida

Los Representantes,

Reafirmando el compromiso de las Partes al Protocolo sobre Protección del Medio Ambiente para reducir, en la medida de lo posible, la cantidad de residuos producidos o eliminados en el área del Tratado Antártico, con el fin de minimizar su repercusión sobre el medio ambiente antártico y de minimizar las interferencias con los valores naturales de la Antártida, con la investigación científica y con los demás usos de la Antártida que sean compatibles con el Tratado Antártico;

Recordando el requisito previsto en el artículo 1.5 del Anexo III del Protocolo sobre Protección del Medio Ambiente que los sitios terrestres de eliminación de residuos, tanto pasados como actuales, y los sitios de trabajo de actividades antárticas abandonadas serán limpiados por el generador de tales residuos y el usuario de dichos sitios, siempre que tales acciones no exijan la eliminación de cualquier estructura designada como Sitio o Monumento Histórico, o el retirar cualquiera estructura o material de desecho en circunstancias tales que la remoción por medio de cualquier procedimiento produjera un impacto negativo en el medio ambiente mayor que el dejar la estructura o material de desecho en el lugar en que se encuentra;

Recordando también la Reunión de Expertos del Tratado Antártico de 2010 sobre las consecuencias del cambio climático para la Antártida y su gobernanza, donde se señaló que los cambios climáticos crean un potencial de liberación localizada de contaminación de los antiguos sitios de eliminación de desechos y sitios de trabajo abandonados debido al aumento de nieve derretida;

Señalando las medidas adoptadas por las Partes desde la entrada en vigor del Protocolo sobre Protección del Medio Ambiente para manejar de forma eficiente los residuos y limpiar los antiguos sitios de eliminación de de residuos en la tierra y sitios de trabajo abandonados;

Señalando también los esfuerzos del Consejo de Administradores de Programas Antárticos Nacionales para elaborar y formular procedimientos de buenas prácticas para la gestión de los residuos, incluido el Taller de Gestión de Residuos en la Antártida celebrado en Hobart en 2006;

Acogiendo con satisfacción la elaboración por el Comité para la Protección del Medio Ambiente de un Manual sobre Limpieza que las Partes puedan aplicar y utilizar, según proceda, para facilitar sus obligaciones en virtud del artículo 1.5 del Anexo III del Protocolo de Protección del Medio Ambiente.

Recomiendan a las partes que:

1) Difundan y fomenten el uso del Manual sobre Limpieza adjunto a la presente Resolución, según proceda, para ayudar en el cumplimiento de sus obligaciones en virtud del artículo 1.5 del Anexo III del Protocolo sobre Protección del Medio Ambiente; y

2) Alienten al Comité para la Protección del Medio Ambiente para seguir desarrollando el Manual sobre Limpieza con la asistencia del Comité Científico de Investigaciones Antárticas y el Consejo de Administradores de los Programas Nacionales Antárticos sobre los asuntos científicos y prácticos, respectivamente.

Comité de Protección Ambiental
Manual sobre Limpieza

1. Introducción

a)   Antecedentes

En 1975, las Partes del Tratado Antártico adoptaron la Recomendación VIII-11 que contiene las primeras directrices aprobadas para la adecuada gestión y eliminación de residuos generados por las expediciones y estaciones con el fin de minimizar los impactos sobre el medio ambiente antártico. En la medida que se aumentaba la concienciación sobre el posible impacto ambiental de la eliminación de desechos en la región antártica, junto con mejoras en la logística y la tecnología, las Partes identificaban la necesidad de contar con un mejor tratamiento in situ de los desechos y retirar algunos residuos del área del Tratado Antártico.

A través de la Recomendación XV-3 (1989) las Partes adoptaron prácticas más estrictas para la eliminación de desechos y la gestión de residuos basadas en las Recomendaciones de un Panel de Expertos del SCAR sobre Eliminación de Residuos en la Antártida, con el fin de minimizar su repercusión en el medio ambiente antártico y de minimizar las interferencias con la investigación científica u con otros usos legítimos de la Antártida. Estas prácticas no solo responden a los requisitos para la gestión de residuos asociados con las actividades presentes y futuras, sino que también exigen programas para la limpieza de los sitios de eliminación de residuos existentes y sitios de trabajo abandonados, así como la elaboración de un inventario de los emplazamientos de actividades pasadas.

Muchos de los elementos de la Recomendación XV-3 se reflejan con precisión en las disposiciones vigentes para la eliminación de residuos y la gestión de residuos que se incluyen en *http://www.ats.aq/documents/recatt/Att010_s.pdf* sobre Eliminación de Residuos y Gestión de Residuos. El Protocolo sobre Protección del Medio Ambiente en su conjunto establece el contexto en el que las disposiciones del Anexo III deben ser aplicados.

Entre otros requisitos el Anexo III establece en su artículo 1.5 que:

"Los sitios terrestres de eliminación de residuos tanto pasados como actuales y los sitios de trabajo de actividades antárticas abandonados serán limpiados por el generador de tales residuos y por el usuario de dichos sitios. No se interpretará que esta obligación supone:

a)   retirar una estructura designada como Sitio o Monumento Histórico; o

b)   retirar cualquier estructura o material de desecho en circunstancias tales que la remoción por medio de cualquier procedimiento produjera un impacto negativo en el medio ambiente mayor que el dejar la estructura o material de desecho en el lugar en que se encuentra."

Previo a estos instrumentos, la gestión de los residuos en las instalaciones de la Antártida a menudo se realizaba mediante la quema al aire libre y eliminación de residuos en vertederos. De manera similar, era habitual abandonar las instalaciones en desuso y dejar que se deterioraran. Muchos antiguos sitios para la eliminación de residuos y sitios de trabajo abandonados requieren que se continúe con su gestión en la actualidad. Dichos sitios frecuentemente se caracterizan por una combinación de residuos físicos (por ejemplo, materiales de construcción, maquinarias, vehículos y basura en general) con contaminantes químicos, algunos de los cuales pueden encontrarse en contenedores y otros que pueden haberse derramado en el medio ambiente. En algunos casos los sitios de eliminación de desechos se extienden al medio marino cerca de la costa. La infiltración y el escurrimiento de sitios abandonados, y de sitios en los que se produjeron derrames más recientemente, pueden hacer que la contaminación se propague a otras partes del medio ambiente. En general, tales contaminantes se degradan muy lentamente en las condiciones antárticas.

Al extrapolar los datos de algunos sitios bien documentados, se calcula que el volumen de materiales en los vertederos abandonados y no delimitados en la Antártida puede ser aproximadamente de entre 1 y 10 millones de m3 y que el volumen de sedimentos contaminados por petróleo puede ser similar (Snape y otros, 2001). Si bien este volumen es relativamente pequeño comparado con la situación en otras partes del mundo, la importancia del impacto ambiental asociado aumenta debido al hecho de que muchos sitios contaminados en la Antártida están ubicados en los relativamente raros áreas costeras sin hielo que sirven de hábitat para la mayoría de la flora y fauna terrestre.

b) Objetivo General de Limpieza

El objetivo general de las actividades de las Partes para abordar los riesgos ambientales derivados de antiguos sitios terrestres de eliminación de residuos, los sitios de trabajo de actividades antárticas abandonados, y los sitios contaminados por los derrames de combustible o de otras sustancias peligrosas es:

Minimizar el impacto adverso en el medio ambiente antártico y minimizar la interferencia en los valores naturales de la Antártida, en la investigación científica y otros usos de la Antártida coherentes con el Tratado Antártico, mediante la limpieza de los antiguos sitios terrestres para la eliminación de residuos, los sitios de trabajo abandonados de actividades antárticas, y los sitios contaminados por derrames de combustible o de otras sustancias peligrosas. Tales medidas de limpieza no requerirán la remoción de ninguna: estructura designada como Sitio o Monumento Histórico: artefactos/sitios históricos previos a 1958 y sujetos a las disposiciones de la Resolución 5 (2001); el retiro de cualquiera estructura o material de desecho en circunstancias tales que la remoción por medio de cualquier procedimiento produjera un impacto negativo mayor en el medio ambiente que el hecho de dejar la estructura o el material de desecho en el lugar en que se encuentra.

Este objetivo refleja los requisitos descritos en el Anexo III (Eliminación y Gestión de Residuos) al Protocolo al Tratado Antártico sobre Protección del Medio Ambiente (Protocolo Ambiental).

c) Objetivo del Manual sobre Limpieza

El objetivo de este manual es proporcionar orientación a las Partes del Tratado Antártico para cumplir con el objetivo anterior. El manual incluye principios rectores fundamentales y enlaces a directrices prácticas y recursos que los operadores pueden aplicar y utilizar, según corresponda, para ayudar a cumplir con los requisitos del Protocolo Ambiental, en particular con los del Anexo III. Las directrices prácticas son medidas recomendadas, y no todas las directrices serán adecuadas para todas las operaciones, ni para todos los sitios. Se prevé actualizar el manual y agregarle información a medida que surjan nuevos trabajos, investigaciones y procedimientos de mejores prácticas.

La orientación que se proporciona aquí se centra en la reparación y remediación de antiguos sitios terrestres para la eliminación de residuos, sitios de trabajo de actividades antárticas abandonados, y sitios contaminados por derrames de combustible o de otras sustancias peligrosas. Se ha presentado una orientación práctica para prevenir, controlar y responder a la introducción de especies no autóctonas en el Comité para la Protección del Medio Ambiente (CPA) Non-Native Species Manual.

El Consejo de Administradores de los Programas Antárticos Nacionales (COMNAP) ha elaborado un Manual de combustibles, el cual describe las medidas importantes para la prevención y contención de derrames. Este Manual sobre Limpieza es complementario al Manual de Combustible del COMNAP para proporcionar orientación sobre acciones adecuadas de limpieza y restauración que el Manual de combustible COMNAP indica que deben abordarse como parte de los Planes Operacionales que se deben preparar para cada instalación individual o área geográfico relevante.

En la práctica, no es posible limpiar todos los sitios contaminados de forma inmediata o simultánea, por lo que el manual pretende brindar orientación acerca de cómo identificar prioridades para las actividades de limpieza, y cómo remediar o retirar materiales contaminados hasta un grado en el que se reduzcan los riesgos ambientales.

Las razones para tomar medidas en forma oportuna conforme a las disposiciones del Protocolo Ambiental incluyen:

- muchos sitios para la eliminación de residuo abandonados y sitios de trabajo abandonados contienen posibles contaminantes en contenedores (por ejemplo, bidones que contienen combustible, petróleo, sustancias químicas), y existe un plazo limitado antes de que se deterioren y produzcan la contaminación, lo que dificulta mucho más la limpieza;

- como se indica en la Reunión de Expertos del Tratado Antártico realizada en 2010 sobre el Cambio Climático y sus implicaciones para la Gestión y Gobernanza de la Antártida, los cambios climáticos podrían acelerar la emisión localizada de contaminación de los antiguos sitios para la eliminación de residuos y sitios de trabajo abandonados debido al aumento del deshielo;

- los efectos perjudiciales de los contaminantes químicos en el medio ambiente y ecosistema pueden incrementarse con el aumento de la exposición, y pueden aumentar las probabilidades de que se produzcan impactos acumulativos debido a la exposición a otros factores de tensión ambientales;

- los procesos de dispersión (por ejemplo, el arrastre con nieve derretida) puede hacer que el área total contaminado aumente con el tiempo, en algunos casos como consecuencia de la contaminación del medio marino;

- por el contrario, algunos sitios pueden perderse en el océano o quedar cubiertos de hielo/nieve donde pueden continuar ejerciendo un impacto perjudicial, aunque será mucho más difícil y costoso tratarlos; y

- posibles riesgos para la salud humana (por ejemplo, sustancias químicas peligrosas u otras sustancias, como el amianto).

d)   Glosario

En la práctica de limpieza ambiental se usan algunos términos técnicos. Además, algunas palabras que habitualmente se usan en el lenguaje cotidiano tienen un significado específico cuando se las usa en el contexto de la limpieza ambiental. Para asegurar la comprensión común, se ampliará este glosario como parte del desarrollo del manual. Las definiciones generalmente aplicables a la evaluación, mitigación y vigilancia de impactos ambientales de las actividades se presentan en Lineamientos para la Evaluación de Impacto Ambiental en la Antártida.

LIMPIEZA: remoción y/o remediación in situ de antiguos sitios terrestres para la eliminación de residuos, sitios de trabajo abandonados y sitios contaminados por derrames de combustible u otras sustancias tóxicas.

2. Principios rectores fundamentales

Gestión de información

Es importante llevar un registro durante todo el proceso de limpieza, y éste debe comenzar bastante tiempo antes de que se realice cualquier actividad de limpieza *in situ*.

1) Los registros debe diseñarse de manera que se puede acceder fácilmente a la información de los distintos sitios y que, con el tiempo, se pueda agregar información sobre las acciones y eventos en cada sitio.

2) El registro de la información debe mantenerse actualizado y debe incluir la ubicación precisa y el estado de los sitios contaminados, las acciones de limpieza realizadas, las razones por las que se tomaron decisiones claves y las lecciones aprendidas.

3) El tipo de información a registrarse deberá reflejar su uso previsto, incluyéndose:

    - evaluación del sitio y determinación de prioridades;

    - decisiones operacionales de apoyo;

    - asegurar el cumplimiento de la evaluación del impacto ambiental / condiciones del permiso;

    - vigilancia y evaluación de la efectividad de un proceso de limpieza; y

    - facilitar el intercambio de información entre las Partes y con otras partes interesadas.

4)   El registro debe estar diseñado de manera que también pueda usarse como base para el inventario de los emplazamientos de actividades anteriores de toda la Antártida de conformidad con el artículo 8.3 del Anexo III.

Evaluación del Sitio / Caracterización

Antes de considerar la mejor manera de limpiar un sitio se deberá realizar una evaluación de las características del sitio que afectarán el comportamiento de los contaminantes y los valores ambientales que pueden ser afectados.

5)   La evaluación del sitio deberá considerar:

-   las características y el grado de los desechos físicos y/o contaminación química, y el paisaje (por ejemplo, geología, geomorfología, glaciología) del sitio y del área circundante, con especial énfasis en la pendiente, el aspecto y los flujos de agua;

-   desafíos potenciales para las acciones de limpieza presentadas por la ubicación, el paisaje y el área circundante (por ejemplo, la accesibilidad y la susceptibilidad a los daños por maquinaria o equipos de recuperación);

-   los valores ambientales del sitio y del área circundante, incluyendo el rango de valores protegidos en virtud del Protocolo Ambiental; y

-   los cambios posibles en el sitio, incluido el deterioro de los contenedores (como tanques de combustible oxidados), cambios en la composición química (por ejemplo, mediante la exposición a la intemperie) y transporte de contaminantes (por ejemplo, por el viento y flujo de agua).

6)   Toda la información disponible deberá usarse para evaluar el impacto actual y la potencial amenaza en el futuro para el medio ambiente debido a la contaminación.

Evaluación de los riesgos ambientales

La evaluación de los riesgos ambientales es el proceso para determinar los riesgos inherentes que tiene el sitio para los valores ambientales.

7)   La evaluación de los riesgos ambientales deberá usar la información obtenida durante la evaluación del sitio, informando sobre las decisiones tomadas a lo largo del proceso de limpieza.

8)   La evaluación de los riesgos ambientales deberá ayudar a establecer prioridades con respecto al sitio (o sitios) que deben limpiarse primero, para decidir entre las distintas opciones de limpieza (véase a continuación) y para establecer objetivos de limpieza realistas (véase a continuación).

9)   La evaluación de los riesgos ambientales deberá revisarse periódicamente, y confirmarse o modificarse durante el proceso de limpieza.

Objetivos de calidad ambiental para la limpieza

En algunos casos, eliminar por completo todos los rastros de contaminación es imposible o podría provocar un impacto negativo mayor en el medio ambiente. El objetivo de calidad ambiental para la limpieza es la concentración del contaminante que puede permanecer en el medio ambiente sin generar un impacto inaceptable en los valores ambientales del sitio.

10) Se deben establecer los objetivos de calidad ambiental para cada sitio específico teniendo en cuenta las características del sitio y los valores ambientales existentes.

11) Desde el punto de vista de la conservación de la biodiversidad, los objetivos de calidad ambiental deben basarse en la sensibilidad de las especies relevantes a los contaminantes específicos (tales como estudios eco toxicológicos).

12) Los objetivos de calidad ambiental son apenas un factor cuando se consideran las opciones de limpieza (véase a continuación).

Análisis de las opciones de limpieza

En el nivel más alto, la variedad de opciones de limpieza posibles para sitios contaminados por combustibles y otras sustancias tóxicas puede incluir las siguientes: No hacer nada (lo que puede resultar en la atenuación natural); la contención en el sitio para reducir la dispersión; la remediación *in situ* para resaltar los procesos de atenuación; la remoción del sitio con tratamiento en la Antártida (limpieza *ex situ*); y el retiro del área comprendido en el Tratado Antártico Dentro de cada una de estas opciones hay otras opciones de posibles acciones de limpieza (véase a continuación).

13) Se debe realizar una evaluación del riesgo para todas las opciones de limpieza bajo consideración con un enfoque que asegure evitar un impacto negativo mayor en el medio ambiente como resultado del proceso de limpieza.

14) El análisis de las opciones debe tener en cuenta los objetivos de calidad ambiental y el riesgo de un impacto negativo adicional como resultado de la actividad de limpieza. Dada la realidad práctica de operar en la Antártica, las demás consideraciones suelen incluir la viabilidad, la tecnología disponible, la factibilidad, la seguridad del personal y la relación coste-eficacia.

Acciones de limpieza

Las acciones de limpieza son actividades operacionales que se realizan en el sitio y/o en otros lugares sobre el material retirado del sitio.

15) Siempre que sea posible, los planes y las evaluaciones del impacto ambiental para nuevas actividades en la Antártida deben analizar las características y la escala de cualquier actividad de limpieza que se requiera posteriormente. Las acciones de limpieza en sitios de actividad anterior también deben someterse a una evaluación del impacto ambiental, de acuerdo con las disposiciones del Protocolo.

16) Las técnicas de limpieza desarrolladas para sitios contaminados en otras regiones del mundo pueden valerse en la Antártida, aunque podrían necesitar modificaciones para adaptarlas a las condiciones locales.

17) Todas las opciones de limpieza, incluida la opción de "no hacer nada", pueden requerir cierto compromiso de recursos, como vigilancia (véase a continuación) para confirmar la evaluación de los riesgos ambientales.

18) En algunos casos, la contención *in situ* para reducir la dispersión puede considerarse la mejor medida de proteger los valores ambientales. Las técnicas de contención deben estar diseñadas para:

   - los tipos de contaminantes presentes (la principal distinción radica en que sea orgánica (por ejemplo, el combustible) o inorgánico (por ejemplo, los metales de los vertederos de residuos); y

   - las características del medio ambiente (principalmente el proceso de congelación/ descongelación y la presencia altamente estacional de agua libre).

19) La remediación *in situ* para mejorar los procesos de atenuación (por ejemplo, la biodegradación por la adición de nutrientes, al aumento de la temperatura y la aireación del suelo) puede ser efectiva desde el punto de vista económico. Además, es menos prejudicial al medio ambiente que las opciones que requieren la extracción, aunque las técnicas deben ser adecuadas para los tipos de contaminantes y las características del medio ambiente (como se indicó anteriormente).

20) la remoción del sitio con tratamiento en la Antártida puede generar más perturbación que la remediación *in situ*, aunque tiene la posible ventaja de reubicar los residuos a un sitio que puede ser más fácil de gestionar, como un lugar cercano a una estación. el sitio de recepción debe ser controlado para garantizar la seguridad del personal y evitar nuevas repercusiones sobre el medio ambiente (p. ej., claramente identificables, conocidas por el personal de la estación, y contenidas para evitar la dispersión de los contaminantes).

21) En algunos casos, la extracción de material contaminado del área del Tratado Antártico puede ser la opción más adecuada para responder a las exigencias del Protocolo Ambiental. Como se indicó previamente, ésta opción puede generar más perturbación que la remediación *in situ*, y en el caso de los sitios libres de hielo, también tiene la desventaja de remover suelo no común de la Antártida. Esta opción también es probablemente más costosa, depende de la disponibilidad y capacidad de transporte, y puede generar en el país receptor preocupación en relación con la bioseguridad o el material contaminado.

22) El control y evaluación de la eficacia (véase abajo) deben estar diseñadas como parte integral del proceso de limpieza.

23) La limpieza debe considerarse completa solo después de haber alcanzado los objetivos de calidad ambiental.

Vigilancia y evaluación

La vigilancia y la evaluación se usan para caracterizar y registrar la calidad del medio ambiente, pero tienen funciones específicas y peculiares antes, durante y/o tras la limpieza.

24) La vigilancia debe realizarse para identificar y proporcionar alertas tempranas de cualquier efecto adverso de la actividad de limpieza que pueda requerir modificaciones de los procedimientos, y para evaluar y verificar las predicciones identificadas en la evaluación del impacto ambiental.

25) La evaluación se refiere a determinar si la actividad de limpieza ha alcanzado los objetivos de calidad ambiental deseados.

26) Tanto la vigilancia como la evaluación deben centrarse en los valores ambientales vulnerables del sitio y tener en cuenta el uso final de los datos.

3. Directrices y recursos para apoyar la limpieza

A medida que se desarrolle el Manual, esta sección se ampliará para incluir directrices y recursos voluntarios para ayudar a las Partes a cumplir con sus obligaciones de limpieza conforme al Anexo III al Protocolo. Los ejemplos de materiales deseables incluyen:

- un enfoque estándar y/o formulario de registro y notificación de las actividades de limpieza;
- listas de comprobación y/o matrices para la evaluación del sitio y del riesgo ambiental;
- información científica para informar del establecimiento de objetivos de calidad ambiental adecuados;
- técnicas para la prevención de la movilización de contaminantes tales como la desviación de nieve derretida y barreras de contención
- técnicas para la remediación *in situ* y *ex situ* de sitios contaminados por el derrame de combustible o otras sustancias tóxicas;
- técnicas para la limpieza de edificios u otras estructuras en sitios de trabajo abandonados;
- guía para la planificación, supervisión y evaluación.

Referencias

La presente lista de referencias se ampliará para incluir más documentos a medida que se desarrolle el Manual.

ATCM XXXV/IP6 (Australia). 2012. Resumen del tema: Debates CPA sobre Limpieza (contiene enlaces a versiones electrónicas de los documentos presentados al Comité para la Protección Ambiental entre 1998 y 2011)

Aronson, R.B., Thatje, S., McClintock, J.B., & Hughes, K.A. 2011. Anthropogenic impacts on marine ecosystems in Antarctica. Annals of the New York Academy of Sciences, 1223, 82-107.

Filler, D., Snape, I., & Barnes, D., Eds. 2008. Bioremediation of Petroleum Hydrocarbons in Cold Regions. Cambridge. 288 pp.

Poland, J.S., Riddle, M.J., & Zeeb, B.A. 2003. Contaminants in the Arctic and the Antarctic: a comparison of sources, impacts, and remediation options. Polar Record, 39(211), 369-383.

Riddle, M. 2000. Scientific studies of Antarctic life are still the essential basis for long-term conservation measures. In Davison, W., Howard-Williams, C., & Broady, P. Eds. Antarctic Ecosystems: Models for Wider Ecological Understanding. New Zealand Natural Sciences, Canterbury University, 497-302.

Snape, I., Riddle, M.J., Stark, S., Cole, C.M., King, C.K., Dubesque, S., & Gore, D.B. 2001. Management and Remediation of contaminated sites at Casey Station, Antarctica. Polar Record, 37(202), 199-214.

Stark, J.S., Snape, I., & Riddle, M.J. 2006. Abandoned Antarctic waste disposal sites: La vigilencia de los resultados y limitaciones de la remediación en la Estación Casey. Ecological Management and Restoration, 7(1), 21-31.

Tin, T., Fleming, Z.L., Hughes, K.A., Ainley, D.G., Convey, P., Moreno, C.A., Pfeiffer, S., Scott, J., & Snape, I. 2009. Impacts of local human activities on the Antarctic environment. Antarctic Science, 21, 3-33.

Directrices de Sitios para visitantes

Los Representantes,

Recordando la Resolución 5 (2005), la Resolución 2 (2006), la Resolución 1 (2007), la Resolución 2 (2008), la Resolución 4 (2009), la Resolución 1 (2010) y la Resolución 4 (2011), que adoptaron una lista de sitios sujetos a las Directrices para Sitios;

Recordando la Resolución 4 (2012), que dispone que toda propuesta de enmienda a las Directrices para Sitios actuales sea estudiado por el Comité para la Protección del Medio Ambiente, que debe asesorar a la Reunión Consultiva del Tratado Antártico ("RCTA") en consecuencia, y que si tal consejo es aprobado por la RCTA, la Secretaría del Tratado Antártico (la Secretaría) debe hacer los cambios necesarios en el texto de las Directrices para Sitios en su página web;

Reconociendo que las Directrices para Sitios refuerzan las disposiciones establecidas en la Recomendación XVIII-1 (1994) (Guía para aquellos que organizan y realizan actividades turísticas y no gubernamentales en la Antártida);

Confirmando que el término "visitantes" no incluye a los científicos que realizan investigaciones en esos Sitios ni a las personas que participan en las actividades gubernamentales oficiales;

Señalando que las directrices se han desarrollado sobre la base de los actuales niveles y tipos de visitas en cada lugar y conscientes de que las directrices para sitios requerirían una revisión si hubiera cambios significativos en los niveles o tipos de visitas de un sitio;

Creyendo que las directrices para cada sitio deben examinarse y revisarse con prontitud en respuesta a los cambios en los niveles y tipos de visitas o en cualquier impacto ambiental demostrable o probable,

Deseando aumentar el número de Directrices para Sitios desarrolladas para los sitios visitados y mantener las Directrices existentes hasta la fecha;

Recomiendan que:

1) la lista de los sitios sujetos a las Directrices para Sitios que han sido adoptada por la Reunión Consultiva del Tratado Antártico debe ampliarse para incluir otros dos nuevos sitios (Puerto Orne e Islas Orne) y que la lista completa de los sitios sujetos a las Directrices para Sitios se sustituye por la que se adjunta a la presente Resolución;

2) las Directrices para los Sitios Puerto Yankee, Isla Media Luna, Farallón Brown, Punta Hannah, Isla Cuverville, Isla Danco, Puerto Neko, Isla Pleneau, Isla Petermann, Punta Damoy, Punta Jougla, Isla Torgersen, Cabo Bailey (Isla Decepción) e Isla Barrientos-Islas Aitcho sean reemplazadas por las Directrices modificadas;

3) la Secretaría del Tratado Antártico coloque la lista completa y las Directrices modificadas, adoptadas por la RCTA, en su sitio web;

4) sus gobiernos insten a todos quienes tengan intención de visitar estos sitios para que se aseguren de que están plenamente familiarizados con los mismos y respetan y se adhieren a los consejos de las Directrices del sitio publicadas por la Secretaría;

5) toda propuesta de enmienda a las Directrices para Sitios actuales sea estudiada por el Comité para la Protección del Medio Ambiente, que debe asesorar a la RCTA al respecto y que si ese consejo está avalado por la RCTA, la Secretaría debería realizar los cambios necesarios a los textos de las directrices para sitios en la web ; y

6) la Secretaría publique el texto de la Resolución 4 (2012) en su sitio web de tal manera que deje claro que ya no es actual.

Lista de sitios sujetos a las Directrices de Sitio:

Directrices de Sitio	Adopción original	Última versión
1. Isla Penguin (Lat. 62° 06' S, Long. 57° 54' O);	2005	2005
2. Isla Barrientos, Islas Aitcho (Lat. 62° 24' S, Long. 59° 47' O);	2005	2013
3. Isla Cuverville (Lat. 64° 41' S, Long. 62° 38' O);	2005	2013
4. Punta Jougla (Lat 64° 49' S, Long 63° 30' O);	2005	2013
5. Isla Goudier, Puerto Lockroy (Lat 64° 49' S, Long 63° 29' O);	2006	2006
6. Punta Hannah (Lat. 62° 39' S, Long. 60° 37' O);	2006	2013
7. Puerto Neko (Lat. 64° 50' S, Long. 62° 33' O);	2006	2013
8. Isla Paulet (Lat. 63° 35' S, Long. 55° 47' O);	2006	2006
9. Isla Petermann (Lat. 65° 10' S, Long. 64° 10' O);	2006	2013
10. Isla Pleneau (Lat. 65° 06' S, Long. 64° 04' O);	2006	2013
11. Punta Turret (Lat. 62° 05' S, Long. 57° 55' O);	2006	2006
12. Puerto Yankee (Lat. 62° 32' S, Long. 59° 47' O);	2006	2013
13. Farallón Brown, Península Tabarin (Lat. 63° 32' S, Long. 56° 55' O);	2007	2013
14. Cerro Nevado (Lat. 64° 22' S, Long. 56° 59' O);	2007	2007
15. Caleta Shingle, Isla Coronation (Lat. 60° 39' S, Long. 45° 34' O);	2008	2008

Directrices de Sitio	Adopción original	Última versión
16. Isla Devil, Isla Vega		
(Lat. 63° 48' S, Long. 57° 16.7' O);	2008	2008
17. Caleta Balleneros, Isla Decepción, Islas Shetland del Sur		
(Lat. 62° 59' S, Long. 60° 34' O);	2008	2011
18. Isla Media Luna, Islas Shetland del Sur		
(Lat. 60° 36' S, Long. 59° 55' O);	2008	2013
19. Cabo Baily, Isla Decepción, Islas Shetland del Sur		
(Lat. 62° 58' S, Long. 60° 30' O);	2009	2013
20. Bahía Telefon , Isla Decepción, Islas Shetland del Sur		
(Lat. 62° 55' S, Long. 60° 40' O);	2009	2009
21. Cabo Royds, Isla Ross		
(Lat. 77° 33' 10.7" S, Long. 166° 10' 6.5" E);	2009	2009
22. Casa Wordie, Isla Winter, Islas Argentina		
(Lat. 65° 15' S, Long. 64° 16' O);	2009	2009
23. Isla Stonington, Bahía Margarita, Península Antártica		
(Lat. 68° 11' S, Long. 67° 00' O);	2009	2009
24. Isla Horseshoe, Península Antártica		
(Lat. 67° 49' S, Long. 67° 18' O);	2009	2009
25. Isla Detaille, Península Antártica		
(Lat. 66° 52' S, Long. 66° 48' O);	2009	2009
26. Isla Torgersen, Puerto Arthur, Sudoeste de la Isla Anvers		
(Lat. 64° 46' S, Long. 64° 04' O);	2010	2013
27. Isla Danco, Canal Errera, Península Antártica		
(Lat. 64° 43' S, Long. 62° 36' O);	2010	2013
28. Seabee Hook, Cabo Hallett, Tierra de Victoria del Norte, Mar de Ross, Sitio para visitantes A y Sitio para visitantes B		
(Lat. 72° 19' S, Long. 170° 13' E);	2010	2010

Directrices de Sitio	Adopción original	Última versión
29. Punta Damoy, Isla Wiencke, Península Antártica		
(Lat. 64° 49' S, Long. 63° 31' O);	2010	2013
30. Zona de visitantes del Valle de Taylor, Tierra de Victoria del Sur		
(Lat. 77° 37.59' S, Long. 163° 03.42' E);	2011	2011
31. Playa Noreste de la Isla Ardley		
(Lat. 62° 13' S; Long. 58° 54' O);	2011	2011
32. Cabañas de Mawson y Cabo Denison, Antártida Oriental		
(Lat. 67° 01' S; Long. 142 ° 40' E);	2011	2011
33. Isla D'Hainaut, Puerto Mikkelsen, Isla Trinity		
(Lat. 63° 54' S, Long. 60° 47' O);	2012	2012
34. Puerto Charcot, Isla Booth		
(Lat. 65° 04' S, Long. 64 ° 02' O);	2012	2012
35. Caleta Péndulo, Isla Decepción, Islas Shetland del Sur		
(Lat. 62° 56' S, Long. 60° 36' O).	2012	2012
36. Puerto Orne, Brazo sur de Puerto Orne, Estrecho de Gerlache		
(Lat 64° 38'S, Long. 62° 33'W);	2013	2013
37. Islas Orne, Estrecho de Gerlache		
(Lat. 64° 40'S, Long. 62° 40'W).	2013	2013

.

Mejora de la colaboración en Búsqueda y Salvamento (SAR) en la Antártida

Los Representantes,

Recordando las Resoluciones 6 (2008), 6 (2010) y 8 (2012) con respecto a la búsqueda y salvamento en la Antártida;

Preocupados por la trágica pérdida de vidas en varios incidentes de buques en el mar de Ross y el Océano del Sur en los últimos años;

Señalando el compromiso de todas las Partes del Tratado Antártico para la promoción de la seguridad con respecto a las actividades que tienen lugar dentro de la zona del Tratado Antártico;

Conscientes de que los aumentos previstos de la actividad humana en la Antártida, incluidas las operaciones de los programas nacionales, la navegación, la pesca y el turismo, se sumarán a los desafíos y riesgos asociados con las operaciones de búsqueda y salvamento antártico;

Expresando su agradecimiento a las Partes Consultivas del Tratado Antártico que operan Centros Coordinadores de Salvamento (RCC) en la Antártida, en beneficio de todas las personas en peligro en sus respectivas regiones de búsqueda y salvamento;

Reconociendo el alto nivel de coordinación que ya existe con respecto al SAR en la Antártida a través del Consejo Administrador de Programas Nacionales Antárticos (CONMAP), entre los RCC en la Antártida y entre los RCC y los programas nacionales que operan dentro de sus áreas de responsabilidad;

Recordando el compromiso de las Partes en el Convenio internacional sobre búsqueda y salvamento marítimos y el Convenio sobre Aviación Civil Internacional, Anexo 12, de 1979 - Búsqueda y Salvamento, para cooperar en la ejecución de las misiones y actividades de Búsqueda y Salvamento (SAR);

Señalando la importancia de las discusiones entre expertos que tuvo el Grupo de Trabajo Especial sobre búsqueda y salvamento en la RCTA XXXVI, y

Deseando aumentar el éxito y la eficacia de las operaciones de SAR en la Antártida.

Recomiendan que las Partes:

1. continúen colaborando activamente en la búsqueda y rescate en la zona del Tratado Antártico;

2. se comprometan a compartir las mejores prácticas relacionadas con el SAR en la Antártida, aprovechando la experiencia desarrollada por cada uno de los cinco RCC que cubren la Antártida;

3. cooperen en su caso con la Organización Marítima Internacional (OMI), la Organización de Aviación Civil Internacional (OACI) y otros foros pertinentes para promover el desarrollo y aplicación de las normas de SAR y prácticas que podrían ser beneficiosas en el contexto antártico

4. soliciten que la Secretaría proporcione una copia de la presente resolución y la sección sobre el Grupo de Trabajo Especial de Búsqueda y Rescate del Informe de la RCTA XXXVI a la OMI y a la OACI;

5. animen a la Comisión para la Conservación de Recursos Vivos Marinos Antárticos (CCRVMA) a considerar todos los medios apropiados dentro de su jurisdicción para apoyar el SAR y mejorar la seguridad de los buques pesqueros en la zona de la Convención;

6. insten a sus programas antárticos nacionales para proporcionar información actualizada anualmente sobre los activos que podrían ser utilizados para fines de búsqueda y salvamento al COMNAP;

7. recomienden que COMNAP continúe fomentando discusiones colaborativas y comparta información vital sobre asuntos de SAR incluso mediante

   a. la realización de talleres trienales de búsqueda y rescate, que incluyan representantes de los RCC y de los Programas Antárticos Nacionales, operadores privados, así como proveedores de servicios de notificación de emergencia comerciales e informen a las futuras RCTA de los resultados de estos talleres;

   b. establezcan un portal web que promueva el intercambio de información entre los RCC sobre metas comunes y mejores prácticas, y

c. asegurando que información sobre Programas Antárticos Nacionales, incluyendo los activos, puedan ser utilizados para fines de búsqueda y salvamento a disposición de los CCR a través de la página web del COMNAP, y vinculado al Sistema de Intercambio de Información Electrónica (SIIE).

8. alienten a los RCC con responsabilidades en la Antártida para realizar ejercicios SAR entre sí, con los Programas Nacionales Antárticos, IAATO, y otras entidades pertinentes para mejorar continuamente la cooperación SAR y la respuesta.

Cooperación internacional en proyectos de cultura en la Antártida

Los Representantes,

Convencidos de que la cooperación internacional es uno de los principios fundamentales del sistema del Tratado Antártico;

Reconociendo el mérito de la exaltación de los valores antárticos mediante los proyectos de arte;

Recordando la Resolución 2 (1996) por la que se promueven los valores científicos, estéticos y de vida silvestre en la Antártida, a través del estímulo a los jóvenes y la contribución de escritores, artistas y músicos;

Recomiendan que:

Alentar a las Partes a impulsar la difusión de los valores antárticos mediante la elaboración de proyectos de arte en la Antártida con base en la cooperación internacional, reflejando en particular, la actividad científica y la importancia de la preservación del medioambiente antártico.

Prospección Biológica en la Antártida

Los Representantes,

Recordando la Resolución 7 (2005) de Prospección Biológica en la Antártida y la Resolución 9 (2009) sobre la recopilación y uso de material biológico antártico;

Convencidos de los beneficios de la investigación científica en el área del Tratado Antártico para el progreso de la humanidad;

Reafirmando en este sentido el artículo III (1) (c) del Tratado Antártico, que establece que, en la mayor medida factible y viable, las observaciones y resultados científicos sobre la Antártida, serán intercambiados y de libre disposición;

Tomando nota de la prospección biológica continúa ocurriendo en la Zona del Tratado Antártico;

Tomando nota de la necesidad de alcanzar una definición de trabajo sobre la prospección biológica en el contexto de la Antártida;

Tomando nota, además, de las discusiones sobre prospección biológica y recursos genéticos en otros foros internacionales, incluyendo el acceso a los mismos y la distribución de beneficios;

Tomando nota también de la necesidad de realizar una mayor investigación y análisis sobre el estado y las tendencias de la prospección biológica en la Antártida, mediante el desarrollo de bases de datos e información con referencia geográfica, y la presentación de dichos datos ante futuras Reuniones Consultivas del Tratado Antártico:

Recomiendan que el Sistema del Tratado Antártico es el marco adecuado para la gestión de la recolección de material biológico en la zona del Tratado Antártico y de considerar su uso;

Recomiendan que los gobiernos informen, según proceda, sobre la prospección biológica llevada a cabo bajo su jurisdicción, a fin de facilitar una mejor comprensión y evaluación de este tipo de actividades, y

Animen a sus gobiernos a que examinen formas de mejorar el intercambio de información al respecto y a considerar la posibilidad de adaptar el Sistema de Intercambio de Información Electrónica para este propósito.

1. Hana Kovacova, República Eslovaca
2. Liisa Valjento, Finlandia
3. María Elvira Velasquez, Perú
4. Jillian Dempster, Nueva Zelandia
5. Camilo Sanhueza, Chile
6. Michel Rocard, Francia
7. Richard Rowe, Australia
8. Marc Otte, Bélgica
9. Helena Ödmark, Suecia
10. Fausto López Crozet, Argentina
11. Andrzej Misztal, Polonia
12. José Olmedo Morán, Ecuador
13. Siro Beltrametti, Suiza
14. Vladimír Galuška, República Checa
15. Kamuran Sadar, Canadá
16. Evan T. Bloom, EE. UU.
17. Atsushi Suginaka, Japón
18. Abu Samah Azizan, Malasia
19. Martha McConnell, IUCN
20. Maria Stefania Tomaselli, Italia
21. Else Berit Eikeland, Noruega
22. Dmitry Gonchar, Federación de Rusia
23. Jane Rumble, Reino Unido
24. VACíO
25. Kim Crosbie, IAATO
26. Michelle Rogan-Finnemore, COMNAP
27. Mike Sparrow, SCAR
28. Ihar Rahozin, Belarús
29. James Barnes, ASOC
30. Juan Luis Muñoz de Laborde Bardin, España
31. Sönke Lorenz, Alemania
32. René J.M.Lefeber, Países Bajos
33. Sivaramakrishnan Rajan, India
34. Branimir Zaimov, Bulgaria
35. Roland Moreau, Bélgica
36. Patrick Van Klaveren, Mónaco
37. Manfred Reinke, STA
38. Luc Marsia, Bélgica
39. Fábio Vaz Pitaluga, Brasil
40. Álvaro González Otero, Uruguay
41. Wensheng Qu, China
42. Mehmet Ali Türkel, Turquía

www.ingramcontent.com/pod-product-compliance
Lightning Source LLC
Chambersburg PA
CBHW051401200326
41520CB00024B/7461